U0062631

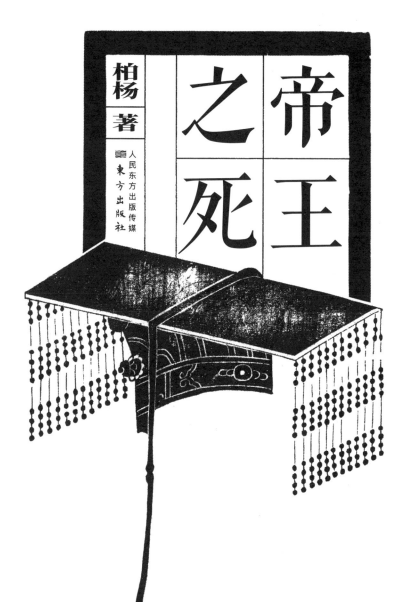

柏杨 著

帝王之死

人民东方出版传媒
东方出版社

目录

楚成王

忘了他是谁

郏敖·楚灵王

可怕的
掘墓人

提要

1983年，柏杨在美洲《中国时报》写读史专栏"帝王之死"，结集的第一本书便是《可怕的掘墓人》。

所谓"掘墓人"，柏杨在本书的序里说："有力量干掉帝王的，只有帝王自己，也只有他才有资格充当可怕的掘墓人——掘他自己性命的墓，掘他自己王朝政权的墓，和掘百千万别人的墓。"

专栏首四篇合成本书的《引言》，维持柏杨一贯的史观及笔调，大体交代此一条列写作的用意，特别说明他想探索帝王之死于非命的前因后果。这里面最有趣的是柏杨提出炎(帝)、黄(帝)被中国人认为是他们的祖先，此事"有点邪门"；而所谓的"王"就是英文King，本书将从被称为"尧帝"的伊放勋开始谈起，他们都是曾经拥有权位，最后却不得善终的"王"。

第一集从黄帝时代到春秋时期，介绍了伊放勋(尧帝)、姚重华(舜帝)、姒相和后羿、寒浞、姒孔甲、姒履癸(桀帝)、子受辛(纣帝)、姬瑕(周昭王)、姬静(周宣王)、姬宫涅(周幽王)、姬颓、姬带、芈熊艰(杜敖)、芈熊恽(楚成王)，柏杨不称其"尊号"，皆直呼其名，但在每位帝王之前都做了一个小档案，包括时代、王朝、绰号、在位、遭遇等五项，内文则大量使用古史文献，夹叙夹议，说得我们如见其人，而各种败亡之果，亦昭然若揭。

序

　　夫帝王之死，不比你我小民之死，而帝王复又死于非命，那就更他妈的严重。你我小民死啦，就是死啦，即令被人在黑巷子里暗下毒手，或"被一位年轻丈夫一枪打死"，报纸上能刊出"无名男尸"新闻，就很体面矣。而帝王也者，如果也上演这种节目，恐怕就势如山崩，丝毫不爽地引起百千万人头落地。所以，帝王死于非命，不仅关系他一个人，也关系百千万人，甚至关系他身家所系的王朝或政权。

　　小民赤条条来去无牵挂，一旦得罪了尾大不掉之辈，就人人得而"诛"之。帝王老爷不然，他像一个严重的传染病患者，生活在刀枪剑戟构成的严密保护罩之下，不要说照他御肚上捅刀子，纵是见他一面，都难如上天。结果竟然势同猪狗，被杀被宰，其中一定有非凡的奥秘。这奥秘探讨起来也稀松平常，盖任何人都没有力量干掉一个帝王，有力量干掉帝王的，只有帝王自己，也只有他才有资格充当可怕的掘墓人——掘他自己性命的墓，掘他自己王朝政权的墓，和掘百千万别人的墓。当他阁下掘得起劲时，兴高采烈，意气轩昂，谁都阻挡不住。胆敢有人阻挡，劝他两句，谏他两声："老哥，别掘啦！"景观可是大银幕的，他会立刻翻脸，口中念念有词，嗖的一声，铁帽祭出。于是，忠臣义士，入狱的入狱，杀头的杀头。

在政治挂帅下，中国史书成为诈欺大本营。遇到帝王老爷们哎哟哎哟，端不起嘴脸，栽倒在地时，总是"讳"个没完。或语焉不详，或根本成了没嘴葫芦，把人气得吐血。呜呼，要想中国现代化成功，第一件事应该是砸碎政治挂帅的枷锁，先使史迹显示出来真正面目。这是一个开端，用它训练我们的思考，思考他为啥有那么一天，思考他为啥恐惧大家知道真相。柏杨先生只希望借着不断的报道，使糨糊的一代早日死光，下一代起，将是思考的一代。孙观汉先生曰："尊重事实。"中国人必须有能力、有胆量说真心话、说老实话，洗清涂抹在事实头上身上的任何东西，不管它是污垢，或是脂粉。

因之，当设在纽约的《中国时报》美洲版，要我写稿时，我就大喜以应。最初每天一千字，后来自动膨胀，每天一千五百字。写着写着，三个月下来，已写了十万字左右，时间从公元前二十四世纪到公元前七世纪——黄帝王朝到春秋时代，可出版一集矣。读者老爷真是三生有幸，可以看到史迹真相。如果换了从前，作者不是坐牢，就是屠杀三族，我固然倒霉，贵阁下也就没有这份福气。念及至此，你如果不猛买，还有天理良心，国法人情乎哉？

是为序。

1983年5月12日于台北

引言

◉四个时代

中国历史，可分为四个时代，曰：神话时代、传说时代、半信史时代、信史时代。

每个民族都有关于开天辟地的神话，中国人的神话是：一位没有人知道从哪里来的盘古先生，忽然大怒，巨斧一劈，宇宙被拦腰劈开，轻清上升者为天，重浊下降者为地，而他阁下，就是中国人的祖先。

神话时代当然云天雾地，信口开河。盘古先生翘了辫子之后，"三皇"出焉。"皇"就是神，神就是"皇"。有天皇，有地皇，有人皇，他们的寿命教人张口结舌。盖不活则已，一活就以一万年为单位。不过史书上的话好像嘴里塞满了干屎橛，有点口齿不清，并没有肯定地说他们"活"一万年，而只含糊地说"有天下"一万年。"有天下"可以解释为他们自身当头目，一当就是一万年，也可以解释为他这个部落组成的中央政府，控制全国一万年。反正他们既然是神，当然花样百出，怎么解释都行。"三皇"了账，"五氏"顺序登场，曰：有巢氏、燧人氏、伏羲氏、女娲氏、神农氏。"氏"的意义已不再是神，而是部落，五位先生的神性随着时间而递减。可是，递减虽然递减，却未完全泯灭，所以仍属半仙之体——像神农氏，他阁下遍尝百草，竟然没有中毒。

神话时代过去后，接着是传说时代，历史从天上返回人间，神性已衰退殆尽，人性栩栩如生。中国的传说时代，就是黄帝王朝（黄帝王朝这个名称，可是我阁下给他起的，只是为了总括方便，并非别有居心，请勿扣帽）。拥有七个头目：姬轩辕（黄帝）、姬己挚、姬颛顼、姬夋、姬挚、伊放勋（尧）、姚重华（舜），至少其中三位的名字响叮当和叮当响，受过小学堂教育的中国人，或对中国文化稍为有点深入接触的洋大人，提起该三位的尊姓大名——姬轩辕、伊放勋和姚重华，无不如雷贯耳。而就在这个传说时代——自公元前二十七世纪到公元前二十三世纪——五百年间，他们不再称"皇"称"氏"，而改称"帝"。"帝"是纯人性的，不要说不能开天辟地，连寿命也纳入正轨，以黄帝姬轩辕先生之尊，也不过活了一百零一岁。

七位头目相互间的关系，十分散漫，这不能怪史书糊涂，他们既然是传说时代的产物，当然无法如数家珍，有个大致的轮廓，已经难能可贵矣。从《史记》上可看出来，用那么一星点资料，来填补五百年漫长时光，也只有司马迁先生这位中国史学之父，有此功力。

◉有点邪门

盘古先生明明是中国人的祖先，史书俱在，白纸印黑字。可是中国同胞似乎不买他阁下的账，反而一口咬定祖先是黄帝姬轩辕先生，拍胸脯曰："俺可是黄帝子孙。"把盘古先生一脚踢到阴山背后。盘古先生既没有为当时新开的世界带来灾难，也没有做过使后世脸上蒙羞的糗事，却落得如此下场，教人百思不得其解。

——中国人除了一口咬定黄帝姬轩辕先生是祖先外，有时候还来个三级跳，一口咬定被称为"炎帝"的神农氏先生，也是祖先。问题是，姬轩辕先生和神农氏先生之间，根本没有血缘关系，不但没有血缘关系，而且两大部落，还一直缠斗不休，直到公元前二十七世纪末叶，神农氏先生的八世孙榆罔先生，才罩不住，被姬轩辕先生强大的有熊兵团，打得落花流水。最后在阪泉（河南扶沟）作最后决斗，三战三败，彻底瓦解。榆罔先生的下落，史书没有交代，可能逃之夭夭，再不敢露面，也可能一块石头砸下去，脑浆迸裂。那时候似乎仍在石器时代，大刀长枪还没有出笼。

——中国同胞把这两位风马牛不相及的头目，硬认为祖先，自称为"炎黄子孙"。呜呼，自称为"黄帝子孙"，还可原谅，自称为"炎黄子孙"，就有点邪门，使人有一种"老爹何其多"之感。其中道理如何，有考据癖的朋友，应该考据考据，查查中华民族的根，究在何处。

——考据这玩意儿，在中国历史上占重要地位。自从十七世纪清王朝屡次大兴文字狱，杀人如麻，血流成河之后，文化人心胆俱裂。写吧，随时有被干掉的危险；不写吧，文人除了写之外，还能干啥？不但心痒，手也很痒。千挑万选，终于发现钻到故纸堆里最为安全。三百年来，东抄抄、西抄抄，左引证、右引证，遂自夸为史学的主流。于是，只要抄得多，引得广，就能把人唬得心服口服，认为这才是天下第一等学问。

——我们并不是看不起考据，但专门搞考据的却只能算二流货色，只会在资料里翻筋斗打滚。没有一个历史学家不懂考据，盖考据就是判断史料真伪。可是仅只搞考据，却并不是史学。犹如仅只会挖散兵坑，不见得会指挥大军作战一样。

好啦，拉得太远，快拉到外太空啦。拨转马头，回到本题。中国同胞所以拒绝盘古先生当老祖宗，可能因为盘古先生在民间传说中出现得较晚之故。大概三世纪前后，他阁下才冒出来。而此时，黄帝姬轩辕先生，在历史上留名已久矣。盘古先生以后起之秀，要爬到前人头上，虽然用尽了吃奶力气，仍不能占绝对优势。

◉王就是King

传说时代过去后，到了公元前二十二世纪，中国进入半信史时代。

半信史时代，并非是所有的史迹，绝对地一半可信，一半不可信，而只是说有些史迹确实可信。这个时代约有一千四百年，包括夏王朝、商王朝，以及周王朝初期，也就是史书上所称的"三代"——三个古色古香的王朝。在这三个古色古香的王朝之中，夏、商两个王朝，继承黄帝王朝的称呼，头目仍叫"帝"，不过另外创造了一些花草，那就是头目死后，再给他一个特别的称呼，也就是"庙号"。盖死鬼头目一旦埋葬在荒郊野外，那时候既没有汽车火车，甚至连个脚踏车摩托车也没有，全靠两条腿走路，实在地角天涯。为了投机取巧，聪明的圣人发明了庙祭之举，就是在城市之中，给死鬼头目盖上一座大庙——大庙不叫大庙，而叫太庙，以示与普通大庙不同——里面摆上死鬼头目的木刻牌位，过年过节或其他祭祀的大日子，就不必忽咚忽咚跑到野外，只两步路就到了该庙，生死两利，皆大欢喜。可是，死鬼头目越来越多，太庙像春雨后的狗尿苔一样，林林总总。如果不加以特别标帜，就分不清谁是张三，谁是李四，谁是王二麻子矣。于是乎，到了公元前十三世纪的商王朝，"庙号"出笼，该王朝第二十三任帝武丁先生挺尸之后，就在他的太庙门框上，挂起"高宗"招牌。这是一个创举，然而，不久就像麻风病一样，猛烈地传染起来，成为中国帝王政治下，死鬼头目们的特征之一。拜读中国所有史书，除了我老人家柏杨先生的《中国人史纲》外，无不被这种无聊的"庙号"，累得鼻涕横流，而这都是半信史时代种下的祸根。

另一项变异，发生在公元前十二世纪末期，那时候周王朝兴起，头目不再称"帝"，改称为"王"。周王朝的"王"，官文书正式用语是"天王"，也就是"国王"。天王国王，英文里的King也。本书《帝王之死》中的"王"，就是指这一类的"王"。

信史时代起自公元前八世纪七十年代，公元前722年，中国历史开始有正式的文字记载，从那一年起，直到今天，发生的大事，或被认为是大事的小事，一桩桩，一件件，都写在竹简上或白纸上。所谓"信史"，并不保证字字都可信。政治挂帅传统下，谎话多如驴毛。我们只是说，从那一年起，中国历史，已有文字记载。

●王不是King

信史时代最早的一项改变，发生在公元前三世纪七十年代，公元前221年，秦王国国王嬴政先生，统一中国，忽然发现

"皇""氏""王""帝"等单音单字，不足以显示他阁下的盖世武功，就重新设计，另行开张，自称"皇帝"。这是"皇""帝"二字第一次结合，也是从此之后再不分离的结合。"王"的关系位置，也跟着有新的诠释。

第一，当中国分裂，独立政权纷纷崛起之际，谁也不服谁，谁也管不了谁，互相间打得天昏地暗。独立政权的头目，各以势力的强弱大小，来决定自己的头衔。兵强将广的，仍以"帝国"的"皇帝"自居；瞧瞧自己的摊子没啥了不起的，只好委曲求全，自甘堕落地当"王国"的"国王"，以示距皇帝宝座，还差一截。像大分裂时代，"晋帝国"焉，"北魏帝国"焉，头目都称皇帝，乃属自命不凡之辈；"西秦王国"焉，"北凉王国"焉，则局促一隅，头目自顾形惭，姑且称"王"自娱。不过，虽然局促一隅，自顾形惭，他们可是自己当家做主，不听别人吆喝，所以仍然是King。

第二，当中国统一，只有一个中央政府时，头目都继承嬴政先生的一套，一律"皇帝"无误，没有一个例外。此时的"王"，便非昔时的"王"。有"国王"焉，封建采邑的头目也。有"亲王"焉，皇家血统，皇帝的伯叔子侄也。有"封王"焉，与皇家血统无关，跟皇帝也不同姓，靠着对国家的贡献，或靠着对皇帝的马屁功，博得高位的人物也。这三种"王"，可不是King，只不过一个爵位罢了。在本书中，没他们的份儿。

从黄帝姬轩辕先生起，到最末一个帝王爱新觉罗·溥仪先生——这个可怜的家伙止，也就是从公元前2698年，到公元1945年止，共四千六百四十三年间，中国共出现了八十三个像样的或不像样的、长命的或短命的王朝，也共有五百五十九个像样的或不像样的、长命的或短命的帝王，包括三百九十七个"帝""皇帝"，和一百六十二个"国王"King。这个数字是柏杨先生努力坐牢时，专心统计出来的。不过我并不坚持，如果有算术考过第一名的朋友，能够重新算上一算，那才是定论。在这五百五十九个称帝称王的头目之中，粗略地估计，约有三分之一，死于非命。不是因疾病的缘故，在床上断了尊气；而是被绞死，被饿死，肚子上被戳个洞，等等手法，霎时毙命。很少头目在惨死的时候，仍能保持他们活着时的威仪。大多数都如猪如狗，丑态毕露。我们就针对这三分之一左右的帝王，一一研究，寻觅他们死于非命的来龙去脉，探讨所以死于非命的前因后果，看看其中真相。呜呼，每一桩凶杀案都是一幕悲剧，而把帝王干掉的凶杀，除了是一幕悲剧，还是一首悲歌。它包含了太多的音符，人性的和兽性的，人权的和官权的，智慧的和愚昧的，供人沉思。

现在，我们从被称为"尧帝"的伊放勋先生开始。

尧

时代: 公元前二十四世纪四十年代

至公元前二十三世纪四十年代

王朝: 黄帝王朝第六任帝

姓名: 伊放勋

在位: 一百年 (前2357—前2258)

遭遇: 囚死

◉雪白的羔羊

传说时代的黄帝王朝，是一个奇异的政治结构。虽然它只是一个传说时代，可是后世白纸写黑字，追述上古的这些传说，却咬定牙关，言之确凿。像王朝的开山老祖黄帝姬轩辕先生，虽然身属人体，却有观世音菩萨和赤脚大仙的神通，不但推翻了"五氏"中最后一"氏"神农氏先生子孙政权，还跟当时最强大的敌人蚩尤部落对抗。蚩尤部落的巫法师，口中念念有词，立刻大雾迷茫，姬轩辕先生就发明指南车，一场大战下来，把蚩尤先生捉住，砍下尊头，从此奠定了王朝的基础，并被汉民族尊为祖先。

盘古先生固然被一棒挥出界外，就是姬轩辕先生的列祖列宗，也被一棒挥出界外，好像姬轩辕先生跟孙悟空先生一样，都是从石头缝里跳出来的。看情形，盘古颇类似于耶和华，而姬轩辕颇类似于亚伯拉罕。只是盘古先生运气较差，屁股没坐上"上帝"宝座。

黄帝王朝共有七个君王，除他本人，都是姬轩辕先生的苗裔，第一任君王黄帝姬轩辕先生，无人不知，无人不晓。第二任君王姬己挚，是姬轩辕先生的儿子。第三任君王姬颛顼，是姬轩辕先生的孙子。第四任君王姬夋（帝喾），是姬轩辕先生的曾孙。第五任君王姬挚，是姬轩辕先生的玄孙。

上述五位头目，除了姬轩辕先生威不可当外——数年之前，台北出现的"轩辕教"，姬轩辕先生除了扮演亚伯拉罕先生角色，又扮演耶稣先生的角色矣——其他四位老哥，实在没啥，一个比一个默默无闻，历史上毫无地位。一直等到公元前2357年，第六任君王尧帝伊放勋先生登场，接着第七任君王舜帝姚重华先生登场，才忽然间锣鼓喧天，大闹特闹。所谓大闹特闹，一方面是他们在当时的政治舞台上亲身闹，另一方面是后世儒家系统史学家为他们闹。政治舞台上闹，我们马上就要揭起蒙头纱，让读者老爷瞧瞧真面实目。至于儒家系统史学家闹，情节奇离，他们把这两位头目在位期间（前2357—前2208）的日子，一百四十八年间，称之为"尧天舜日""尧舜时代"，把他们两位美化得像两只雪白的羔羊。

● 攀梯爬天

伊放勋（即尧帝）先生，是黄帝王朝第四任君王姬夋先生的儿子，第五任君王姬挚先生的弟弟。姬挚先生的下场很糟，史书上说他："荒淫无度，不修善政。"如何荒淫无度，以及如何不修善政，并没有片字记载，我们无法深究。反正是，他于公元前2367年即位，到了公元前2358年，各部落酋长，也就是所谓"诸侯"，就把他赶下宝座。他的下落不明，死的可能性当然有，但也可能饶他一命。然后把他的弟弟，也就是本文的男主角伊放勋先生，掇弄上台，成为黄帝王朝第六任君王，天下共主。

伊放勋先生老爹姓"姬"，他阁下却忽然姓了"伊"（有些史书上还说他姓"伊祁"），现代人不容易了解，当听有些大爷傲然曰："老子我，行不改名，坐不改姓。"表示是一条英雄好汉。可是古时候改名改姓，却稀松平常。呜呼，古时之人也，尤其是小民，根本没有姓，只有贵族才有姓。"姓"好像现代"官衔"，你阁下如果是个失业群众或待业青年，在名片上你就不能印上表示你职位的头衔，对方拿了你的名片一瞧，虽然知道你姓甚名谁，却不知道你是何方神圣，干啥勾当。

贵族有姓，小民无姓。贵族不愁吃不愁穿，中国又是多妻的国度，闲着没事，就猛生孩子，孩子又猛生孩子，不久满坑满谷。为了辨识，有些孩子被大权在握的家伙，赏赐给他一个姓，有些孩子则索性自己为自己起一个姓。

伊放勋先生的爹虽然姓"姬"，他却姓"伊"，是别人为他起的？或是自己起的？为啥姓"伊"，而不姓别的？史书上没有提及。只有一本书上说，"伊"是他娘的姓，可是凡介绍他娘庆都女士时，从没有交代过她的来历。其实这种发展，我们知道不知道都没关系，只要知道他阁下改了姓，姓"伊"就行啦。

伊放勋先生的娘庆都女士怀胎，十四个月才生下他（这表示他不同凡品，儒家系统史学家最喜欢教这类家伙不同凡品啦）。十五岁的时候，身高十尺。哥哥姬挚先生封他为侯爵（唐侯），他率领所分到的聚落群和牛马群，驻屯平阳（山西临汾）。二十岁那年，继承哥哥的宝座。别瞧不起这个平凡的毛头小伙，史书对他的赞美之词，三座楼房都装不下。

《帝王世纪》曰：

"（伊放勋）小时常梦见攀着梯子往天上爬，所以二十岁就登上帝位（柏老按：他阁下可是中国历史上第一个"乱做春梦"的君王，以后大家纷纷跟进）。巫师告诉他，他是'烈火命运'，不同于哥哥'树木命运'，所以他的部落，驻屯平阳。"

●圣人不是圣人

《帝王世纪》续曰：

"伊放勋定都平阳之后，在中央政府门前，设置一面大鼓，凡对政治上缺点提出建议的人，都可擂鼓要求改革，于是全国一片升平。伊放勋指派重臣羲和的四个能干儿子羲仲、羲叔、和仲、和叔，分别担任四个军区的司令官。远在南方的苗部落，不接受政府命令，伊放勋派军攻打，在丹水（湖北宜都西南境）大获全胜，苗部落屈服。遂任命尹寿、许由二人，担任宰相（师）。又指派大臣伯夔，访问山川谷溪，谛听风声水声，制定音乐六篇。于是，全国和睦，天下太平。"

这一段的原文，抄在下面，供读者老爷参考。以后遇到这种情形，我们都援例如此这般。盖照抄原文，有两大妙。一妙是亮出老根，以示字字有来历。儒家学派崇古成癖，非字字有来历，便不足以把他唬得一愣一愣的。二妙是文章是算字数给银子的，字数越多，银子也越多。抄上一段，尚不觉有何不同，不断猛抄，成绩就必然可观矣。这就跟电视上的"连续剧"一样，能拖就拖，不必经过大脑，却能使人起敬起畏，实在窝心。

《帝王世纪》原文曰：

帝尧，陶唐氏，祁姓也（柏老按：这里又姓了祁），母曰庆都，孕十四月而生尧于丹陵（不知何处），名曰放勋，或从母姓伊祁氏。年十五而佐帝挚（姬挚）。授封于唐（山西霍州）为诸侯。身长十尺，常梦攀天而上之，故年二十而登帝位，以火承木，都平阳。置敢谏之鼓，

天下大和。命羲和四子：羲仲、羲叔、和仲、和叔，分掌四岳。诸侯有苗氏，处南蛮而不服，尧征而克之于丹水之浦，乃以尹寿、许由为师。命伯夔访山川溪谷之音，作乐六章，天下大和，百姓无事。

《帝王世纪》对伊放勋先生的赞扬，不过普通赞扬。到了《通鉴外纪》，简直蠢血沸腾、五体投地，曰：

"（伊放勋）建都平阳，喜爱白色，祭祀时，把白玉放到白绸缎上奉献。生活十分俭朴，草屋上的草，都不修剪。房檐下的梁柱，都保持原状，不加刀削。副梁之间，连承受茅草的细椽都省掉。车辆简陋，不雕刻，也不油漆。饭桌上的葡萄，仅够自己下肚。饮食简单，不计较滋味调和。五谷杂粮，从不挑剔。树叶豆叶，都用来下咽。饭都装在陶器的碗盆之内，盛水都用瓦罐。不戴任何首饰，既不睡弹簧床，也不盖锦缎绣花被。对稀奇古怪的东西，看都不看。对引人入胜的宝物，也不瞧一眼。柔情蜜意的音乐，从不入耳。政府和宫廷建筑，一仍本色，毫不装饰……"

白话文译到这里，不由得叹一口气，如果所说属实，伊放勋先生把自己苦成这个样子，活着实在没啥意思。在儒家学派要求下，圣人不是圣人，成了一块木头。

◉吸尘器

《通鉴外纪》续曰：

"（伊放勋）夏天只穿布衣服，冬天只穿一件鹿皮袄，不等到全部稀烂，绝不换新。他阁下不因为自己的利益，调遣小民为自己做事，妨碍他们的耕作。对忠正守法的官员，予以升迁。对廉洁爱民的官员，提高待遇。小民中有孝顺父母、努力耕田种桑的，予以表扬。制定公平严正的法律规章，对诈欺虚伪，厉行禁止。对失去父母的孤儿、失去丈夫的寡妇，由国家维护他们的生活。对遭到天灾人祸的家庭，由政府救济。伊放勋生活十分简单，加到小民身上的赋税和差役，寥寥无几。他阁下去各地方观察，西到山西南部，教育沃土上的民众；东到山东中部，教育黑齿部落（柏老按：当时的蛮族），一心要把国家治理强大。关心社会，一个小民饥，则曰：'我使他挨饿也。'一个小民受冻，则曰：'我使他挨冷也。'一个小民有罪，则曰：'是我害了他也。'全国人民拥护他，把他当成天上的太阳、地上的父母。他的道德仁义，笼罩天下，发出强烈的感召。所以，不必有任何奖励，小民自然勤奋；不必有任何惩罚，小民自然井井有条。伊放勋的手段是，怀着宽恕仁厚之心教化小民，不单靠刑罚。"

原文是：

帝尧，帝喾（姬夋）之子，年十五，长十尺，佐兄挚（姬挚）受封唐侯，姓伊祁，号陶唐氏，都平阳（山西临汾）。尚白，荐玉以白缯。茅茨不剪，朴椽不斫，素题不枅，大路不画，越席不缘，大羹不和，粢食不凿，藜藿之羹，饭于土簋，饮于土铏，金银珠玉不饰，锦绣文绮不展，奇怪异物不视，玩好之器不宝，淫泆之乐不听，宫垣室屋不垩色，布衣掩形，鹿裘御寒，衣履不蔽尽，不更为也。不以私曲之故，害耕稼之时。吏忠正奉法者尊其位，廉贞平洁爱民者原其禄，民有孝慈力耕桑者，遣使表其闾。正法度，禁诈伪，存养孤寡，赈亡祸之家，自奉甚薄，赋役甚寡，巡狩行教，周流五岳。西教沃民，东至黑齿，存心于天下，加志于穷民。一民饥，则曰我饥之也，一人寒，则曰我寒之也。一民有罪，曰我陷之也。百姓戴之如日月，视之如父母，仁昭而义立，德博而化广。故不赏而民劝，不罚而民治，先恕而后教，单均刑法以仪民。

《通鉴外纪》的作者刘恕先生，像一个吸尘器似的，把散见于各种古籍，如《左传》《三统记》《尚书注》《史记》《淮南子》《六韬》《说苑》，凡是往伊放勋先生脸上抹粉贴金的话，全吸到口袋之中，倾到书页之上。

◉孔丘热情如火

中国历史上的君王，受到倾盆大雨式赞美的，只有两人，其中之一是我们将要介绍的姚重华（舜帝）先生，另一就是本文的男主角伊放勋。这位公元前二十三世纪，被称为"天下共主"的国家元首，不过一个力量强大的部落酋长。他那松懈的政治组织，似乎连雏形的政府都谈不上，只是一个大村落里一个大庄院而已。然而，他比任何君王都吉星高照，谚云："来得早，不如来得

巧。"伊放勋先生既来得早，而又来得巧，他阁下在位时，窝窝
囊囊的丑事，马尾巴提豆腐，根本提不起来。想不到一千五百年
后，时来运转，到了公元前八世纪，儒家学派开山老祖孔丘先
生，目睹当时乱糟糟兼糟糟乱的社会，芳心大急，他虽然没有
能力像耶稣先生一样，创造一个崭新的和前瞻性的理想，但他
却把全副精力用在"托古改制"上。西洋学术总是向前看的，中
国却恰恰相反，"千万情丝舍不得，一步一回首"，恨不得扭身就
跑，跑到"古"洞穴，一头栽到"古"怀里，与"古"白头偕老，
共存共亡。

于是，忽然之间，伊放勋先生和姚重华先生，被隆重选中，
一条又僵又冷的死虫，经过孔丘先生吹口仙气，立刻变成了花
蝴蝶。《论语》——孔丘先生语录，对伊放勋先生，就来一个霸王
硬上弓，不由分说，连珠而出：

**大哉，尧之为君也。巍巍乎唯天为大，唯尧则
之。荡荡乎民无能名焉，巍巍乎其有成功也，焕
乎其有文章。**

译成白话文，就是：

"伟大呀，伊放勋老爷当了君王！高高在上呀，谁都没有
'天'那么大，只有伊放勋老爷可比。无边无涯呀，小民说不出它
叫啥名堂。到了最后，光芒四射，只有伊放勋老爷有那么多的贡
献，有那么美的品德。"

《论语》是一部性质平实的儒家学派经典，孔丘先生更是
一位世故的老头——老头未必一定世故，世故也未必一定是老

头，而世故更不一定就是老奸巨猾。柏杨先生年纪越老，越忍受不了酱缸产物：乡愿、孑孓、酱缸蛆、酱萝卜、变形虫、顺调分子、温柔敦厚的法利赛人。见了这种玩意儿，我就火发三丈鼻孔冒烟。以致酱缸帮纷纷起反击，给我老人家上尊号曰"老三八"、"十三点"以及"神经病"，还有些政治性的尊号和大批铁帽，往头上猛扣，每一顶都可使人脑浆迸裂。孔丘先生可是老老实实，从不说一句激情的话，纵然发誓赌咒，也文质彬彬："天厌之，天厌之。"不像我老人家，动则脏话出笼。然而，孔丘先生一遇到伊放勋先生和姚重华先生，就禁不住理智全失。《孔子家语》上，当宰我先生向他打听伊放勋先生身世时，孔丘先生热情如火，号曰：

其仁如天，其智如神。就之如日，望之如云。富而不骄，贵而能降。

◉天下大旱

译成白话，就更可观：

"他（伊放勋）的爱心像天堂一样大，他的智慧像神仙一样灵。百姓亲近他，如葵花之向太阳。盼望他就是盼望云雨泽披天下。富有却不端架子；身价尊贵，却平易近人。"

孔丘先生因为从没有激情过，所以他不是一个诗人。可是拜读了这一段对伊放勋先生的赞词，不由大吃一惊。看样子孔丘先生不但是一个诗人，还是一位唱"莲花落"的高手。这种如醉如痴的诗句，连庄周先生和孟轲先生都被感动得情不自禁，跟着他无理取闹。

孔丘先生对伊放勋先生的赞词，只是为后世君王——或其他名称的政治头目，提供一个行为标准。同时，孔丘先生也代表小民心声，盼望最高掌权的家伙，最好如此这般。

——偏偏的，后世君王的表现，使孔丘先生和儒家系统垂头丧气。呜呼，"爱心""智慧"固然很难，纵是"不端架子""平易近人"，也不容易。这是人性弱点，只有民主、自由、人权、法治，才能达到那种境界。民主、自由、人权、法治，专医政治上的滤过性病毒。西洋哲人早鉴及此，中国哲人却缺少这种大脑。孔丘先生只提供了"想当年"的思古幽情，却没有为我们绘出未来的蓝图。

情绪不能代替理性，诗篇不能代替事实。事实是，伊放勋先生在位的一百年间，真正掌握权柄的日子，只有六十年。六十年中，中国充满了大苦大难。

第一个大苦大难是旱灾。现代科学进步，灌溉发达，偶尔堤坝崩溃，水灾倒是有的，旱灾在现代化国家中，已很难再见矣。水灾和旱灾最大的不同是，水灾的面积小，只限于堤坝崩溃下游的有限城镇乡野。旱灾就不这么小家子气啦，不来则已，一来就是赤地千里，饿殍遍地，尤其是"大旱之后，必有荒年"，情况更惨。

——提起旱灾，我老人家可是学人专家兼专家学人，年轻人已没有我这种庞大学问矣。记忆中最近的一次大旱，发生在对日抗战中期的二十世纪三十年代末期，河南省那些大学堂的女学生，一个个千娇百媚，学富五车，踯躅在街头或车站，拉着开拔的军爷，泣曰："救救我，带我走，就给你当小老婆！"

水灾易去，旱灾难熬。旱灾跟世界性的经济衰退一样，不开始则已，一开始就以"年"为单位，慢慢谋杀。

就在伊放勋先生当权期间，中国大旱。

◉又有大水

大旱是因为不下雨，不下雨是因为太阳太烈，云不能聚。太阳太烈是因为当时并不只有一个太阳，而是有十个太阳。无论十个太阳是亲如兄弟，一齐悬挂高空，还是来一个车轮战，鱼贯上阵，结论都是一样。

《淮南子》透露小民的惨境，曰：

> 十日并出，焦禾稼，杀草木，而民无所食。猰 貐（食人怪兽）、凿齿（长牙怪兽）、九婴（水怪）、大风（坏人屋舍的妖 精）、封豨（野猪）、修蛇（毒蟒），皆为民害。尧（伊放勋）乃使 羿（后羿）诛凿齿（长牙怪兽）于畴华之野，杀九婴（水怪）于 凶水之上，缴（阻挡）大风（坏人屋舍的妖精）于青丘之泽，上 射十日、下杀猰貐（食人怪兽），断修蛇（毒蟒）于洞庭，擒 封豨（野猪）于桑林，万民皆喜。

上述的灾害，以十个太阳最为严重。从书上记载，可看出后羿先生是人类有史以来最伟大的神射手，当十个太阳把世界烤得几乎成了一团火炭。"焦禾稼、杀草木，而民无所食"，大饥馑已经形成时，后羿先生奉命要干掉九个（这故事一直流传下来，直到二十世纪二十年代，遇到久旱不雨，太阳天天升空，有些地方军官大怒，还用大炮向它阁下猛轰，希望它心惊胆战，躲到家里一天两天，让海龙王露露脸，降点甘霖）。后羿先生不负交付他的任务，真的射下来九个。每一次，他一箭中的，一个太阳就气绝身死，忽咚一声，掉将下来，跑近一看，却变成了一只乌鸦。九个太阳，成了九只乌鸦，当然是九只死乌鸦。

——请读者老爷注意后羿先生，他跟三百年后，公元前二十世纪，夏王朝第六任君王后羿先生，可不是一个人。不过他们的神射武功，却完全一样。

——中国文学作品上，把太阳称为"金乌"，渊源于此。"金"只是形容词，形容太阳的尊贵。

第二个大苦大难是水灾。旱灾发生的年代，史书上没有说明；水灾却是从公元前2297年开始的。比较起来，旱灾面积大而水灾面积小。不过，黄帝王朝时的中国版图，不过现代版图的百分之一，像一颗落花生一样，横压黄河中游地区，头枕山西南部，尾置山东中部，一旦大水为祸，因全国面积太小，所以到处都是一片汪洋。

——后来，中国版图不断扩张，"全国"的意义也跟着不断扩张，黄帝王朝时，从首都到南方边境，不过两百公里，清王朝时从首都到南方边境，却是两千公里。伊放勋先生时代十万平方公里的全国大水，后世子孙一时不思量，大笔一挥，就成了一千万平方公里的全国大水矣。

●大悲惨时代

公元前二十三世纪的空前水灾，据说是世界性的，不仅在中国，就是西方世界，正是诺亚先生的方舟时代，也到处波浪滔天。

大水从哪里来的？西方的传说是大雨不止，中国史书却没有明确交代。有人说，可能是冰河最后一次融解之后，积水一时流不到大海。但也有人说，根据已知的资料，冰河共融解过四次，第一次距今五十万年，第二次距今四十万年，第三次距今十七万年；第四次，也就是最后一次，平原上的冰河融解罄尽，一寸不剩，距今也有五万年。而伊放勋先生距今才不过四千余年，连边都沾不上。于是，只有西方模式，才能解释。

《中国人史纲》曰：

伊放勋在位的一百年期间，发生了空前可怕的大灾难，公元前2297年，天不停地落雨，河流泛滥，山洪暴发，房屋家畜和田亩都被淹没。中国成了一片汪洋，人们大批溺死饿死，残存下来的人逃到高山上嗷嗷待哺，这是中国第一次的大悲惨时代。

《通鉴外纪》曰：

龙门（河南洛阳洛河隘口）未开，吕梁（江苏徐州铜山区附近山口）未发，河（黄河）出孟门，江（长江）淮（淮河）通流。四海溟涬（混茫不分），无有平原高阜，尽皆灭之。名曰"鸿水"。民上丘陵，赴树木。

在那么一块落花生般的小小国土上，大旱之后，又有荒年；荒年之后，又有大水，即令嘴巴再硬的朋友，都不忍心说它是一片乐土。然而，孔丘先生政治挂帅，为了达到复古目的，却把这么一个空前的大悲惨的时代，形容成为一个花花世界天上人间。

当时小民们的生活，已陷绝境。

《吕氏春秋》曰：

阴多滞伏而湛积，水道壅塞，不行其原（原来的河床），民气郁阏而滞着，筋骨瑟缩不达。

伊放勋先生束手无策之余，召集他的臣僚，询问他们能不能物色一位像射下九个太阳的后羿先生那样的人物，来治水灾。臣僚们，包括四位军区司令官在内，一致推荐夏部落酋长鲧（姒姓）。夏部落那时扎营在河南禹县（今河南禹州——编者注），他们的祖先从现在的四川，辗转迁移到中原，世代专业水利工程。姒鲧先生是当时最知名的水利工程专家，中央政府把治水的全部希望寄托在他身上。呜呼，当初后羿先生治大旱时，简单明了，九支神箭射出，九只乌鸦落地。大家都认为姒鲧先生也应创造同样奇迹。这当然不可能，因为那九个太阳来得奇异，是伊放勋先生之前，就一直悬挂天空的欤？看样子似乎不是。盖"三皇""五氏"神话时代都未提及，而且，假设"古已有之"，大地早烤成一团灰矣。

◉权力从指缝溜走

九个太阳当然是伊放勋先生时代冒出来的，以现代知识推断，显然的那是欺骗小民的勾当，当大旱已经形成，伊放勋先生宣称十日在天，那就万方有罪，罪不在朕躬，而在太阳。等到大旱行将结束，再教后羿先生站在山顶上胡乱拉一阵弓，射一阵箭，然后，提着九只死乌鸦下山，叫喊说，已经把妖怪干掉啦。

——犹太教也出现过这种节目，摩西先生独自爬到山顶，忙了几天，下山时拿着金牌，上面写着十诫。其迹虽异，其情一也。

在这种背景之下，姒鲧先生先天地注定要担任悲剧角色，后羿先生在大旱终了时才出现，姒鲧先生却在大水正盛时出现，以当时的知识和已有的工具，根本无法担当这种伟大的工程。举一个例子就可以说明姒鲧先生面对的困难，他如果要开凿一个山洞，或开凿一条渠道，既没有黄色炸药可以轰个缺口，又没有铁斧铜锤电钻来逢山开路，遇水搭桥。他只有一个方法，就是集中力量修筑堤防。这要比凿山容易，黄土碎石多的是，只要搬运得动，就是现成的材料。

问题是，堤防挡不住洪水的冲击，仍不断继续决口。姒鲧先生是一位有经验的专家，可是他用来对付小川小河那一套，现在完全失灵。然而，促使他死亡的，并不是他治水无功，而是他触怒了权倾中外、正密图篡夺帝位的姚重华先生。

关于姚重华先生的来龙去脉，我们将有专文报道，现在只介绍他当时的权势：他是伊放勋先生的女婿，从一个部落酋长儿子的卑微地位，被岳父大人擢升到中央政府。姚重华先生是一位精密的阴谋家，他进入中央政府后不久，就逐渐地把军事政治各部门，置于控制之下。最初，他排斥他的内弟——帝位的合法继承人丹朱先生，使做父亲的伊放勋先生厌恶亲生儿子。或者是，伊放勋先生并不厌恶自己的亲生儿子，不过已无法保护他矣。伊放勋先生是什么时候发觉权力已从指缝中溜走的，我们不知道，只知道当他发现他已不能指挥重要的执法官员时，为时已晚。为了拯救亲生儿子的生命，他忍痛宣称："我如果把政权移交给姚重华，国家会得到益处，只我儿一人受到伤害。我如果把政权移交给我儿，国家会受到伤害，只我儿一人得到益处。"

《史记》原文：

授舜则天下得其利，而丹朱病。授丹朱则天下病，而丹朱得其利。

伊放勋先生不得不这样宣布，否则，丹朱先生可能被斩草除根。伊放勋先生誓言："终不以天下之病而利一人（丹朱）。"最后，更擢升姚重华先生"摄行天子事"——代理君王。

◉斗臭绝技

姚重华先生一旦成了"代理君王"，如虎添翼，下一步要干啥，纵是白痴，也会一目了然，当然是要吞噬伊放勋先生这位岳父大人的宝座。中国君主专制，这时还没有建立起完整的制度，不过，初期社会结构，习惯上还是父子相传的，黄帝王朝君王的传递情形，就是一个有力的说明。如果不是父子关系，至少也应是兄弟关系，如果不是兄弟关系，至少也是叔侄。在世袭的原则下，女人没有地位，姻亲更插不上脚。姚重华先生了解这种政治形势，合法取得政权，绝不可能，必须使出非常谋略，才能突破传统的约束。迫使岳父大人不断宣传要拱手让位，就是谋略的一部分。

可是，这种宣传，引起强烈反应，一些效忠政府的忠臣义士，挺身对抗。态度最激烈的，就是身负重责大任，正在治理水灾的姒鲧先生。他告诉伊放勋先生曰："这是一个凶兆，你怎么把国家最高的权位，私自传授给一个无赖？"姚重华先生勃然大怒，他绝不允许一个仅有声望而手无权柄的家伙，破坏他伟大的计划。于是，他指控姒鲧先生治水九年而仍未成功，罪该万死；立即派出杀手，赶到羽山（山东临沂）荒山上，把正在汗流满面、辛苦工作的姒鲧先生处决。另一位大臣共工先生也坚持不可把帝位私相授受，姚重华先生把他逮捕，放逐到边荒的幽都（北京），然后就在幽都，砍下尊头。

《韩非子》原文：

尧欲传天下于舜。鲧谏曰："不祥哉！孰以天下而传之于匹夫乎？"尧不听，举兵而诛杀鲧于羽山之郊。共工又谏曰："孰以天下而传之于匹夫乎？"尧不听，又举兵而诛共工于幽州之都。于是天下莫敢言。

这是一个"挟天子以令诸侯"的典型，用君王的手，铲除效忠君王的忠良。姚重华先生为千古权奸，立下漂亮的榜样。为了更彻底地建立威严，姚重华先生再把另外两位潜在的政敌三苗先生、谨兜先生，一并干掉，连同姒鲧先生和共工先生，合称为"四凶"。残杀忠良而又加上丑恶的帽子，姚重华先生是"斗臭"和"丑化敌人"绝技的鼻祖。

"四凶"是总称, 姚重华先生又分别赐给他们丑恶的绰号和不同的罪状:

䰟鲧——梼杌 (罪状: 治水无功)

共工——穷奇 (罪状: 淫辟)

三苗——饕餮 (罪状: 不遵王命)

谨兜——浑沌

只有谨兜先生的罪状没有记载, 其实用不着记载, 事情明白得很, 他们真正的罪状是冒犯了权奸姚重华先生, 如此而已。

◉大屠杀之后

大屠杀之后, 反对声浪消失在血腥之中。《尚书》曰: 舜巡狩四岳, "流共工于幽州, 放谨兜于崇山, 窜三苗于三危, 殛鲧于羽山。四罪而天下咸服"。当然天下咸服, 再有不服的, "四凶"立刻变成"五凶"矣。然而最妙的还是孔丘先生, 他阁下对大屠杀的解释是:

"伊放勋发现姚重华贤能, 并不可贵。发现了之后, 一点都不怀疑, 摧毁了所有的挑拨离间, 甚至诛杀进谏的人, 才是真正的可贵。"

原文曰:

尧之知舜之贤, 非其难者也。不以其所疑, 败其所察, 夫至乎诛谏者必传之舜, 乃其难也。

在政治挂帅的大纛之下, 手握权柄的人有福啦, 真理正义、公道人心，都是他们的，连圣人都站在他们一边，努力化腐朽为神奇。效忠政府的成了叛逆，血腥镇压的反而备受歌颂。历史上斑斑史迹，一开始便被野心家利用，扭曲颠倒，黑变成白，白变成黑，成了一犬吠影百犬吠声的奇观。

到了这时候，篡夺帝位的时机，已经成熟。公元前2258年，伊放勋先生终于下台鞠躬。按常理推测，他阁下下台鞠躬，姚重华先生当然上台鞠躬，他觊觎宝座已非一日，布下天罗地网，更非一天。这个熟透了的苹果，非掉到他早已放在树底下的大箩筐里不可。但关于这场被后世儒家学派知识分子百般赞扬的"禅让"，古书上的记载，过于简略。《史记》只一句话曰："卒授舜以天下。"其他古书，更含糊其辞，在那里和稀泥，东拉西扯，不知所云。《帝王世纪》曰："尧取(娶)散宜氏女，曰女皇，生丹朱。又有庶子九人，皆不肖，故以天下命舜。"《吕氏春秋》曰："尧有子十人，不与其子而授舜。"《淮南子》曰："乃属以九子，赠以昭华之玉，而传天下焉。"

没有一本书记载政权转移的具体步骤，只记载伊放勋先生曾表示过要把帝位让给另外两个人，其中一位是许由先生，他阁下一听说要他当头目，心胆俱裂，怎么，教我跟姚重华对抗呀？卷起铺盖就跑，跑到箕山（河北唐县北郊二十公里），像躲强盗一样躲了起来。另一位是子州支父先生，子州支父先生说他自己害了一种"幽忧"的奇疾，搞不来政治那玩意儿。

古书上从没有记载过姚重华先生啥时候曾经拒绝过接班，连装模作样的拒绝都没有。

◉旅途·囚房·惨死

姚重华先生不但从没有拒绝过岳父大人的让位，反而急吼吼而吼吼急，当一切都布置完成时，伊放勋先生仍然不死，这使姚重华先生震怒。他不能再继续等待，政治本质就是不稳定的，日久恐怕生变。于是，公元前2258年，姚重华先生建议伊放勋先生去全国各地，作巡回视察。这项建议义正词严，谁都不能说天子不应该去全国各地视察吧。然而，这却是姚重华先生夺取政权大阴谋的最后一击，他要杀岳父大人而不留下任何痕迹。

公元前二十三世纪，既没有飞机汽车，甚至没有牛，更没有马。我们无法确定伊放勋先生有没有什么代步，即令骑牛骑马，即令坐两人抬的轿子，他也不能承受那种颠簸。呜呼，伊放勋先生根本没有出京视察的理由，有"代理君王"在，天大的事——连杀"四凶"都做了主，还有啥必须他亲自瞧了才算数的？对一个一百一十九岁的老人而言，他宁可坐在家里休息，但他不能抵抗女婿的压力。

于是，到了阳城（河南登封东南十七公里告成镇），伊放勋先生在意料中伸腿瞪眼，一命归阴。是在出发途中死在阳城的欤？抑或在归途中死在阳城的欤？史书上没有交代。《帝王世纪》只说了一句："尧与方回游阳城而崩。"当时首都平阳（山西临汾），距阳城航空距离二百六十公里，在公元前二十三世纪时，是一个遥远的边区。两个城市之间，横亘着中条山脉；越过中条山脉，便是翻滚澎湃、不断决口的黄河；渡过黄河，又是邙山；越过邙山，又要渡过洛水；渡过洛水，还要进入嵩山山脉，阳城就在嵩山南麓，紧傍颍水。这位年迈苍苍的老汉，没有人知道有啥重要大事，非要他亲临不可。然而，姚重华先生知道就行啦。

伊放勋先生糊里糊涂被折腾而死。他是活着离开首都的，回去时却成了一具尸体，而且不可避免地会泄露一点风声，可能引起议论和怀疑，使姚重华先生不敢马上就往宝座上坐。

然而，死在旅途还是幸运的，另一种史料更确定地指出，伊放勋先生不是死于旅途，而是死在监狱。《竹书纪年》说，伊放勋先生被姚重华先生放逐到尧城(山东鄄城西北七公里故偃朱城)囚禁，跟他所有的儿子隔绝。伊放勋先生被后世尊称为"尧帝"，尧帝者，好心肠的君王也，而好心肠的结果却是家破人亡，死于至亲的女婿毒手。当他在牢房哀号，如果知道后世的儒家学派会把他的惨死，形容为美丽的"禅让"，他流下的将不是眼泪，而是鲜血。

我们抄录《竹书纪年》原文，作为结束，原文曰：

昔尧德(政治权力)衰，……舜囚尧，复偃塞(断绝)丹朱，不与父相见也。

这是中国历史上第一位死于谋杀的帝王，而且沉冤千古，悲夫！

舜

时代：公元前二十三世纪四十

至九十年代

王朝：黄帝王朝第七任帝

姓名：姚重华

在位：四十八年（前2255—前2208）

遭遇：死于蛮荒

●传奇人物

姚重华先生是伊放勋先生的女婿，但在血缘上，他却是伊放勋先生第五代旁系曾重孙。史书上说，黄帝姬轩辕先生生姬昌意，姬昌意先生生第三任帝姬颛顼，姬颛顼先生生姬穷蝉，姬穷蝉先生生姬敬康。注意这位姬敬康先生，他阁下跟伊放勋先生可是堂兄弟。姬敬康先生生姬句望，姬句望先生生姬蟜牛，姬蟜牛先生生姬瞽叟，而姬瞽叟先生，就是姚重华先生的爹。姚重华先生当了伊放勋先生的女婿，可是乱了大伦，盖他娶了他的曾祖姑。家谱俱在，一查便知。(一想起儒家学派猛捧的"道德"系统，坐第二把交椅的竟是一位乱伦人物，就十分紧张。)

姚重华先生是冀州人，古冀州包括现在的河北、山东和山西。老娘生他的时候，正住在姚墟(河南范县濮城镇东南六公里)，所以他阁下这一代就姓了"姚"。后来不知道什么原因，全家从姚墟西迁，迁到航空距离四百八十公里外的蒲阪(山西永济)。这是一个部落的大移动，要越过海拔两千米，宽达一百公里，高耸天际的太行山脉。然后，他们在历山停下来，在那里耕耘，大概就在此时开始，抛弃游牧渔猎的生活方式。

历山，位于山西永济东南，虽然姚重华先生在那里种过田，可是对普通人来说，仍十分陌生。不过另一个名字"首阳山"，便家喻户晓，无人不知矣。一千年后的公元前十二世纪时，周王朝击败商王朝，商王朝的两位孤臣孽子伯夷先生和叔齐先生，绝食抗议，就饿死在那里。据传说，历山藏有丰富的铜矿，黄帝姬轩辕先生就曾在那里开采过。

姚重华先生是一位传奇人物，他荣膺孔丘先生托古改制的两位主要角色之一——另一位就是上文被囚死的尧帝伊放勋先生。姚重华先生则被尊称为舜帝，就是仁慈的君王。他从一个山野的穷苦农夫，攀登到中央政府，夺取政权，又被披上美丽的外衣，有一段童话般的历程。

《中国人史纲》曰：

姚重华先生一生，比伊放勋多彩多姿，他的虞部落在蒲阪，跟伊放勋的唐部落(山西临汾)，相距只二百公里，两个部落一向通婚，伊放勋的两个女儿娥皇和女英，同时嫁给姚重华。

◉血海深仇

《中国人史纲》续曰：

姚重华先生应该是中国早期历史上最成功的谋略家之一，他最使人精神恍惚的事迹是，据儒家学派说，他有一个可怕的、充满阴谋和杀机的丑恶家庭，他的父母兄弟全都比蛇蝎还要恶毒。只姚重华恰恰相反，仁慈而且善良，集字典上所有美德于一身。他母亲早死，老爹瞽老头(瞽叟)续娶了一位妻子，生子名姚象。有一天，老爹命姚重华把仓房茅草盖好，可是等姚重华爬到屋顶上之后，父母和弟弟三个人却在下面把梯子搬走，放起火来，企图把姚重华烧死。姚重华聪明地料到会有这种变化，早就准备了两个斗笠，就把这两个斗笠绑到手臂上，当作翅膀，飘然而下。老爹又命他挖浚旧井，姚重华知道情形不妙，挖井时悄悄地在一旁凿出一条通到地面的坑道。果然，父母和弟弟一齐下手，把井填平，然后兴高采烈地把姚重华的财产瓜分。老爹和继母得到他的全部粮食，姚象则得到他日夜思之的两位漂亮嫂嫂，而且马上搬过去居住，得意忘形地弹着姚重华的琴。就在这时候，姚重华在门口出现，姚象反而大吃一惊。

姚重华先生的家庭，就是这样的可怖。问题是，为了争夺财产，继母和继母的儿子，联合起来，共下毒手，我们还可以理解。但瞎老头——瞎老头可能只是一个绰号，形容他有眼无珠，真实名字已被绰号淹没矣——他阁下竟然谋害亲生之子，便太反常态。俗谚固曰"有后娘便有后爹"，不过在日常生活上显现，如果必置之死地，而且一次不成，再来二次，二次不成，再来三次，就超出我们理解范围矣。假使瞎老头不是老爹，我们一定会判断：姚重华对他准有血海深仇，诸如"杀父深仇"之类，偏偏瞎老头却是老爹，就使这桩亲父杀亲子的悲剧，找不出动机。有些考古学家认为他们父子兄弟间的冲突，是一种"图腾矛盾"下的激烈反应。伊放勋先生以唐部落酋长地位组织政府，成为天下共主，是以"龙"为标帜的。瞎老头先生的虞部落，广场上竖的大旗，上面却绣着一只大"鸟"。姚重华先生主张跟"龙"部落联合，使他得以进入最高权力中枢，并且，事实上，联合如果能够成功，对自己部落一定也会有好处。然而，由于图腾，也就是由于招牌的不同，瞎老头跟幼子姚象先生，坚决反对："笑话，他们那龙，怎有资格配我们的鸟？"这是图腾的自尊。也可能另有一种图腾的恐惧："唐部落那么强大，我们的鸟要被龙吃掉啦。"而姚重华先生坚持他的立场，当时的君王伊放勋先生就把两位女儿嫁给他。两位龙图腾（还有她陪嫁的老奶）忽然进入鸟群，她阁下帐篷之外，或屋门口，说不定立刻挂出龙的画像或雕像，"是可忍，孰不可忍"，火山遂告爆发，一发不可遏止。

◉权力继承斗争

图腾矛盾学说，把事情看得太简单，也把人性看得太理想。学院派社会学家，最大的特点是，他们只有能力在文件上找根据，没有几个人实际上献身投入。自然科学家在实验室里研究出一套东西，总要先拿到外面当众表演，一切无误之后，才算成功。如果拿到外面当众表演时，轰的一声，脑袋开花，即令曾在实验室里头头是道，也不算数。可是社会科学家只要在书房里左剪右贴之后，来一个头头是道，就可以信口开河，无往不利。姚重华先生家庭的流血斗争，被解释为图腾矛盾，就是一例。盖图腾矛盾当然有可能性，却没有必然性。古之时也，盛行部落间交换婚姻，矛盾虽有，而竟发展到谋杀，而且是一而再，再而三的谋杀，于情于理，绝对不合。鸟图腾如果非用流血手段，才能排除龙图腾，这问题可大啦。姚象先生既以鸟图腾保护人自居，为保护祖先留下的招牌而战，那么，他阁下娶了另一个部落的老奶，而该部落是以太阳为图腾的，他阁下岂不就得上吊自尽乎？总不能为了避免其他图腾入侵，不跟别的部落联姻，而跟妹妹结婚吧。

其他图腾入侵，是无法避免的事，犹如跟异姓结婚是无法避免的事一样，因此发生摩擦，无啥稀奇；但因之发生谋杀，就稀奇得离了谱。如果真的对龙图腾的唐部落如此深恶痛绝，则干掉伊家二女，才能断绝管道，甚至促使"联合"大业解体。不此之图，却留下祸根，只斩秧苗，似乎更不可思议。

呜呼，财产争夺，图腾矛盾，政见不同，都有可能，甚至全家父母兄弟中了巫婆的邪术，发了恶煞之疯，也有可能，但没有必然性，必然性应该另有所在。

很显然，这是权力继承斗争。这种斗争，中国历史上"一波一波又一波"，从没有一天停止过，史书上称之为"夺嫡"。在多妻制度的宗法社会中，君王权力转移给下一代时，有两大法则，曰："传嫡不传庶""传长不传贤"。大老婆，也就是原配夫人生的长子，称之为嫡子，老大为"嫡长子"，天经地义地要接收老爹的大权。以下为"嫡次子""嫡三子"。小老婆群生的儿子，年纪最大的为"庶长子"，以下为"庶次子""庶三子"。这种"嫡""庶"之分，比美国的"黑""白"之分，还要一清二楚。柏杨先生年轻时，父母嫁女儿，先打听对方男孩子出身，"嫡出"第一，"庶出"——小老婆养的，免谈。读者老爷必须了解，小老婆可不是人，只是生子机器，她们生的儿子，不是她们的儿子，却是嫡母（大老婆）的儿子，对大老婆叫"娘"，对自己亲生的娘，只能叫"姨"。不必向考据家请教啦，看看《红楼梦》，听听势利眼贾探春女士那篇义正词严的谈话，就可发现，嫡庶这玩意儿，相差天壤。

◉ 谁是我的舅舅

贾探春女士的谈话发表在她当家做主的那段日子里：

忽见赵姨娘（贾探春的亲娘）进来，李纨、探春忙让坐。赵姨娘开口便道："这屋里的人，都踩下我的头去还罢了，姑娘你（指贾探春）也想一想，该替我出气才是。"一面说，一面眼泪鼻涕哭起来。探春忙道："姨娘这话说谁，我竟不解。谁踩姨娘的头，说出来我替姨娘出气。"赵姨娘道："姑娘现踩我，我告诉谁！"探春听了，忙站起来说道："我并不敢。"李纨也站起来劝。赵姨娘道："你们请坐下来听我说……"

一阵争吵之后，嫡庶矛盾达到高潮：

赵姨娘气的问道："……你不当家，我也不来问你，你现在说一是一，说二是二，如今你舅舅（亲娘赵姨娘的哥哥）死了，你多给了二三十两银子，难道太太（贾探春的嫡母王夫人）就不依你？分明太太是好太太，都是你们尖酸刻薄。……姑娘放心，这也使不着你的银子。明儿等出了阁，我还想你额外照看赵家呢。如今没有长羽毛，就忘了根本，只拣高枝儿飞去了。"

后几句话，击中了要害，贾探春女士没有回转余地，只好把脸一抹，露出本相：

探春没听完，已气的脸白气噎，抽抽咽咽的，一面哭，一面问道："谁是我舅舅？我舅舅（嫡母王夫人的哥哥）年下才升了九省检点，那里又跑出一个舅舅来？我倒素习按理尊敬，越发敬出这些亲戚来了。既这么说，环儿（赵姨娘的亲子、贾探春的亲弟）出去，为什么赵国基（赵姨娘的兄弟）又站起来，又跟他上学？为什么不拿出舅舅的款来？"

闹了个天翻地覆，不过在"嫡""庶"上打转。最后，且听舆论"嫡""庶"的评估：

凤姐儿笑道："好好好，好个三姑娘（贾探春）！我说她不错，只可惜命薄，没托生在太太（嫡母王夫人）肚里。"平儿笑道："奶奶也说糊涂话了，她便不是太太养的，难道谁敢小看她，不与别的一样看了？"凤姐儿："你那里知道，虽然庶出一样，女儿却比不得男人，将来攀亲时，如今有一种轻狂人，先要打听姑娘是正出庶出，多有为庶出不要的……"

请读者老爷注意贾探春女士的称呼，赵姨娘是她亲娘，但因她是小老婆之故，贾探春女士只能叫她"姨娘"，不能叫她"妈"；对嫡母（大老婆）却叫"太太"——只有明媒正娶的大老婆，才有资格被尊称"太太"。亲娘的兄弟不是舅舅，而只是见了外甥仍得站起来的赵国基。嫡母的兄弟，那位升了官的"九省检点"（九省巡回视察委员），才是舅舅。可怜出身卑微的赵姨娘，唯一的希望寄托在爱儿娇女身上，爱儿贾环不争气，无法倚靠，娇女贾探春又太争气，以亲娘为羞，以被小老婆生下来为羞。凤姐说的那段话，一半是，一半非。事实上，嫡庶之分，在男人身上更严重，老奶嫁鸡随鸡，嫁狗随狗，男人则关系着权力和财产。直到二十世纪二十年代，"嫡长孙"在分家时，都要分到两份财产，因他身负各支派的重责大任。

●"天下第一大孝"

贾探春女士对自己这个"庶出"身份，懊丧之情溢于言表。然而，儿女不能选择爹娘，既然生出，便无法改变，这是做庶子的最大悲哀，君王的宝座永远只给嫡子。有时候小老婆养的儿子（庶子）年龄比大老婆养的儿子（嫡子）大，庶子已三四十岁啦，嫡子还在那里吃奶，吃奶的娃儿照样继承大权。有时候庶子不但年长，而且能干，东征西讨，对国家有伟大的贡献，嫡子却是一个白痴，白痴照样"天子圣明"，坐在龙墩上吆五喝六。

这是权力转移和社会安定的法则，贾探春女士除了自怨自艾外，别无他法。但对一个在权力中心打滚的庶子而言，只要他自认为他的力量已强大到可以"夺嫡"的时候，他一定"夺嫡"。或用谋用计，或动刀动枪，使自己摇身一变——把"庶子"的包袱摇掉，而变成妙不可言的"嫡子"。呜呼，只有这种权力欲望，才能使生死决斗，接二连三，永不停止。

姚象先生是夺嫡斗争的主角，亲娘当然维护亲子，瞎老头受到续弦的影响，不得不对幼子偏袒，因而组成联合阵线，目标直指姚重华先生，不是你死，就是我亡。而且，必须姚重华先生魂归离恨天，夺嫡才算成功。

不过，柏杨先生颇怀疑父母幼弟是不是真的这么凶恶。即以谋害的过程而言，似乎不像是出于成年人的智慧，却像幼儿园教习向小娃们说的童话。姚重华先生上房之后，纵火烧屋，他用斗笠跳下，纵是特大号的斗笠，也载不动一个成人的躯体。如果说茅屋非高楼，那么，手攀屋檐，也可逃生，根本用不着斗笠。主要的还是，姚象先生之辈也应该想到老哥可以跳下这一点。挖井一事，更云天雾地，舌头乱摇。夫一次谋杀失败，双方已成死敌，仇人相见，分外眼红，姚重华先生竟傻得毫不防备，而往深井里钻，不知道贵阁下信不信有这等事，柏老可是打死我也不信。夫蒲阪(山西永济)一带，属黄土高原，黄土高原的特征之一是，土硬如铁。对日本抗战时，黄土高原上的防空洞，恐怕是世界上最安全的防空洞。姚重华先生凭一人之力，又是偷偷摸摸地在井底另凿出一个通道，这事说得可是比唱得还要好听。而且，凿出来的土，又弄到啥地方乎哉？

只有一项解释是合理的，那就是，这些凶恶的罪状，乃出于姚重华先生的捏造，不是说全部都是捏造，继母与幼子可能对姚重华先生歧视，甚至过有虐待，这是古老家庭"前妻之子"普遍的厄运。而姚重华先生把它扩大，扩大到使人毛骨悚然的程度，目的有二：一是烘托他如何地孝顺，在中国社会，孝顺是衡量一个人美德的最主要的标准，而"孝"必须在"父顽""母凶""弟傲"的恶煞环境中，才能展示。如果大家一团和气，还有啥可说的。亲人既全是恶棍，姚重华先生自然顺理成章地夺取到"天下第一大孝"的锦标。

●逐父杀弟

姚重华先生"天下第一大孝"的美誉，跟父母兄弟"天下第一大恶"的恶名，在他苦心孤诣的设计下，向四面八方传播。岳父兼君王的伊放勋先生，或许不愿两个女儿受到牵连，或许被女婿奇异的孝行深深感动，于是把他召到首都平阳（山西临汾），做自己的助理。这正是姚重华先生追求的，现在终于追求到手。

第二个目的是为自己掌权后的暴行，建立掩饰的理由。《史记》说，姚重华先生对所受到的迫害，不但没有反击，反而"复事瞽叟，爱弟弥谨"——比没有被谋杀前，对老爹更孝顺，对老弟更亲爱。孟轲先生，这位儒家学派的雄辩家，更热情洋溢，当万章先生问他："难道姚重华不知道姚象要宰了他呀？"孟轲先生曰："这还用问，当然知道。不过，他太重手足之情，姚象忧的时候他跟着忧，姚象喜的时候他跟着喜。"

《孟子》原文：

万章曰："……不识舜不知象之将杀己欤？"曰："奚而不知也，象忧亦忧，象喜亦喜。"

孟轲先生不像是在叙述一桩史迹，却像一个诗人在那里闭着尊眼，摇头摆尾吟诗，把姚重华先生形容成一个怪物。不过，这话太重啦，还是用我们用过的比喻：他把姚重华先生形容成一只纯洁雪白的可爱羔羊。事实上这位空前的阴谋家的反应，不但强烈，而且无情。他在他的权位稳固了之后，也就是在他用君王名义处决了"四凶"之后，乘威追击，把老爹瞎老头驱离家园，充军边陲蛮荒，任他自生自灭；对"象忧亦忧，象喜亦喜"的老弟姚象先生，可没有这么便宜，而是索性绑赴法场，一刀砍下尊头。只有继母不知道下落，依情势判断，她可能在继子有权柄之前，已一命归天。如果没有这份早死的幸运，姚重华先生连亲爹都不饶，对这个继母，岂肯放她一马。不可避免地，她要陪着瞎老头充军到边陲蛮荒，最后就死在边陲蛮荒。

《庄子》曾直接斥责姚重华先生不孝。《韩非子》更痛心疾首：

> 瞽瞍为舜父，而舜放之（充军），象为舜弟，而舜杀之。放父杀弟，不可谓仁。妻帝（尧）二女，而取天下，不可谓义。仁义无有，不可谓明。《诗》云："普天之下，莫非王土，率土之滨，莫非王臣。"信若《诗》之言也，是舜出则臣其君，入则臣其父，妾其母，妻其主女也。

这是姚重华先生最恐惧的指责，他之所以努力宣传亲人全是恶棍，就是要人相信他逐父杀弟，不是自己的错，而是因为他们太坏，他不得不保护自己，并为天下主持公道。

◉政治意淫

孟轲先生是姚重华先生主要的辩护人，万章先生也向他请教过这件事，孟轲先生坚持姚象先生没有被杀掉。好吧，既没有被杀掉，他到哪里去啦？他不过跟老爹一样，被充军罢啦。充军到啥地方？到有庳（湖南道县与东安之间）。然而，孟轲先生连充军也加以否认，一口咬定姚象不是被充军到那里的，而是被封爵在那里的。问题是，怎么只见采邑，不见爵爷，爵爷何在？孟轲先生招架不住，只好东拉西扯和稀泥。

《孟子》：

孟子（孟轲）曰："封之也，或曰放（充军）焉。"……万章曰："敢问或曰放者，何谓也？"（孟子）曰："象不得有为于其国（采邑），天子（姚重华）使吏治其国，而纳其贡税焉，故谓之放（充军）。岂得暴彼民哉？"

译成白话：

"孟轲先生曰：'那可是封爵封到那里的，不过，也有人说把他充军充到那里的。'……万章先生曰：'充军？那是怎么回事？'孟轲先生曰：'姚象虽封爵封到那里，却一点儿权柄也没有，不过一个受气包，中央政府另外派遣官员代替他行使职权，征收捐税，所以大家称为充军。只是不允许他残暴害民之意。'"

呜呼，孟轲先生说了半天，还是没说出姚象先生的下落。封爵封到距姚重华先生首都蒲阪南方航空距离一千二百公里远的有庳，而有庳这个地方，直到两千年之后的公元前三世纪战国时代，还是虫蛇之乡，罕有人迹。这种借刀杀人的政治手段，如不叫"充军"，啥叫"充军"？如不叫"放逐"，啥叫"放逐"？即使不叫"充军"，也不叫"放逐"，爵爷既不管事，又不知流落何方，这种内幕都抖出来，非孟轲先生笨也，实在是遮盖不住。咦，一个遮盖不住的丑八怪，即使抹上两缸胭脂粉，还是丑八怪。这种充满幻想的一厢情愿，只好尊之为"政治意淫"。

然而，不管怎么样，姚重华先生终于参与了政府，为了树立党羽，他起用当时郁郁不得志的"八恺""八元"，使十六个家族分别掌握军政大权。

——八恺，八个温顺的人。曰：苍舒先生、隤敳先生、梼戬先生、大临先生、龙降先生、庭坚先生、仲容先生、叔达先生。都是黄帝王朝第三任君王姬颛顼先生的子孙。

——八元，八个能干的人。曰：伯奋先生、仲堪先生、叔献先生、季仲先生、伯虎先生、仲熊先生、叔豹先生、季狸先生。都是黄帝王朝第四任君王姬夋先生的子孙。

◉"尧舜牌"

姚重华先生把十六位失意政客和他们的家族，布置到要津之后，岳父兼君王的伊放勋先生，才发觉不对劲。然而，他这个平凡的老实人，不是女婿的对手，他已无力反击。不特此也，连效忠于他，极力阻挠姚重华先生篡夺宝座的四位高级官员谨兜先生、共工先生、三苗先生、姒鲧先生，都无法保护，眼睁睁看着姚重华先生使用中央政府的名义，各个击破，命丧黄泉。又不特此也，还称之为"四凶"，使他们身后蒙羞。

——不过，柏杨先生有点怀疑，"八元""八恺""四凶"之类的绰号，不见得一定是姚重华先生当时起的，盖"四凶"之一姒鲧先生的儿子姒文命（夏禹）先生，不久就把姚重华先生铲除，他不会允许这种恶称流传，而小民既那么尊敬姒文命先生，也不忍心这种恶称流传，至少在他所建立的夏王朝四百九十一年间，不会有人提及。那时既无文字记载，人们每天忙碌自己的事，对昔日这场政治斗争，早忘之矣。最早提及这些绰号的，是公元前五世纪的《左传》，距姚重华先生公元前二十三世纪大屠杀之日，已一千八百年。因之，我老人家颇疑心它是政治挂帅下的产物，也就是孔丘先生"托古改制"下的产物。儒家系统既然打出"尧舜牌"，这牌必须是王牌，即使不是王牌，也得动点小手脚或大手脚，涂涂改改、挖挖补补，使它非是王牌不可。必须强调他所擢用的人，全是好货色，而所杀的人，全是坏蛋。因而搞出一些绰号，使人看起来好像是真的一样，用以加强印象。

闲话说得太多，书归正传。

"四凶"之一的姒鲧先生，因对中央政府和对君王伊放勋先生忠心耿耿，猛烈抨击姚重华先生包藏祸心，促起姚重华先生的杀机。姚重华先生不能赤裸裸地宣称姒鲧先生挡他的路而杀他，必须有冠冕堂皇的借口。他猛烈指控姒鲧先生治水不得其法，辜负国家的厚恩、贻害苍生。当时情况，国家就是姚重华，姚重华就是国家。于是，钦差大臣从首都平阳出发，直奔姒鲧先生的工地羽山（山东临沂），就在那里"殛"之。"殛"者，"诛"也，跟"杀"绝不相同。"杀"是平等的，杀人者可能是凶手。而"殛"和"诛"，却是一种罪恶铲除。

"四凶"既死，中央政府大门洞开，伊放勋先生大势已去，但不知道啥原因，他仍坐在宝座上不肯下来，姚重华先生只好把他放逐。姚重华先生一旦翻脸，连亲爹都不认，何况岳父乎哉。伊放勋先生被放逐后的下场，前文已言之矣，有两种传说，一是死在放逐途中的阳城（河南登封东南十七公里告成镇），一是禁囚在尧城（山东鄄城西北七公里故偃朱城），就死在监狱之中。两地直线距离一百二十公里，不管哪一个地方，其中一地，一定是他陛下的丧命之所。

姚重华先生终于扫除了所有的绊脚之石。在伊放勋先生死后第三年，即公元前2255年，他正式上台。那年，他已五十三岁，拳打脚踢三十年矣。

◉历史重演

然而，正当姚重华先生踌躇满志，认为他的江山已固若金汤时，毁灭他的定时炸弹，却在他屁股底下冒起了烟。这个定时炸弹，就是被"殛"的"四凶"之一姒鲧先生放在那里的。姚重华先生把姒鲧先生排除，易如反掌，但排除之后，遇到了难题：第一，姒鲧先生率领的夏部落，根据地在现在的河南禹县（今河南禹州——编者注），是当时唯一懂得水利工程的部落；而他的儿子姒文命先生，又是跟老爹齐名的水利工程师，姚重华先生除了要求姒文命先生继承老爹未完成的治水工程之外，别无他途。第二，姚重华先生为了永绝后患，史书上说，曾把"四凶"的家属，全部放逐到距首都蒲阪两千公里外的蛮荒地带，去跟鬼魅为伍。但姒鲧先生的家属并不包括在内，一则是儿子姒文命先生高级技术人员的身价，二则是夏部落力量太过强大，强大到如果用武力反击，姚重华先生没有必胜把握。

在这种情形下，姚重华先生只好任命姒文命先生继续治水。姒文命先生自知他所处的地位，在他的部落更强大之前，不敢流露一点他的愤怒。他用低姿态来化解姚重华先生对他的猜忌，小心谨慎，戒慎恐惧。《史记》形容他治水十三年，"过家门不敢入"。请读者老爷注意，他可是"不敢入"，而不是"不肯入"，他不敢蹈老爹的覆辙。这是消极的一面。积极的一面，《帝王世纪》指出，他无时无刻不在培植自己的力量："劳身勤苦，不重径尺之璧，而爱日之寸阴，手足胼胝。""纳贤礼士，一沐三握发，一食三吐餐。"

十三年之后，姒文命先生把洪水治平，使他的声望达到高峰，而他在治水督工的掩护下，奔走全国各地，结集反抗姚重华先生的力量，也已完成。于是，姚重华先生，这位以阴谋起家的黄帝王朝最后一任君王，发现对姒文命先生已失去控制，跟他岳父伊放勋先生当年发现对他失去控制一样。"八恺""八元"，已不能发挥作用(也可能姚重华登极后，为了安全理由，转过来对他们下手)。历史重演，姚重华先生不得不悲哀地宣布，他要把宝座转移给姒文命先生。

姒文命先生不吃这一套，以眼还眼，以牙还牙，大报复的时机已经来临。他效法姚重华先生对付伊放勋的手段，于公元前2208年，把姚重华先生逮捕，充军到遥远的苍梧(湖南宁远)。苍梧更在有庳的东南，两地直线距离五十公里，这是一个嘲弄性的惩罚，跟被他放逐的弟弟姚象先生是那么接近，让他有机会再显露一次没有权势时的可爱嘴脸。姚重华先生是怎么死的，史书上没有记载，只知道他就死在苍梧，并埋葬在苍梧境内的九嶷山下。

传统史学家不能推翻他死在蛮荒的事实，只好形容曰："南巡狩，崩于苍梧之野。"那年姚重华先生整整一百岁，前已言之，苍梧、有庳一带，两千年后的公元前三世纪，仍是虫蛇之地，更非中国领土，姚重华先生纵是神经病兼"十三点"，也不会忽然发了羊癫之疯，越过千山万水，披荆斩棘，往一千二百公里（地面距离可能在三千六百公里左右）外不可知的蛮荒"巡狩"。传统史学家最擅长用美丽的字画，美化丑恶的事实，"巡狩"和"崩"，不过一例而已焉。

注意的是，姚重华先生被放逐蛮荒，他的妻子女英、娥皇，并没有在身旁陪伴。这是一个旁证，证明他阁下已身不由己。嗟夫，当姚重华先生在荒烟野蔓倒毙，咽下最后一口气之时，回想前尘，他比岳父大人死得距故土更远，恐怕有太多叹息。可惜史书上没有记下这些叹息。

相·后羿

时代: 公元前二十二世纪五十

至六十年代

王朝: 夏王朝第五任帝·第六任帝

姓名: 相 姒姓

在位: 姒相三年（前2147—前2145）

后羿八年（前2145—前2138）

遭遇: 被叛将所杀

●势利眼史观

在本文中，我们同时叙述两位君王，因为他们二位的事迹，像一堆乱麻一样搅和在一起。事实上，我们应该同时叙述三位君王才对，他们三位同样难舍难分，可是我们仍是把第三位君王寒浞先生，留在下篇专文报道。不然的话，就觉得本文有点太长啦。

关于后羿先生在夏王朝中的关系位置，趁机在这里嚷得让天下皆知。传统史学家处理君王的地位时，满脑筋政治挂帅。夫政治挂帅也者，也就是权势挂帅，有权大爷高坐公堂，惊堂木一拍，大喝一声曰："呔！"手拿笔杆的朋友立刻心胆俱裂。心胆俱裂得久啦，就成了媚态可掬的一群奴才，只敢根据利害，不敢根据事实。拜读中国史书最大的困扰是，史书上称呼某人是君王时，某人可未必就是君王；史书上称呼某人不是君王时，某人可能正是君王。像曹操先生，史书上称为"武帝"，其实他"屁帝"也不是，不过一个宰相。又像曹髦先生，史书上称他公爵(高贵乡公)，其实他硬是一个如假包换的皇帝。更糟的是，有些当过君王的人，因为不合乎当时政治市场上的规格，史学家索性大笔一挥，就把他从史书上挥掉，像西汉王朝第三任皇帝刘恭先生，在龙廷上坐了五年；第四任皇帝刘弘先生，在龙廷上也坐了五年，都是结结实实地坐。只因手无寸铁，最后又被隆重砍头，不但在史书上不能占一席之地，反而看起来简直好像根本没有他们这两个人。

篡位夺权之辈，那就更不用提，像晋王朝第三任皇帝司马伦先生，史书只称他的原衔"赵王"，而南(朝)宋王朝第四任皇帝刘劭先生，连原衔也取消啦，直接称他"元凶"。这些人虽然王八加三级，但评鉴是评鉴，谴责是谴责，事实是事实。你可以跳高捶胸，怒詈某君王是有史以来最坏的君王，连一条蛇都不如的君王，应该杀千刀的君王，但你不能拒绝承认他是君王。柏杨先生的头脑，就是这么简单明了。传统史学家的头脑就比较复杂啦，像鳄鱼一样，身陷酱缸深处，只把两眼露出缸面，看清政治风向，再行下口。政治既然主宰一切，拿刀的又可以一高兴或一不高兴，杀拿笔的人头，结论当然是成则王侯败则贼。诋毁为"贼"，仍不过瘾，还要进一步把他斗臭，舜帝姚重华先生发明的"四凶"，不过开始草创，以后花样翻新，直到二十世纪，更越来越勇不可当。

在这种势利眼史观之下，本文第二位主角的后羿先生，在夏王朝中，当然没有地位。

◉三年大空位

后羿先生之所以在传统的史书上没有地位，第一，因为他像京戏中所唱的："谋朝篡位大不该。"然而，这第一点并没有决定作用，根据传统史学的金科玉律，如果他成了功而且永了久，像楚王国第五任国王楚穆王芈商臣先生和宋王朝第二任皇帝宋太宗赵光义先生干的勾当，他们就是天子圣明。问题是，后羿先生偏偏运气不佳，于是，第二，因为他最后失败，身首异处。这第二点才是决定性的。呜呼，他阁下虽然高高在上，统治中国八年之久，正是中国对日本抗战的年数，儒家学派却硬生生把他排出"正统"，硬说他不是君王。这种以诈欺为业的史学家，似乎只有中国有。

——"正统"以及"道统"，把中国搞了个惨，也使学术界史学界焦头烂额，甚至血染刀锋。以后，我们有太多的机会谈到它。

确定了后羿先生在夏王朝的关系位置后，我们开始。

夏王朝是姒文命（夏禹）先生建立的王朝，他阁下把杀父之仇人姚重华（舜）先生弄到烟瘴荒凉的苍梧（湖南宁远）干掉之后，也模仿死鬼当年的魔术，宣称姚重华先生坚持把大位"禅让"给他，但他拒绝接受，并誓言拥护死鬼之子商均先生继承宝座。曾经上演过的这种讽刺性的政治闹剧，再原封搬上舞台，只不过换了演员。四十八年前，姚重华先生也曾誓言拥护死鬼之子，四十八年后的今天，姒文命先生如法炮制。演员虽然不同，剧情仍然一样，局势既在他控制之下，党羽们自然不会向商均先生靠拢。对这场凌厉的权力篡夺，儒家学派有美丽的报道。

《史记》：

舜崩，三年丧毕，禹辞避舜之子商均于阳城（河南登封东南十七公里告成镇），天下诸侯皆去商均，而朝禹，禹于是遂即天子位。

姚重华先生被谋杀于公元前2208年，姒文命先生登极则是在公元前2205年，当中整整三年，权力真空，中央政府没有元首。想当初，伊放勋先生死后，帝座也空悬了三年，这件事如果没有点怪，天下便再没有怪事矣。儒家学派的解释是：他们都为他们的故主，守三年之丧。嗟夫，中华民族自黄帝姬轩辕先生以降，老家伙死后，儿子也好孙子也好哥哥弟弟也好，一个个迫不及待地都撅起屁股，猛往龙墩上硬坐，他们为啥不守三年之丧？难道他们都是畜生乎哉？而且，在儒家学派的经典里，君王是一种例外的特别动物，君王的守丧跟其他任何人——上自亲王宰相，下至山坳小民，都不一样。君王守的是"心丧"，只要心里悲哀就行啦，不在外表上拘泥形式；只姒文命不然。

《吴越春秋》曰：

舜崩，禹服丧三年，朝夕号泣，形体枯槁，面目黧黑。

即令是小娃，对最恋最依的亲爹亲娘，都不至如此。对杀父之仇——好吧，不提杀父之仇吧，对一个君王，即使该君王美不可言，也不可能产生这种感情。

◉不得不跳

姒文命先生大空位三年，跟姚重华先生大空位三年一样，由于政治情势上的不稳定，他虽然很强大，但还没有强大到可以摆平的程度。

《符子》曾透露出一段姒文命先生的苦恼：

禹让天下于奇子(人名)，奇子曰：君言佐舜劳矣，凿山川、通河汉、首无发、股无毛，故舜也，以劳报子。我生而逸，不能为君劳矣。

译成白话：

"姒文命要把君王宝座让给奇子先生，奇子先生曰：你当姚重华先生的助手，辛辛苦苦像牛马，开山辟路，通江倒海，累得头发也脱啦，腿上的毛也磨光啦，姚重华先生才教你接替他。而我一辈子安逸，可不能跟你一样去辛辛苦苦。"

政权跟漂亮绝伦的美女一样，人见人爱。只要可能，还要飞蛾扑火，奋不顾身。现代民主政治，就是建立在这种共识的基础上。可是看儒家系统笔下的伊放勋、姚重华、姒文命的模样，政权却好像毒药，谁也不肯下肚，只往别人嘴里塞。而事实上，他们却吃得津津有味，唯恐别人伸手。一则小幽默上说：一个露营客向邻近的一个露营客曰："昨晚你们跳舞怎么跳得那么凶？"答曰："我们不得不跳，一个家伙不小心踢翻了马蜂窝。"呜呼，"禅让"云乎哉，他们不得不"禅让"，因为牛耳刀就搁在他们脖子上。

混乱的政治局势，三年后终于尘埃落定，姒文命先生取得政权，建立夏王朝，定都安邑（山西夏县）——位于姚重华先生故都蒲阪（山西永济）东北一百公里。

姒文命先生坐上宝座时，已九十三岁高龄，只干了八年，当他满一百岁，公元前2198年时，寿终正寝，把宝座传给他的儿子姒启（夏启）先生。对这件事，"托古改制"之徒，可算是伤透脑筋：说姒文命先生"不贤"吧，姚重华岂能把政权"禅让"给不贤；说姒文命先生"贤"吧，又怎能干出这种"家天下"狗屎之事？最后，他们发明了理由。说姒文命先生本来也要把江山"禅让"给一位名叫"益"的家伙的。

《史记》曰：

> 而后举益，任之政。十年，帝禹东巡狩，至于会稽而崩。以天下授益，三年之丧毕，益让帝禹之子启，而避居箕山之阳（河南登封东南十七公里告成镇——也就是娰文命避居过的地方），禹子启贤，天下属意焉。及禹崩，虽授益，益之佐禹日浅，天下未洽，故诸侯皆去益而朝启，曰：吾君帝禹之子也。于是启遂即天子之位。

◉瓶颈危机

这真是一张不打自招的口供，益先生之所以失败，关键不在他贤不贤，而在他"浅"不"浅"，不过是掌权日子太短，羽毛未丰，爪牙未利罢啦。但益先生在绝望中，仍作最后一击，策动位于陕西户县（今陕西西安鄠邑区——编者注）的有扈部落，起兵反抗新君娰启。娰启先生先发制人，派遣大兵团向有扈部落进攻，在甘亭（陕西西安鄠邑区南郊）决战，这一战是殊死斗。谁战胜，谁就是圣明天子，万德俱备；谁战败，谁就是叛逆盗贼，百恶齐臻。所以，娰启先生紧张万分，在甘亭地方，集结所有可能集结的武装力量，和各部落酋长共同签订盟约，宣告他们理直气壮。这项宣告文，就是中国历史上有名的《甘誓》。

结果是有扈部队战败，全体被以仁德著称的娰启先生屠杀。益先生的下落，我们不知道，可能也被砍头，但也可能只剩下孤零零一身，再没有力量，而允许他仍活着。

姒启先生旗开得胜，马到功成，结束了"禅让"童话，也结束了在这种童话下掩盖着的畸形夺权斗争。他把帝位的传递，恢复了黄帝王朝时代的正规，由儿子或兄弟接班。野心家的力量再强大，只好干瞪眼，不能祭起"禅让"法宝矣。有人说，"家天下"从姒启先生开始，说这种话的人，如果不是真瞎，就是假瞎，黄帝王朝的传统就是"家天下"的，伊放勋先生和姚重华先生"不得不跳"地"让天下"，是一种变种怪胎。姒启先生亡羊补牢，把它矫正过来，使中国四千年间，权力中心的转移，有一条和平的途径。

姒启先生是夏王朝第二任君王，翘辫子后，儿子老爷太康先生继位为第三位君王。谚曰："富不过三代。"太康先生已是第三代矣，夏政权进入瓶颈。

关于"瓶颈"，《中国人史纲》曰：

我们发现一项历史定律，即任何王朝政权，当它建立后四五十年左右，或当它传位到第二第三代时，就到了瓶颈时期。——所谓若干年和若干代，只是为了加强印象而设，当然不会有人机械地去解释。在进入瓶颈的狭道时，除非统治阶层有高度的智慧和能力，他们无法避免遭受到足以使他们前功尽弃，也就是足以使他们国破家亡的瓶颈危机。历史显示，能够通过这个瓶颈，即可获得一个较长期的稳定。不能通过，或一直胶着在这个瓶颈之中，它必然瓦解。

发生瓶颈危机，原因很多，主要的是，王朝建立伊始，人民还没有养成效忠的心理惯性。新政权就好像一个刚刚砌好的新砖墙，水泥还没有凝固，任何稍大的震撼，都会使它倒塌。一旦统治者不孚众望，或贪污腐败，或发生其他事故，如外患内讧之类，都将成为引发震动的炸药。不孚众望往往促使掌握军权的将领们兴起取而代之的欲望，贪污腐败则完全背叛了建国的政治号召，跟当初赖以成功的群众脱节。外患内讧之类的伤害，更为明显。

◉打猎打昏了头

太康先生，这位夏王朝第三任君王，历史注定他要在瓶颈危机中担任主要角色。他对打猎的兴趣远超过对政治的兴趣。打猎这玩意儿，现代中国人已经不能想象那种惊天动地的半战争场面所带给人们的刺激和亢奋。但是，它却是君王们的传统娱乐，除了明王朝那些行肉走尸的皇帝外，其他历代君王，差不多都喜欢这个调调，盖打猎可以享受到战争的满足，却没有战争的危险。

太康先生沉迷于打猎。对任何事物过度地沉迷，都会受到伤害，如果山珍海味不要命地吃，也会吃出大祸。打猎亦然，太康先生打猎打昏了头，公元前2160年，在一次疯狂的猎狩中，他从首都安邑（山西夏县）出发，带领鹰犬和大队人马，浩浩荡荡，向南行猎，打得天昏地暗，日月无光，不知不觉打进主峰高达两千余米，横亘一百公里的中条山脉，攀过重峰叠岭，节节追击，最后从南麓出山，山下即是黄河，复在欢声雷动中渡过黄河。在哪个渡口渡过黄河的，史书上没有记载，反正不管从哪里渡过，都得碰上邙山，这就沿着邙山向东挺进，万兽奔腾，人马喧哗，置酒高歌，好不快活。不久，御驾到了穷石（河南洛阳南通谷），跟碰上了邙山一样，他陛下碰上了本文第二男主角，有穷部落酋长后羿先生。

这位后羿先生，跟黄帝王朝尧帝伊放勋先生在位时射掉九个太阳的后羿先生，可不是一个人，但可能是后羿先生的后裔。史书上说，后羿先生所隶的部落，在黄帝王朝第四任君王喾帝姬夋（尧帝的爹）先生时代，住在鉏邑（河南滑县），这个部落以精于制造当时最厉害的武器弓箭和善于骑射，闻名于世。很明显地，这是一个好战的部落，所以历任君王对他们都另眼看待，不但在国防上倚仗他们，便是向上帝宣战，要对付太阳，也要倚仗他们，酋长在中央政府也一直担任国防部长或陆海空军总司令的官职。

《帝王世纪》曰：

> 羿，有穷氏，未闻其姓。其先帝喾，以世掌射故，于是加赐以弓矢，封之于鉏（河南滑县），为帝（君王）司射。历唐（伊放勋）及虞（姚重华）夏（姒文命）。至羿，学射于吉甫。与吴贺北游，使羿射雀左目。羿引弓射之，误中右目。羿俯首而愧，终身不忘。故羿善射，至今称之。及有夏（夏王朝）之衰，羿自鉏（河南滑县）迁于穷石，因夏民之不服，以代夏政。

这段话把后羿先生的历史背景，交代得清清楚楚。只有一点需要研究的，古之时也，"有"字用处特别多，黄帝王朝开山老祖姬轩辕先生是"有熊"部落酋长，姒文命先生是"有夏"部落酋长。后羿先生则是"有穷"部落酋长。在古史书中，"有这""有那"，多如驴毛，看起来有点深奥，实际上平淡无奇。"有"不过语助词，跟"阿"字固相通也。古人曰"有"，今人曰"阿"，鲁迅先生如果生在公元前二十三世纪，一定会写出"有Q"，根本没"阿Q"的份儿。

◉向东方逃亡

历史上出现两位名"羿"的先生，又拥有同样的特技，如果把他们当作是一个人，也未尝不可。不过古书上既然说此后羿先生射过太阳，而彼后羿先生却起兵抗暴，干下轰轰烈烈的大事，似乎应是两个同名的家伙。呜呼，在西洋各国，流行的是父子同名，祖孙同名，而且一同到底，几代下来，同得不可开交。贵阁下到某家应邀做客，唤了一声"查理"，咦，可不得了啦，小的也答应，大的也答应，老的也答应，连五百公里外坟墓里的老祖宗，也一齐吼曰："俺在这里呀。"可谓天下奇观。他们只好用"查理第一""查理第二"分之。我真担心，这么叫下去的话，终有一天，出现"查理第三十五万七千六百八十九"，叫起来固然累死人，写起来也能使人痛不欲生。

中国的同名文化，可能到夏王朝末期才停止发展。也可能有穷部落，名"羿"的家伙特别多。至于"后"，除了当"君王的老婆"解外，还是一种尊称，从前中国人跟现代西洋人一样，把尊称放到名字之前，西洋人曰：迷死脱、打狗脱、塞耳；古中国人则曰：后。若"柏杨先生"早生四千年，就是"后柏杨"矣。"羿"上加"后"，乃"尊贵的羿"之意。不过我们还是称他"后羿先生"，实在是我老人家讨厌透了单音节的独立字。而且，在后羿先生之后，"后"就成了姓。孔丘先生的弟子中，就有一位后处先生。

——用不着找后姓朋友打听，鉴于后羿先生有过篡位失败的记录，为儒家学派所不齿，他们一定拒绝承认后羿先生是他们的祖宗，准说他们的姓来自后稷先生。盖后稷先生的十五世孙姬发先生(那时已改了姓啦，古时候没有专门管理户籍的衙门，出国又不要护照，改姓改名可真方便)，就是一千年后兴起的周王朝的第一任君王。这似乎比较光彩。

后羿先生趁着军民的愤怒，向太康先生的猎狩部队发动奇袭，然后切断退路。猎狩部队当然抵抗不住训练有素的兵团，尤其是变生肘腋，猝不及防。一击之下，全军瓦解，丢下猎狩的斩获和他们的君王，四散逃命。最后只剩下太康先生一人，一瞧情势不对，既回不了远在西北、隔着千山万水的首都安邑(山西夏县)，就只好只身向东方逃亡，逃到了斟郭(河南巩义)，确信背后没有追兵时，才停住脚步。

后羿先生逐走了太康先生之后，野心顿生，挥军北渡黄河，一举攫取了首都安邑(山西夏县)。他并不立刻坐上宝座，一次军事胜利，只是一项震撼，还不是足够的政治资本，他需要较长时间累积他的威望和培植力量。于是，他找到太康的弟弟仲康，告诉他，如果他愿意的话，他可以接任"天子"。仲康先生当然愿意，事实上，他不愿意也难不住后羿，把他宰掉后，后羿先生会找到另一个。

仲康先生是夏王朝第四任君王。

●向更远的东方逃亡

仲康先生在帝位上坐了十四年，后羿先生担任宰相^(相)职务。十四年是一个相当长的时间，足以使他的力量稳固。仲康先生于公元前2147年逝世，我们称之为"恰到好处的死"。呜呼，有的政治头目，受到命运作弄，该死的时候，却偏偏不死，还额手称庆，普天同欢地活下去，结果身败名裂，甚至国破家亡。

——人，该死的时候，最好就死，"恰到好处的死"，是人生最大的福气。记不得哪本书上啦，好像是《阅微草堂笔记》载：某高官害了重病，躺在床上哼哼，百药罔效，一位高僧登门曰："我跟贵府三代相交，屡拯贫僧于危。我有药方，特来报恩。"高官的一位侍妾，大概是医科大学堂毕业的，颇通医道，看了药方，大骇曰："这算干啥，药到命除。"把高僧乱棒打出。高僧叹曰："我本报恩，此志不遂，奈何。"侍妾老奶乃亲自主持汤药，竟把高官的老命救了回来，他阁下对侍妾老奶当然感激不尽，对该自称"报恩"的老和尚，骂了个狗头喷血，肯定是仇家派出的杀手，不得不庆幸未中奸计。病愈之后，他升了更高之官，结果大贪污案爆发，被绑赴法场，砍下尊头，家产充公，家人^(包括那位救命的侍妾老奶)充军。

仲康先生之死，使他逃掉"高官"的命运。但后羿先生仍不下手，反而把仲康的儿子相^(姓姒)——本文的第一男主角，掇弄上宝座。这个身不由主的夏王朝第五任年轻君王，注定了要演悲剧角色，他继承了他祖父和父亲政治腐败的瓶颈狭巷，简直不是坐在宝座上，而是坐在后羿先生的刀尖上。

两年后的公元前2145年，已等候了十六年之久的后羿先生，不再等候，把姒相先生罢黜，然后把他放逐到东方航空距离四百五十公里外的斟灌（山东曹县）。也可能不是放逐，而是姒相先生一看苗头不对，向那里逃亡。反正这些不关重要，重要的是，后羿先生正式登位，成为夏王朝第六任君王。

——请读者老爷注意，后羿先生并没有另行创立一个新王朝，那就是说，他仍然是夏王朝的帝王，这在中国历史上是一个变数。盖中国传统文化是，无论是青面獠牙型的匪徒恶棍也好，或白面书生型的大奸巨猾也好，只要夺取到政权，立刻就会把旧王朝一笔勾销，重敲锣，另开张，建立属于自己的新的王朝。姒文命先生就是这么干的。后羿、寒浞之后，更成了惯例，“改姓即改王朝”，忠于某一个王朝，事实上就是忠于君王的那一个姓，形成一种生殖器崇拜的奴才性格。西汉王朝第一任皇帝刘邦先生就要他的臣民誓言：“非姓刘的当帝王，全国人共击之。”好像有钱大爷包娼一样，包啦。而当时的人竟然也承认这种包娼制度，他妈的。

◉长生不老药

后羿先生虽然就任夏王朝第六任君王，以及稍后的寒浞先生，虽然就任夏王朝第七任君王，传统史学家却拒绝承认这项事实。

《史记》曰：

太康崩，弟中康（仲康）立，是为帝中康。帝中康

时，羲和湎淫，废时乱日，胤往征之，作《胤征》。中康崩，子帝相立。帝相崩，子帝少康立。

译成白话：

"姒太康死，老弟姒仲康继位。一个名叫'羲和'的部落酋长，沉湎于酒，天天大醉，政务废荒。曾派胤部落酋长前往讨伐，作《胤征之歌》。姒仲康死，子姒相继位。姒相死，子姒少康继位。"

如果仅看《史记》一部书，夏王朝权力中心移转的情形，真是干净利落，太康先生既没有被赶走，姒相先生更御驾善终，善终之后，儿子老爷少康先生顺理成章地马上接收了政权。至于后羿先生，以及将要报道的寒浞先生，好像根本没有这两个人。《史记》作者司马迁先生，是中国史学之父，以他崇高的智慧，不会这么无法无天。只是在政治的巨棒之下，他不敢赋予"异姓"，更不敢赋给篡位的"乱臣贼子"以适当的地位。政治挂帅在史学界发挥的威力是：抹杀事实，扭曲事实，轻视事实，捏造事实。

感谢皇天，政治挂帅现在没挂到我们头上，所以，我们可以站在小民立场，去认定事实。事实是：后羿先生及稍后述的寒浞先生，都是夏王朝的正式君王。

后羿先生是一位传奇人物，而他的妻子更是传奇，几乎所有中国人——包括儿童，都知道她，并为她的遭遇神往，她就是名满天下的嫦娥女士。远在中国西北边陲，有一座昆仑山，长达两千五百公里，海拔五千米到七千米，以无比的雄姿，从帕米尔高原，向东延伸，成为新疆和西藏的界山。那是古代神仙们的住处（直迄二十世纪初叶，神仙没有啦，昆仑山降格而成了剑客们的大本营）。古代很多神仙中，以

"王母娘娘"出现最早，她貌美如花，而法术高强，不知道什么缘故，也可能是她阁下对英俊的后羿先生，一见钟情，就赠送给他一包长生不老药，并告诫他，必须等若干年，他身登大宝之后，吞下尊肚就可长生不老。

——"长生不老"是一种精密的愿望，西洋人就差一截，希腊神话中有一位女神（想不起来是谁），爱上一个英俊的臭男人，爱得如醉如痴，不可开交，就要求天帝周彼得先生，赐他不死，周彼得慷然允许。那个艳福不浅的家伙，果然不死，可是他却一天一天地老啦，老得跟柏杨先生一样，"而发苍苍，而视茫茫，而牙齿动摇"，而弯腰驼背，而筋疲力尽，而走肉行尸，最后，而心有余力不足。女神大失所望，找周彼得先生理论，周彼得先生曰："你只要他不死，没要他不老呀。"女神曰："那还不如教他死了好。"该家伙只好驾崩。呜呼，女神老奶如果有王母娘娘聪明，当初求的是"长生不老"，就爱河永浴，到今天都双双对对矣。

◉嫦娥和吴刚

后羿先生得到长生不老之药，兴高采烈，偷偷地放到保险箱中，准备时候到来。他妻子嫦娥女士看在眼里，记在心头，想曰："好呀，你长生不老，俺可是非老不可，你野心不小，打算一直换老婆呀。你能吃，我也能吃，你小子想独吞，门都没有。"就在后羿先生登上夏王朝君王宝座那天，趁着马屁精云集，热闹哄哄，这位美丽的年轻皇后，悄悄溜返寝宫，撬开保险箱，把药拿到手里，咚咚咚咚，灌下咽喉，舔了舔嘴唇，咦，那可真是奇药，她阁下立刻脱胎换骨，身轻如燕。一则她害怕后羿先生发觉后向她追究，二则对这个人人都必然死亡的世界，也无所留恋，于是，她开始飞升，一阵轻烟，她飞到了月球之上，就在月球上定居。

——据说，嫦娥女士直到今天，仍住在月球上，在那冷清的世界里，陪伴她的，只有一只她最喜欢、临升天时抱到怀里的小白兔。小白兔大概受到了奇药发出的辐射线的感染，也同样地长生不老。两千三百年后西汉王朝时，有一位名叫吴刚的倒霉家伙，一心要学道成仙，想不到犯了过失（古书上没说他犯了啥过失），玉皇大帝大发雷霆，把他放逐到月球上砍伐桂树。桂树高只五十尺，应该是用不了多久就会砍倒在地，偏偏该桂树不同普通桂树，大斧下去，砍出裂口，可是大斧抽出，裂口又合，那才是一件劳而无功的苦差。砍既砍不断，而他阁下又不能不砍，只有拼命地一直埋头苦砍下去，以致他连跟嫦娥女士说话的工夫都没有，更别说谈情说爱啦。如果换了柏杨先生，我就不砍，或做点炸药，把它连根轰掉。然后，洗洗嘴脸，找上嫦娥女士，谈谈天南地北，写一篇访问。吴刚先生却死心眼，始终认定桂树定会被他砍倒。但也正因为他死心眼，才没有传出他跟嫦娥女士的罗曼史。

——吴刚先生伐桂，小白兔杵药（它大概帮它的女主人嫦娥不断炼丹），当月圆之夜，我们仍可瞧到他们忙碌的影子。只有嫦娥女士，深居广寒宫，从不抛头露面。人们再也看不见她矣。

——二十世纪七十年代，美国人登陆月球，把这个美丽的神话破坏无遗，使人沮丧。可是，神话学家也有解释：嫦娥女士每听到太空人登陆月球的消息，就用法术隐蔽起来。据说，太空人以后如果不断地去打扰他们，她和吴刚先生，可能搬家，连同广寒宫和那棵魔桂，一齐搬到月球背面，那里是永远的阴暗，连太空人也不能到，就安静多啦。不过，见到太阳也好，见不到太阳也好，月球是永恒的空寂，对一个漂亮老奶而言即使青春永驻，活着似乎也没啥意思。吾友李商隐先生曾有诗哀之，诗曰：

云母屏风烛影深　长河渐落晓星沉
嫦娥应悔偷灵药　碧海青天夜夜心

◉杀人夺美

妻子开溜，给后羿先生一个很大打击。幸好，天下美女多如星斗。小伙子往往把意中人看成"天上少有，地下无双"，是眼眶太小之故。后羿先生不久就发现一位跟嫦娥女士同样漂亮，甚至比嫦娥女士更漂亮，而皮肤稍黑的一位老奶玄妻女士，"玄妻"是文言文，译成白话，就是"黑狐狸"，听起来不像是正式名字，倒像是一个绰号。屈原先生在他的《楚辞·天问》篇中，称她"眩妻""纯狐"，大概男人一见了她就头昏眼花之意。她阁下是有仍部落（山东金乡）酋长的女儿，嫁给夏王朝中央政府音乐部长（乐正）夔，生了一个儿子伯封。夔先生不久死掉（有那么美丽的妻子，也实在该死），玄妻女士成了年轻寡妇。后羿先生在一个偶然的机会中见到她，立刻应验了"眩妻"的"眩"，头昏眼花兼意乱情迷，决心把她娶到手，却一时苦于没有比较满意的方法。就在这节骨眼上，一位名叫寒泯的先生，向他建议："老爹，这可是简单得很呀，把一顶铁帽扣到她儿子伯封头上，捉住杀掉，家属充公，美人儿岂不归你摆布乎哉？"后羿先生曰："扣啥铁帽？"寒浞先生曰："说他贪心喜财，搜刮无度。"后羿先生呻吟不语，寒浞先生曰："为了斗臭，他的形容词我都想好啦，宣传他是一头'大猪'，可加强人们对他厌恶的程度。"

《左传》原文：

昔有仍氏生女，鬒黑而甚美，光可以鉴，名曰"玄妻"，乐正后夔娶之。生伯封。实有豕心，贪婪无厌，忿类无期，谓之"封豕"，有穷后羿灭之，夔是以不祀。

后羿先生采纳了寒浞先生的建议，结果之一：伯封先生被杀，玄妻女士成了后羿先生的老婆，也就是夏王朝的正式皇后。结果之二：寒浞先生迅速擢升，从此成了后羿先生的心腹亲信。

请读者老爷注意寒浞先生这个角色，从他所出的这个恶毒主意，可看出他的卑劣品质。为了接近权力，不惜破人之家，杀人之头，还把被害人的年轻母亲献给主子。后羿先生立刻肯定他忠心耿耿，而他正是要后羿先生这么肯定。这是一个契机，从此，后羿先生对寒浞的信任，与日俱增，终于擢升他担任宰相，掌握军权。寒浞先生是第一流的阴谋家，他不曾把他的高兴显露出来，反而更加恭敬温顺。他接着要做的是，翦除后羿先生的爪牙，使他陷于孤立。《左传》上说，后羿先生仍拥有四位非常有能力，而又效忠他的高级干部：武罗先生、伯因先生、熊髡先生、龙圉先生。我们不知道他们担任什么职务，只知道他们被称为贤臣。

寒浞先生如果不能把这四位高级干部铲除，他就不能畅所欲为。

◉剁成肉酱

当初舜帝姚重华先生当宰相时，面对的也是四个人的反对力量，他在他们尊头扣上"四凶"铁帽，杀的杀，逐的逐。寒浞先生面对的同样是四个人的反对力量，他当然也希望杀的杀，逐的逐。可是，后羿先生是一位比较厚道的君主，虽然他的智慧不能分辨忠奸，但他的心肠使他不忍心遽下毒手，他只是逐渐地跟四位老友疏远，而把大权交给寒浞先生。

寒浞先生最后一个步骤是鼓舞后羿先生游猎。呜呼，后羿先生就是趁着太康先生游猎过度时取得政权的，现在他却被寒浞先生说服，也去拼命游猎。寒浞先生一定使他相信四个恶汉既已排除，则天下太平，政权安如泰山，如果不趁此机会，大闹大闹，真是第一号傻瓜。后羿先生龙心大悦，走上太康先生走过的覆亡之路，历史重演。

公元前二十二世纪六十年代，前2138年，后羿先生在一场兴奋的猎狩之后，收围返宫。他的卫士突然叛变，向他攻击。寒浞率领武装部队及时赶至，可怜的后羿先生，还大喜过望，以为来的准是救兵，却不知道来的不是救兵，而是凶手。厄运已抓住他，他没有太康先生那么幸运，可以逃走。他被捉住，寒浞先生下令，用粗大的桃木巨棍，把他活活打死。然而最糟的还不是死，而是寒浞先生把后羿先生的尸体放到大锅里煮熟，剁成肉酱，由叛将们分而食之。不特此也，还要后羿先生的儿子也吃一碗。小后羿先生在巨变中已心胆俱碎，面对老爹被宰割的肉酱，他吃不下去。寒浞先生勃然变色，号曰："怎么，你敢抗命，将来要报仇呀？"就在首都安邑(山西夏县)城门口——那个城门名"穷门"——把身为太子的小后羿先生，斩首示众。

——寒浞先生对后羿先生这么残忍，使人震骇。如果怀着血海深仇，用这种方法泄恨，还可以理解，但后羿先生却对他恩重如山。如果为了保卫政权，要斩草除根，同样我们也能理解，可是杀既杀之矣，没有必要再剁成肉酱，也没有必要教儿子吃亲爹的肉。只有一种解释是合理的，那就是我们前面曾经提到，寒浞先生卑劣的品质。"千金一饭酬漂母"，是仁人义士、大丈夫的行径，不是寒浞型人物的行径。寒浞型人物行径的主要内容是：利之所在，机会一到，立刻反噬，对越是有恩的人，反噬得越是残酷，目的在使人产生一种印象：恩主一定有严重的亏欠，否则，受恩者不会做出这么强烈的反应。

——柏杨先生入狱之前，大概是1967年，看过美国出口的电视影集，片名已忘之矣。男主角到一个镇上，豪华的饭铺老板张开双臂欢迎他，大开贺宴，指饭铺曰："这都是你的。"男主角曰："绝不，当然是你的。"饭铺老板曰："全部钱都由你拿出来；而且没有你救我，我饿死沙漠矣。"但男主角坚持当初承诺。亲密了几天之后，男主角受到袭击，几乎送掉老命。最后，男主角撕下杀手的面罩，赫然发现竟是饭铺老板，男主角大惊曰："老哥，我已向你声明过，我连一半股权都不要，你为啥还动手呀？"饭铺老板毫无愧色，答曰："你使我承受太大压力，看到你，就想到你对我恩重如山，使我永不能抬头。我杀了你，世人会认为是你把我逼得忍无可忍。"

◉就在军营处决

寒浞先生跟美国西部那位饭铺老板，同一个德行，他用对恩主的激烈反噬，为自己制造有利舆论，也可以使自己的良心受到最小谴责。史书上虽没有记载，我们可以推测得知，寒浞先生一定宣传了后羿一麻袋罪该万死的理由，包括他强娶玄妻女士的罪状。说到义愤填膺之处，连他自己也渐渐相信，由衷平安。

寒浞先生干掉了本文第二男主角后，他阁下坐上宝座，成为夏王朝第七任君王。他不但接收了夏王朝的称谓，也接收了恩主后羿先生的老婆玄妻女士，而且生了两个儿子：寒浇、寒殪。

花开两朵，各表一枝。我们回头再报道那位被后羿先生赶下宝座，流亡在外的夏王朝第五任君王，也就是本文第一男主角姒相先生，他阁下在公元前2145年，后羿先生夺取政权时，向东逃亡，比他伯父第三任君王太康先生，逃得更远。太康先生不过逃到斟鄩（河南巩义），姒相先生撒丫子狂奔，竟跑到遥远东方的斟灌（山东曹县），投靠那里仍效忠他的部落。

——太康先生逃到斟鄩后，斟鄩仍是后羿先生势力范围，但后羿先生却让他活着，这在中国历史上是一件大事。盖中国政治传统，对于像赶猪赶狗般被赶下宝座的君王，新得势的君王们很少有宽容的胸襟，允许他们生存，绝大多数都是一场屠杀，盖恐怕他们死灰复燃，来一个回马枪也。太康先生最后在他流亡的寓所中终其天年。我们看看伊放勋先生和姚重华先生的下场，以及在此之后包括后羿先生在内的许多君王的下场，不禁为太康先生庆幸，庆幸他的对手后羿先生，气宇不凡。

姒相先生却没有这种好运。

公元前2118年左右，正是西洋巴比伦帝国鼎盛，汉谟拉比大帝颁布大法典之前数年（也可能之后数年），寒浞先生派遣他的长子寒浇先生，率领大军，沿着黄河南岸东征，消灭姒姓皇族的残余分子。他认为后羿先生的和平手段，是一种姑息行为，而姑息必定养奸，一旦逃亡在外的王孙们有力量反扑时，他的政权就会面临危机。寒浞先生告诉他的儿子："到那时，人们已经忘了姒姓皇族的暴政，而只记得我们的坏处，我们不能眼看着他们茁壮。后羿是个呆瓜，事实已证明他的宽厚是错误的，我们如果不杀他，姒姓皇族也会杀他。"

寒浇先生的大军进入斟鄩，史书上没有说遇到什么，盖太康先生已早死了矣。但他袭击斟灌时，却大有斩获，姒相先生，这位已失去王位很久的逊王，现在跟一介平民一样，靠他的劳力维生，被寒浞先生生擒，就在军营处决。距他被罢黜的日子，整整二十八年。

寒浞

时代: 公元前二十二世纪六十年代

至公元前二十一世纪二十年代

王朝: 夏王朝第七任帝

在位: 六十年（前2138—前2079）

遭遇: 复仇军至·被杀

●毡帽·铁帽·腻人

寒浞先生，夏王朝所属的寒国（山东潍坊寒亭区）——寒部落酋长的儿子，他从小就有一套花言巧语的本领，这种本领是从哪里来的？先天遗传的乎？抑后天环境培养的乎？没有人知道，可能二者都有，但主要的恐怕应归功于"天纵英明"。中国人最喜欢用"天纵英明"，一个不折不扣的地痞流氓土匪恶汉，只要有了点权，或有了点钱，马屁精大笔一挥，或一声吆喝，这顶毡帽就轰然而出，该家伙想不舒服都不行。舒服得久啦，连自己也都以为是真的。呜呼，铁帽压死人，毡帽骗死人。不过，天纵英明虽不可靠，"天生劣种"，却是例证斑斑。

寒浞先生小时候的行状，《左传》上用一个字形容，曰"谗"，颠倒是非之意也。不知道他闯下了什么大祸，身为寒部落酋长的老爹伯明先生，伤心欲绝，把他逐出家门。寒浞先生对这项惩罚，不以为意。谚不云乎，"此处不留爷，自有留爷处；处处不留爷，才把爷难住"。位于西方的夏政府，处于不稳定状态，后羿先生心怀大志，正在招兵买马，广收天下豪杰。寒浞先生就把铺盖一卷，前往投奔。

这是不可预知的冒险，后羿先生的羽毛已相当丰满，一个航空距离八百公里外异部落的流浪汉，要想在谋士如云、猛将如雨中脱颖而出，可不简单。但寒浞先生有他的耐心。而且，他阁下深知，只要有机会跟后羿先生接近，他就有办法控制后羿。嗟夫，寒浞先生是一种"腻人"，他如果下定决心控制某一个人，除非那个人有好运气或较高智慧，否则难逃他的掌握。

"腻人"最喜欢秉性浑厚、比较坦荡又没有心机的对象，而后羿先生恰是这种性格。所以寒浞先生投奔之初，虽然只是一个卑微的角色，但他抓住"玄妻"的机会，被后羿先生视为心腹，而且不久就挑拨后羿先生疏远忠心耿耿的四位贤臣。其实"腻人"的秘密武器也很简单，不外《左传》所描述的"行媚于内，而施赂于外"，如此而已。

接着是武装叛变，用最残酷的手段对付他的恩主。后羿先生被桃木巨棍打死，他的儿子被斩首于穷门之时，父子们唯情如何，可以揣猜，嗟夫，凶手昨天还站在面前，一脸忠贞的也。这是一项不可思议的震撼，父子们唯一的感受，恐怕只是肝肠寸断。

寒浞先生第二件要做的事，就是把恩主的老婆，他当初献铁帽奇计，替恩主弄到手的玄妻女士，收归己有，做自己的老婆，继续她的皇后头衔。这种继承妻子的干法，中国宫廷史上出现的次数不多。可能玄妻女士太美啦，也可能寒浞先生要借此羞辱她地下的前夫后羿先生。

◉赤条条拖出被窝

我们认为寒浞先生娶了恩主的老婆，是根据《路史·后纪》记载："浞烝娶羿室纯狐。"鉴于当时的多妻制度，寒浞恐怕是连后羿先生别的姬妾，也一股脑上了床。到了后来，不知道是哪位老奶，生下两个儿子：寒浇、寒豷。寒浞老爹把长子寒浇先生封到过邑（山东莱州），把次子寒豷先生封到戈邑（河南开封），这两个封邑位于姒相先生流亡的斟灌（山东曹县）两翼，有一种监视作用。等到二位儿子老爷长大，而于公元前2118年，由寒浇先生率大军由首都安邑（山西夏县）出发，先攻斟鄩（河南巩义），再跟他封邑原有的驻屯部队会师，向斟灌发动突击。

姒相先生在那次突击中，丧失生命。他的妻子后缗女士，正怀着身孕，在危急时从墙洞中爬出，昼伏夜行，逃回她娘家有仍（山东金乡，同时也是玄妻女士的娘家），而就在有仍，生下遗腹子少康。少康先生年纪稍长，有仍部落酋长外祖父，任命他负责全部落的畜牧工作。可是，姒姓皇族苗裔仍活在人间的消息，不久就传到寒浞先生的耳朵，他下令掩杀。少康先生在东方不能存身，只好向西方逃亡。最危险的地方，往往是最安全的地方，寒浞先生绝不相信少康敢奔向他的天子脚下，而少康先生偏偏奔向他的天子脚下。他投奔蒲阪（山西永济）的虞部落（就是舜帝姚重华先生所属的部落），虞部落酋长姚思先生，对这位勤奋干练的东方流浪青年，另眼看待，把两位女儿嫁给他，并且任命他管理部落里的粮食供应（庖正），不久，就在一个名诸纶的村庄附近，拨给他一块土地，由他们夫妇耕种。

少康先生在极度隐秘中积极准备，若干年后，诸纶地方已扩展到五平方公里（一成），就在这五平方公里的耕田上，他秘密号召仍怀念他父亲祖父的遗民，结集了五百余人（一旅）。他知道，以这五百余人孤军去进攻当今君王寒浞先生的政府正规大军，就跟用鸡蛋撞击石头一样，立刻就会粉碎。于是，他决定采取奇兵。他计算，蒲阪到首都安邑（山西夏县），直线距离仅百余公里，只要一天工夫，就可先潜行到首都附近埋伏，然后夜袭。寒浞先生已经老迈，老迈的政治领袖，往往酱在过去成功的回忆里，会丧失当年的警觉和勇气，并自信威力无边，疏于防卫。

大复仇的日子终于到来，公元前二十一世纪二十年代，公元前2079年的一天，姒少康先生的精锐兵团，在夜色掩护下，冲进安邑（山西夏县）。安邑（山西夏县）虽是首都，但在那个时代，还没有城寨壕沟之类的防御工事。所以复仇部队很容易冲进不过一个大庄院般的皇宫。八十余岁的寒浞先生，这个一身罪恶的恶棍，被赤条条拖出被窝，号叫着死于乱刀之下。

姒姓皇族复辟，少康先生成了夏王朝第八任君王，然后派军攻击寒浞先生的二子，名"靡"的将军攻陷过邑，名"后杼"的将军攻陷戈邑，把寒浇、寒豷，分别砍下尊头，寒浞先生血胤下的宗族，全部屠杀。

——少康先生的故事，在中国流传不衰，尤其当一个政权受到严重打击，失去大量疆土，岌岌可危时，总会强调这个以少击众的故事，用以鼓励士气，和增加信心。

孔甲

时代：公元前十九世纪二十

至五十年代

王朝：夏王朝第十六任帝

姓名：姒姓

在位：三十二年（前1880—前1849）

遭遇：暴毙

◉深山遇到喜宴

孔甲先生，是前文介绍的那位少康先生的第七代皇孙。公元前1922年，老爹第十三任君王不降先生死后，第十四任君王的宝座，没有传给他，却传给弟弟姒扃。公元前二十世纪最后一年，公元前1901年，姒扃先生死后，第十五任君王的宝座，传给儿子姒廑。公元前1880年，姒廑先生去世。第十六任君王的宝座，不知道什么缘故，才恢复原来的系统，传给孔甲。

夏王朝在第三任君王太康先生时，进入瓶颈，幸亏少康先生崛起，恢复姒姓皇族的政权，传统史学家称为"少康中兴"，即中兴衰微没落了的姒姓皇族。不过事实上，一个政权一旦覆亡，就是覆亡，要想中兴，就跟把一个死人从棺材里挖出来，要他复活一样，除了耶稣先生外，任何人都不可能。只有一种情形是可能的——也仅只"可能"而已，那就是，招牌是老招牌，伙计却换啦。少康先生的政府，跟他爹他爷的政府，成员完全不同。然而，政权是一种有机体，若干代下来，朝气渐失，暮气渐起，到了孔甲先生，夏王朝再度走向下坡。走向下坡的原因很多，但在封建专制政体下，君王却往往是唯一的原因——即令不是唯一的原因，也是最最最最重要的原因。

孔甲先生是一个脑满肠肥的庸才，史书上说，他任性、好奇、喜怒无常，不把人当人，智力商数不高，典型的富家子弟。虽受过跟他身份相当的教育，却无法摆脱荷花大少脾气。除了打猎外，他只知道一味侍奉鬼神。打猎使他疯狂，而祭祀使他在为非作歹后心里平安，而且每逢祭祀，都要杀猪宰羊，可以名正言顺地大吃特吃。他什么都不管，只管努力娱乐。

有一年，他阁下的猎狩部队，南渡黄河，猎狩在东阳萯山（河南巩义北，邙山山脉的支麓）。传说那里是吉神泰逢先生住的地方，吉神泰逢先生显然不喜欢这个昏君，作起法术，忽然间大风骤起，飞沙走石，天昏地暗，猎狩部队被刮得东藏西躲，四下逃命。孔甲先生带着随身的几个卫士，也狼狈地豕突狼奔。最后，在山坳里发现一个农家茅屋，便闯了进去。想不到，那家正摆设喜宴，原来主人新得了一个儿子，亲戚朋友正在那里热闹哄哄，举杯庆祝哩。孔甲先生的出现，使他们大为震惊。等到弄清楚他阁下的高贵身份之后，就七嘴八舌，议论纷纷。有的曰："这娃儿可是好命，生下来就碰到天子老爷临门，一定福如东海，大吉大祥。"有的曰："恐怕不见得，天子的气焰太盛，恐怕会使娃儿受到伤害。"孔甲先生大怒曰："我怎么会使娃儿受到伤害？跟我走，我收养他当儿子，看谁敢碰他？"

●龙在中央政府出现

娃儿一天天长大，孔甲先生指派一队卫士，给他严密保护。他不是爱这个少年，而是要向他的人民展示他的权威，连天意都可以改变。

然而，一件意外的事情发生了。有一天，少年正在皇宫玩耍，忽然间，帐篷被风吹动，早已腐朽的橡柱，从中断裂，崩塌下来，像利斧一样，把少年的双足砍断。少年的痛苦是可以想象的，他从此成为残废。孔甲先生听到报告，大失所望，显然他这个君王的权威到底有限。只好教少年看守城门，恢复他的卑微日子，并且自己作了一首歌，曰《破斧之歌》，这是最早一首用东方音乐谱出的歌，纪念他所受到的挫折。

《吕氏春秋》原文：

夏后氏孔甲，田于东阳萯山^{（河南巩义北）}，天大风晦盲，孔甲迷惑，入于民室。主人方乳，或曰："后^{（似孔甲）}来是良日也，之子是必大吉。"或曰："不胜也，之子是必有殃。"后乃取其子以归，曰："以为余子，谁敢殃之？"子长成人，幕动、坏橑、斧斫斩其足，遂为守门者。孔甲曰："呜呼有疾，命矣夫。"乃作为《破斧之歌》，实始为东音。

就在这时候，中国历史上最重要的一种动物——龙，以堂堂正正的阵容，在中央政府出现。龙是一种实质上并不存在的玩意儿，至少，中国人印象中的龙，也就是中国画家们笔下的龙，完全是想象之物。很多考据家认为，龙就是蛇，就是蟒，但是蛇和蟒都没有外露的脚爪，而龙却是有脚爪的。仅从形状上看，龙似乎更像巨蜥。可惜，蛇也罢，蟒也罢，巨蜥也罢，都不会腾云驾雾满天飞。有一点难解的是，龙实在难看：第一，它没有表情；第二，仅就面貌而言，它简直跟一只虾没有分别。真不知道中国君王为啥一直以"龙"自居，而中国人也一直以"龙的传人"自居，大概不是取它的外形，而是取它的神通——可以来去自如，遨游四海。

夏王朝第一任君王姒文命（夏禹）先生，就跟龙有密切关系。南浔部落（不知道在啥地方）曾在地脉深处，挖出来两条一雌一雄的龙，进贡给姒文命，姒文命先生把它们饲养在一个大院里，命名那个大院为"豢龙宫"，请一些会养龙的人，负责饲养。那些养龙的人代代相传，久而久之，自成为一个特殊技能的家族。

——无论龙是蛇是蟒是蜥，有一点是可以肯定的，它是一个爬虫，可能会飞；但会飞的动物，躯体普遍都不会太大。在人类眼光中，苍鹰只不过三四等躯体，比起大象、鲸鱼、虎豹狮牛，可谓小巫见大巫。苍鹰之所以居住在悬崖绝壁，就是为了起飞时，必须滑翔一段才行，如果筑巢在屋顶上，一振翅便咚的一声栽倒在地矣。苍鹰尚且如此，更大躯体的龙，如果从地面飞腾，根本不可能。这属于科学范畴，不在我们讨论之列，我们所报道的，只是古书上对这件事的记载。

◉"你输定啦！"

孔甲先生有祖传的血液，他也喜欢养龙。《史记》《左传》，异口同声地说，当他阁下登极时，"天降二龙"。有人对此颇为疑心，认为龙象征祥瑞和富贵，怎么会跑到走下坡路王朝里献宝乎哉。不过，凡事之反乎常情常理的，一定有它的毛病。毛病一旦发作，人们才醒悟到，祥瑞有时恰恰是一个凶兆，二龙降临，原是为了夺命。

开山老祖姒文命先生早已翘了辫子，南浔部落进贡的龙，也早死掉，豢龙宫也早废除。拥有养龙特技的豢龙家族，手艺也都生疏。孔甲先生急于物色一位专家来饲养他的宠物，豢龙家族中已没有人才，或许虽有人才，却想到侍候昏君的后果，而不敢推荐。于是孔甲先生找到了刘累，刘累先生曾经在豢龙家族那里学过几天手艺，并不精通，在养龙这个行业中，他只是三四流角色。但孔甲先生已经大喜过望，命他所属的部落为"御龙族"，用以褒扬他的特殊本领。据说，刘累先生是黄帝王朝尧帝伊放勋先生的苗裔，他就凭着学的那点一知半解，荣膺皇家龙苑的管理师。

养龙跟养猪不同，养猪简单，只要喂它吃饱就行啦，养龙必须具备特殊知识。而刘累先生的特殊知识，似乎不多，于是不久，两条龙中的那条雌龙，就一命归天。养死了君王的宠物，可是滔天大祸。想不到刘累先生的反应使人叹为观止，他不但不赶忙报告，也不急着想办法补救，反而镇定如恒。呜呼，"镇定"和"颟顸"是一体的两面，镇定貌似颟顸，颟顸也貌似镇定。刘累先生事实上是颟顸，他采取的唯一行动，是把死龙的肉割下来，做成一盘奇味，献给孔甲先生下肚，他说这是他的一番敬意，请君王尝尝新肴。孔甲先生吃啦，大为赞赏。可是到了后来，孔甲先生偶尔问起龙的情形，要御驾亲瞧时，刘累先生才慌了手脚，三十六计，走为上策，带着家小，连夜开溜。溜到鲁邑（河南鲁山），销声匿迹，不敢露面。

孔甲先生大发了一阵雷霆之后，终于找到一位高手师门先生。师门先生是啸父先生的学生，而啸父先生是一代异人，《列仙传》说，他还有一位学生名叫梁母。当啸父先生决定离开人间时，他爬上三亮山（一个缥缈的仙山）和梁母先生握手道别，然后在山上燃烧了几十堆营火，乘着火光，冉冉升天。在这种名师指导之下，可肯定师门先生的才能。所以用不了多少日子，他就把那条雄龙养得精神焕发活蹦乱跳。

然而，师门先生从心眼里瞧不起那位蠢材君王，他不像刘累先生那样，像奴才般地奉命唯谨，而总是坚持他的意见。奉命唯谨的结果是把龙养死，据理力争的人则把龙养得又肥又壮。孔甲先生对龙毫无所知，却偏偏不断地对养龙"指示机宜"或"面授机宜"，如果真照他的"机宜"行事，龙只有死亡。师门先生对那个蠢材忍无可忍，他要求孔甲先生闭嘴。但他忽略了一点，孔甲先生虽是蠢材，却是君王。最后，在一场争辩中，孔甲先生被驳斥得体无完肤，他恼羞成怒，下令把师门先生处斩。师门先生笑曰："老家伙，不必发脾气，杀人是没有用的，你已经输定啦。"孔甲先生曰："我不会输定啦，你却是死定啦。"师门先生的尸体埋葬在首都安邑(山西夏县)荒郊野外。

师门先生身躯虽死，灵魂不灭，就在棺木入土的刹那，狂风大作，暴雨倾盆，山野林木忽然起火燃烧，首都居民蜂拥赴救，都无法扑灭。孔甲先生这时才知道他犯了错误，急忙御驾亲征，前往火场祈祷，乞求师门先生宽恕他的罪恶。经过一番祷告，火势才被熄灭。孔甲先生这才舒了一口气，坐车回宫。可能师门先生鬼魂就是要引他出笼，以便乘他回宫之时，附着他复仇。

当御辇在宫门停住，卫士打开车门，请君王下车时，发现孔甲先生瞪目端坐，鼻息全无，已经他妈的死啦。这时，大风又起，大风中似乎传出一种声音："你输定啦，你输定啦。"一代君王，再不能复生。

夏桀

时代: 公元前十九世纪八十年代

至公元前十八世纪三十年代

王朝: 夏王朝第十九任帝

姓名: 姒履癸

在位: 五十四年（前1819—前1766）

遭遇: 逐死·国亡

●瑶台宫龙心大悦

夏桀姒履癸先生，就是被鬼魂夺去老命，暴毙在座车中的孔甲先生的曾孙，孔甲先生生姒皋，姒皋先生生姒发，姒发先生生姒履癸。姒履癸先生是夏王朝第十九任君王，也是最末一个君王。

姒履癸先生，以及稍后将要报道的子受辛（商纣王）先生，是一对活宝。跟尧帝伊放勋先生、舜帝姚重华先生是一对活宝一样，在中国历史上遥遥相对，前后呼应。经过传统史学家无情的扭曲，伊姚翁婿二人，为圣为贤，字典上所有赞美颂扬的话，都往他们头上堆，把他们堆成两颗肿胀的病牙，没人敢碰，一碰就浑身抽筋，死于政治挂帅的巨棒之下。（柏老赤膊上阵，剥下披到他们身上至少两千年之久的美丽外衣，让大家瞧瞧血脓交集的恶疮，并不是我有过人之勇，而是得感谢我们这个时代，允许我们做深入研究。）对于姒履癸先生和子受辛先生，则恰恰相反，字典上所有丑陋的字眼，也都往他们头上堆，把他们堆成两个使人义愤填膺的坏坏。

事实上，姒履癸先生跟姚重华先生，同样不是好东西，不过姚重华先生的恶被掩盖，姒履癸先生的恶被扩大，幸与不幸而已。

姒履癸先生身体魁梧，堂堂一表人才，真是所谓的"天赋异禀"。史书上说他力大无穷，能够把弯曲的铁棍拉直，把坚硬的兽角一劈两半，跟罗马帝国大力士乌尔索斯先生力折斗牛一样，姒履癸先生可以赤手空拳，搏斗老虎和野熊，更叫座的是，他跳到水里还能斩杀蛟龙。靠这份蛮力，如果他不是君王，而是一个小民，倒是一条好汉，从军打仗，立功边疆，可能干到大将之位，名垂青史。即使时运不济，也可能当个赌场保镖，足够温饱。问题是他偏偏是个君王，享有无限权力，勇猛一旦用到凌虐小民上，就更为残暴。

他在首都安邑（山西夏县）建筑了一座宫殿，名"瑶台"。——瑶，最美的玉。它的工程当然比不上埃及金字塔（如果比得上，今天仍巍然矗立在那里矣），但引起小民怨恨的程度，却不下金字塔。姒履癸先生挑选了一群天下最美丽的老奶，和天下最珍贵的金银财宝，聚集在瑶台宫之中。又把一些色艺俱佳的电影明星、电视明星、歌舞明星、舞台明星等等明星，及魔术大师、特技大师等等功夫演员，以及一些侏儒、歌手、马屁精、帮闲分子、灌米汤大王等等娱乐界朋友，全部招来，使瑶台宫成为一个欢乐世界。御用音乐家谱出"天子圣明""四海同欢"圣乐，也谱出"潘金莲大闹葡萄架"之类使天子圣明不起来的淫声浪语。在这个温柔乡里，姒履癸先生左拥右抱，前顾后看，龙心大悦。

◉长夜宫与庞贝城

姒履癸先生似乎不喜欢打猎，只喜欢女人，而女人和酒肉是不可分的。他在皇宫开凿了一个周围约有五平方公里的巨池，用酒把它装满，乘着豪华精致的画舫，在酒池荡漾。然后他阁下松开抱着美女的御手，向上一扬，立刻响出鼓声，就有三千余名男女，爬到岸边，伸着尊脖，像牛喝水那样地俯向酒池喝酒。有些得其所哉的酒鬼朋友，一看千载难逢，拼命地喝，喝着喝着，头晕脑涨，忽咚一声，来个倒栽葱，掉到酒池里，被酒活活淹死。姒履癸先生目睹奇景，禁不住纵声大笑。

　　就在他阁下荒淫的程度日益升高的时候，闯进来一位绝世美女——妺喜女士，使荒淫的生活，更进一步像滚水般沸腾起来。

　　那是公元前1786年，姒履癸先生在宝座上已坐了三十四年，位于山东省蒙阴县境的施部落，触怒了这位昏暴的君王。姒履癸先生飞出铁帽，说他们"反抗中央"，出动大军进攻。施部落抵挡不住，乞灵于美女手段。酋长老爷表示降服，提议说，如果大军撤退的话，他愿把他妹妹——天下第一美女妺喜女士，呈献给君王。并警告大军司令官："如果你不接受这个条件，妺喜，必定丧生，到时候我们会杀了她！一旦老淫棍姒履癸先生听说你竟使天下第一美女丧生，你这个司令官可老命不保。"司令官承认敌人的分析合理。

　　于是，妺喜女士到了首都安邑（山西夏县），她老哥倒一点也没有夸大其词，妹妹老奶果然天姿国色，姒履癸先生御头轰的一声，几乎晕倒，迫不及待地就表演了上床节目。然后，爱得难解难分。——从另一个角度看，也是妹妹老奶从此就把这个脑满肠肥的君王，吃得死脱。这是一个关键，一般人印象中，美女们的心肠往往毒辣。呜呼，非她们毒辣也，而是她们的坏主意比较容易兑现。干仙人跳勾当的，都是美女，丑八怪行乎哉？所以不久，妺喜女士就在姒履癸先生罪恶的余生中，扮演重要的帮凶角色。

　　仅只瑶台宫还不过瘾，姒履癸先生又在首都附近一个山谷里建造另一个宫，曰"长夜宫"，顾名思义，宫里的夜可长啦，不仅是八小时，而且是十六小时，甚至是二十四小时。一夜复一夜，不见天日。他阁下经常三四个月不出宫，不清醒，不问国家大事。日夜钻到宫里，像猪一样地杂交、沉醉、打闹、呼叫，认为是人间第一乐土。大概是上帝看不顺眼，一场大风，吹来北方瀚海上的尘沙。跟维苏威火山爆发同样景观，霎时间，那个宏伟的高耸天际的建筑，被埋葬在谷底。与庞贝城不同的是，庞贝小民遇到的是火山灰，无法逃命。而长夜宫里荒唐的王孙公子，艳姬娇娃，却在尘沙降落时逃走一空。

——《博物志·异闻》只说该宫位于"深谷之中"，没有说是哪个山谷，惜哉。在此顺便向考古学家隆重建议，似乎应该在山西西南部，作一个调查，如果能像发掘庞贝城一样，发掘出来长夜宫，长夜宫又比庞贝城早了一千八百年，对人类历史，可是一项伟大的贡献。

◉炮烙酷刑

长夜宫的陆沉，对姒履癸先生而言，并没有产生警告作用。失去了"长夜"，还有"瑶台"。瑶台宫之内，照样可以作乐。妹喜女士是一个东方边陲部落的村姑，皇宫的金碧辉煌和君王的无限权力，使她惊奇，但也很快地习以为常。在部落里，她从没有见过绫罗绸缎，这些光泽悦目、柔软舒适的丝织品，迷惑了她。一个偶尔的事件，绸缎被撕裂，发出一种清澈的声音，她告诉老公她爱听这种声音。姒履癸先生终于发现他可以取悦爱妻的玩意儿，下令把国库里的绸缎搬到皇宫，由宫女们日夜撕给妹喜女士欣赏。绸缎是最昂贵的衣料，即令今天已二十世纪，也不是普通小民可以享用的，何况公元前十八世纪乎耶？仅绸缎的消耗，就足以把小民压榨得更穷、更怨、更悲愤。

由于妹喜女士的介入，民间开始传言：宫里出现女妖。《述异记》上说，有一天，一个宫女摇身一变，变成一条模样狰狞的龙，谁都不敢接近她。可是，一会工夫，又忽然恢复原形，比宫女本来面貌，还要美艳。美艳虽然美艳，已经不是该宫女原身，她阁下肚子饿时，不吃饭而吃人。姒履癸先生叫她"蛟女"，意思大概是蛟龙之女，这位"蛟女"也真够朋友，为了回报老混蛋的不杀之恩，往往告诉姒履癸先生何者是吉、何者是凶。

——这位女妖的下落如何，书上没有交代。可能，它只是反映小民对皇宫某些老奶的怨恨。

宰相伊尹先生为国家的前途战栗，向姒履癸先生进言曰："我们已遇到危机，陛下如果再这样乱搞下去，灭亡之祸，迫在眉睫。"姒履癸先生捻须一笑，曰："你又妖言惑众，挑拨政府与人民之间的感情啦。你可知道，天上有太阳，犹如人间有君王，太阳灭亡，我才灭亡。"这就是说，太阳不会消失，俺老子自然长存，你危言耸听，是何用心乎哉？小民听到姒履癸先生捻须一笑的消息后，就向上天哀号："太阳呀，你灭亡吧，我们跟你一块儿灭亡。"

姒履癸先生不在乎小民，他保护他高位的秘密武器之一，是对反调分子，采取酷刑——"炮烙"。对炮烙的解释，有很多说法，有人以为是一种中空的铜柱，把囚犯用铁链绑到铜柱上，然后在铜柱中堆满火炭，把那个可怜的家伙，慢慢烤死。也有人以为是一种实心的铜柱，用火烧热，强迫囚犯赤足在上面从这一端走到另一端，他当然走不到，只三四步便被烫得不能立足，然后跌下来，跌到熊熊烈火中，活活烧死。

公元前1767年，姒履癸先生摆起排场，率领满朝文武，登上瑶台，欣赏炮烙，在囚犯哀号声中，他向大臣关龙逄先生曰："乐乎？"关龙逄先生只好回答："乐也。"姒履癸先生曰："这就怪啦，你难道没有恻隐之心？"这是一句包藏祸心的问话，关龙逄先生感到杀机逼面，但他没有躲避，曰："天下人都以为苦，只你陛下却自以为乐。大臣是君王的手臂，岂有'心'高兴，而'手臂'敢不高兴的？"他知道冒犯一个昏暴君王，等于冒犯一条毒蛇，但他决心冒犯。

●杀关龙逄

姒履癸先生板起面孔曰："好吧，说说你的意见，如果意见好，我可以采纳，如果意见不好，法律会制裁你。"关龙逄先生了解他的处境，他的意见已命中注定"不好"，"法律"就要来啦。他坦率地曰："你陛下的帽子，不是帽子，而是一块危石。你陛下的鞋子，不是鞋子，而是一片春冰。从来没有人头顶危石而不被压死，也从来没有人脚踏春冰而不掉下淹死的也。"姒履癸先生从龙椅上跳起来，号曰："你只知道我快要完蛋，却不知道你自己更快要完蛋。请尝尝炮烙的味道。"然后画龙点睛，用一种当权派特有的逻辑，推出一项奇异的结论，他曰："从你的完蛋，就可证明我的不完蛋。"于是，关龙逄先生惨死在炮烙之下。

夏王朝的忠心干部，没有因关龙逄先生的惨死而闭口不言，他们仍希望姒履癸先生在最后关头醒悟，这正是孤臣孽子的可怜丹心。位于亳邑(河南商丘)的商部落酋长子天乙(商汤)先生，继续向姒履癸先生进谏，然而暴君最大的特征之一是，对任何"反调"——逆耳之言，都有一种强烈的厌恶情感。公元前1771年，姒履癸先生下令逮捕子天乙，囚禁在夏台(河南禹州)。夏台是夏王朝的老巢，把子天乙先生囚禁在那里，使他插翅难飞。在暴君眼里，逮捕和处决，是解决问题的唯一法宝。可是不知道什么缘故，或许是姒履癸先生一时大发慈悲，或许是当时商部落的力量已对夏政府构成威胁，在展示了一下威风之后，又把子天乙先生释放。

——《太公金匮》说，子天乙先生之被释放，是用贿赂，这种可能性最大。盖姒履癸先生头昏脑涨，既不会有慈悲心肠，更无力考虑到商部落的压力，只有金银财宝和美女娇娃，才能使他动心。

宰相伊尹先生，首先弃官逃亡，他在姒履癸先生面前领教了"太阳灭亡，我才灭亡"的高深哲学后，发现他所敬爱的君王，不过是个浮夸的高级流氓，

不禁嗒然若丧。一天夜里，他听到市井小民的歌声：

为什么不投奔亳邑

为什么不投奔亳邑

强壮的亳邑等着你

更有一天，他又听到市井小民唱：

醒醒啊，醒醒

我们的命运，就这样的确定

抛弃罪，投奔善

抛弃黑暗，投奔光明

我们为什么不喜气盈盈

《尚书》原文是：

> 夏人饮酒，醉者持不醉者，不醉者持醉者，相和而歌曰："盍归于亳，盍归于亳，亳亦大矣！"故伊尹退而闲居，深听乐声，更曰："觉兮较兮，吾大命格兮，去不善而就善，何不乐兮。"……是以伊尹遂去夏适汤。

——汤，大也。子天乙先生的尊号，在若干史书上，称他"商汤"，或简单地称他"汤"。

伊尹先生抛弃了夏政府宰相之尊，去投奔东方边陲一个新兴的部落，对他个人言，是一项明智的抉择，对夏政府而言，是一个严重的打击。混乱而垂危的夏政府去掉了一根擎天柱，而商部落却如虎添翼。人才的去就，在国际上，决定国家的命运，在国内，决定政权的命运。

◉天有二日

小民的歌声，就是小民的心声，人心指向，在歌声中，已显示得非常清楚。姒履癸先生放掉了子天乙先生，固然使商部落群龙有首，即使他把子天乙先生一刀两断，大势所趋，也不能挽救自己。姒履癸先生一位最亲信的部下费昌先生，有一天到汾水河畔闲游，猛一抬头，忽然看见天上有两个太阳，东边太阳光辉万丈跃跃往上蹿升；西边太阳一片灰暗，阴森凄凉，好像冉冉沉没，而天际适时地发出震耳欲聋的巨雷。费昌先生吓了一跳，向河神发问曰："这两个太阳，哪一个是夏王朝？哪一个是商部落？"河神曰："西边的是夏王朝，东边的是商部落。"费昌先生立刻步伊尹先生的后尘，率领他的宗族，投奔亳邑。

伊尹的逃亡，和被认为最忠贞的费昌先生的出走，在民间引起的震撼，可以想象。然而，姒履癸先生一点也不在意，继续认为他这个伟大的太阳永照寰宇。有此坚强的信心，暴虐就更积极，甚至把御苑里的狮子老虎，都放到闹市，看见小民们惊慌骇叫，乐不可支。他听说岷山部落(甘肃岷县)的老奶最漂亮不过，就要求他们进贡美女，岷山部落拒绝，姒履癸先生勃然大怒："好呀，你敢抗命呀。"于是宣称，为了维护政府的威信，必须予以讨伐。呜呼，首都安邑(山西夏县)跟岷山航空距离六百公里，当中更隔无数穷山恶水。直到今天二十世纪八十年代，那里的交通仍然艰苦，根本没有火车，而可行走汽车的公路，也只三五条而已，主要的运输工具，仍靠骡、马、牛、驴和人力的手推车，何况三千年之前乎？然而，姒履癸先生不管这些，他一定要得到美女。战争的结果是，千万男儿为"国"——实际上只是为了"独夫"一个人——捐躯。然后，击破岷山部落，俘虏了两位美女，一位名"琬"，一位名"琰"。这两位宝贝运到安邑(山西夏县)，姒履癸先生一瞧，果然名不虚传。立刻把妹喜女士抛到九霄云外，把琬女士和琰女士的芳名，刻到最好的玉石之上，带在身边，以表对她们的宠爱。不过，这段如火般的热情，似乎没有维持很久，妹喜女士在这场夺床之战中，最后仍获得胜利。

——也有人认为妹喜女士最后归于大败,《竹书纪年》说:妹喜女士对她这个负心的老公,做出可怖的反击。并不是找个臭男人上床,给他戴顶绿帽,那反击太庸俗太拙笨,而且也太小家子啦:第一,老公未必在乎。第二,自己还要先赔上胴体。第三,一旦发觉,危险性可是一等一级的。妹喜女士可怖的反击是,利用她的身份,偷取重要情报,供给逃亡到亳邑,已当了商部落参谋长的伊尹先生。妹喜女士不但要取姒履癸先生的老命,还要铲除夏王朝。

——其实,商部落在伊尹先生的主持之下,用不着妹喜女士的帮忙,对夏政府的一举一动,也都了如指掌。而我们也不相信妹喜女士有这种能力,她不过是一个普普通通的漂亮老奶,即令失宠,也不可能想到对付一个王朝政权。史书把她形容得有点离谱,好像一个经过专业训练的高段"死牌"。

◉至死不悟

商部落酋长子天乙先生,本是效忠姒履癸先生的,一场横暴的逮捕囚禁,使他对姒履癸先生绝望。姒履癸先生既然逼他叛变,他就不得不叛变,决定推翻这个颠顸政府,拯救暴政下的小民。他跟大多数创业君王一样,深切了解人心向背的重要。有一次,他到郊外打猎,看见有位猎人正在布网,一面工作,一面念念有词:"天上飞的,地下跑的,四面八方来的,都栽到我网里。"子天乙先生大惊曰:"够啦,被你一扫而光啦,这么发狠,跟姒履癸有啥分别?"于是下令他的人民,布网只能布三面,留一面给禽兽逃生,并且教他们每次布网时，都要祷告，词曰：

> 从前蜘蛛结网
>
> 而今人类学习它们的成就
>
> 想向左就向左
>
> 想向右就向右
>
> 想向上就向上
>
> 想向下就向下
>
> 我们只捕捉倒霉的朋友

这是一项有力的政治宣传，民间相告曰："子天乙先生待禽兽都这么仁慈，何况待我们小民？"

然而，再糟糕的坏坯，都有既得利益的死党。当姒履癸先生失尽天下人心之后，仍拥有忠心耿耿的三个部落，那就是：韦部落（河南滑县）、顾部落（河南范县）、昆吾部落（河南濮阳）。如果不先把这三个位居要冲的部落征服，商部落就不能动弹。公元前十八世纪三十年代，前1766年，子天乙先生动员强大的商兵团，分军三路，向三个部落作闪电突袭，战果远超过珍珠港事变，三个部落在一夜之间覆灭。然后商部落大军西征，进取当时姒履癸先生所在地行都斟鄩（河南巩义——古史上著名的地方，太康先生就逃到那里）。姒履癸先生得到消息，对自己这个永恒的太阳，信心开始动摇，一面用巨鼎烹饪天鹅的肉，向上天献祭，祈求保佑平安，一面派遣大将夏耕先生，在章山（虎牢关）阻截，可怜这个靠圈圈而不是靠本领升迁到高位的脓包，太平日子里，摆架子摆威风绰绰有余，一旦真刀真枪，就露了原形。一阵交锋，他阁下被砍下尊头。《山海经》挖苦说，他阁下的无头身体，吓得不敢停步，还跑了一天路，才栽倒在地。

似履癸先生立刻就撒了丫子，逃回首都安邑（山西夏县），集结兵力，在西南十公里鸣条地方布防。商兵团这时只拥有七十余辆战车，六千余名步兵。想不到的是，夏政府军未经交锋，便霎时溃散，商兵团尾追着逃命的政府败兵，进入安邑（山西夏县）。

似履癸先生和他美丽的妻子妹喜女士，被拖下瑶台，双双活捉。子天乙先生是不是把他们叫到跟前，羞辱一顿，我们不知道，只知道子天乙先生总算饶了他们一命，把二人放逐到航空距离七百公里外的南巢（安徽巢湖），南巢位于不断泛滥成灾的巢湖东岸，燠热潮湿，百虫俱集，是一片烟瘴不毛之地，不适合文明人居住。更何况似履癸先生的屁股在宝座上坐了长达五十四年之久，享尽荣华富贵。他阁下被押解到南巢，面对着悲凉的蛮荒和看管他的那些凶巴巴的狱吏，用不了几天，就活活倒毙。他可能死在床上，也可能跟伊放勋先生一样，死在牢房。人间的太阳终于灭亡，而天上的太阳依旧。

夏王朝自公元前2205年，开山老祖似文命先生干掉了姚重华先生，建立政府，直迄公元前1766年似履癸先生绝命南巢，共立国四百四十年。使我们瞪眼的，倒不是成败兴亡，而是似履癸先生死前说的一句话，他曰："真后悔没有把子天乙杀掉，才落得今天这个下场。"这个兽性发达、头脑简单的暴君，他到死还在相信杀戮的功能。

子天乙先生的商政府，追称似履癸先生为"桀帝"，意思是凶暴的君王。

商纣王

时代：公元前十二世纪四十

至七十年代

王朝：商王朝第三十一任帝

姓名：子受辛

在位：三十四年（前1155—前1122）

遭遇：烧死·国亡

●掘墓人定律

商部落酋长子天乙（商汤）先生把暴君姒履癸（夏桀）先生推翻后，跟后羿、寒浞先生不一样，他不再称夏王朝，而另外建立一个新政权——商王朝，把首都从安邑（山西夏县）迁到他的根据地亳邑（河南商丘）。依照史书上的报道，中国小民确实过了一段好日子。

商王朝立国六百六十二年，共三十一个君王，迁都六次。为啥左迁右迁，南迁北迁，好像吃了老鼠药，现在为止，还没有弄清楚真正原因。有人说跟黄河不停地闹水灾有关，也有人说可能跟旱灾有关。而旱灾，正是黄河中游广大地区的特产，中国历史上每逢遇到"人相食"的大旱，中原准是主角。商政府还没有完全脱离逐水草而居的游牧结构，所以也只好搬来搬去。到了公元前1198年第二十八任君王子武丁（史称高宗）先生时，他把首都迁到朝歌（河南淇县）。朝歌原名"殷邑"，因之，对商王朝，人们也称殷王朝或殷商王朝。

商王朝三十余位君王中，虽然有好有坏，有贤明的，有昏暴的，但他们总算保住性命，正常死亡。然而，六百余年是一个漫长的岁月，它终于到了老境。公元前十二世纪四十年代，前1155年，第三十一任君王子受辛（商纣王）先生即位，就在他手中，把他所赖以活命的商王朝，活活埋葬。

——中国历史上有一个很明显的现象：埋葬一个王朝，往往由该王朝的君王，亲自担任可怕的掘墓人。呜呼，任何王朝都是庞然大物，如果它们的君王不拼命自己猛砍自己的命根，它根本就不可能死亡。这种特殊的运转，我们姑且称之为"掘墓人定律"，千万拜托读者老爷，留下深刻印象。

子受辛先生是第三十任帝子乙先生的嫡子，而他的同胞哥哥子启先生，却是庶子。原来老娘生子启先生的时候，她还是老爹子乙先生的小老婆，小老婆生的儿子，当然是庶子。后来，她阁下荣升为子乙先生的大老婆——"皇后""王后""王妃""后"之类，又生下一个儿子，就是子受辛。子以母贱，子以母贵，老娘虽然同是一个老娘，却因为送到妇产科医院时的身份不同，生出的儿子身价也不同。这就是儒家系统誓死拥护的经典。至少在这件事上，该经典不但害死了子受辛先生，也颠覆了立国六百六十二年之久的商王朝。盖子启先生是一位万众归心的贤明王子，假如他继承王位，商王朝的寿命可能延长下去。可惜，他是"庶子"，没有当君王的资格。

◉象牙筷子

在老哥子启先生和老弟子受辛先生之间，充分说明宗法精神，这种制度规定，只有嫡子才可以继承帝位，所以子受辛先生虽是老弟，当公元前十二世纪四十年代，公元前1155年，老爹子乙先生死掉之后，还是轮到他登极。

子受辛先生登极的那年是几岁，史书上没有载明，我们也无法猜测。《帝王世纪》赞美他的体力，说他能抓住九条牛的尾巴，倒拖着走。《史记》赞美他的聪明灵巧——聪明足使他拒绝规劝，灵巧足使他掩饰错误(智足以拒谏，言足以饰非)，总括一句，曰："死不认错。"死不认错并不是子受辛先生的专利，政坛上失去宝座或丧失老命小命的大小头目，差不多都具备这种特质。

——这种特质不仅君王才有，事实上，大多数中国人都死不认错，要想一个中国人认错或改错，那可比逼他从五十层高楼往下跳都难。一个人如果认错改错，尤其面对着激烈指责而认错改错，我敢跟你赌一块钱，他准不是中国人。中国人的典型反应是：恼羞成怒。

前已言之，子受辛先生跟姒履癸先生是一对活宝。姒履癸先生表演的节目，子受辛先生差不多都重复演出。在"托古改制"的引导之下，既然有一对圣人〔脓包伊放勋（尧）先生和恶棍姚重华（舜）先生〕，就必须有一对坏蛋，才能发挥以彼为法、以此为戒的强烈教育作用。姒履癸先生有妹喜女士，子受辛先生则有妲己女士，都是拔尖的美丽绝伦，而把她们弄到手的程式，也完全相同。

公元前十二世纪五十年代，前1147年，苏部落（河南温县）叛变，商政府大军讨伐，苏部落跟六百年前施部落同一命运，抵挡不住的时候，酋长老爷只好把女儿妲己女士，献给君王。子受辛先生一瞧苏妲己女士天仙般的容貌，连自己姓啥都忘啦，立即下令停止攻击。

然而，子受辛先生的荒唐，不始于妲己女士，而始于使用象牙筷子。在猎象不易的公元前十二世纪，象牙筷子跟现代镶满钻石的筷子一样。象牙筷子不是孤立的，它有连锁反应。一则故事上说，一个人因为拣了一条锦绣裤带而终于家破人亡。盖有一条锦绣裤带，必须有一条绸缎裤子配它。有一条绸缎裤子，必须有一条绸缎上衣和一双光亮干净的皮靴配它。一身高贵的服装，总不能仍住竹篱茅舍里吧，只好盖高楼起大厦。高楼大厦里总不能空空荡荡没有人打扫吧，于是仆从如云，于是黄脸婆被驱逐出境，于是花不溜秋的漂亮姑娘进门，于是马车焉、辂车焉、山珍海味焉、金银财宝首饰焉，一桩桩、一件件，应运而生，最后他阁下把家产花了个净光兼光净，沿街乞讨，想前想后，扑通一声，跳井了账。

◉最长之夜

一条裤带都能惹起家破人亡，可看出象牙筷子的威力，更无坚不摧。子受辛先生的老叔胥余先生，就有一种不祥的预感，叹曰：

"用象牙筷子吃饭，就不会看上泥土做的碗，而且还要更进一步用犀玉做的酒杯。既用象牙筷，又用犀玉杯，决不会再甘心喝稀饭、穿短袄、住在茅草篷底下矣。跟着而来的将是一件件绫罗绸缎，和一栋栋高楼大厦。顺着这种趋势，倾全国之力，都供应不起。远方的稀世珍宝，豪华的起居饮食，都从此开始。我担心的是，何以善后乎哉。"

——胥余先生，箕部落酋长、子爵，史书称"箕子"。箕部落位于箕山（阳城——河南登封东南十七公里告成镇），是古史上闻名的地方。黄帝王朝第六任君王伊放勋（尧）先生曾坚持"禅让"王位给巢父先生和许由先生，他们当然不敢接受，就逃到那里隐居。而稍后夏王朝第一任帝姒文命（夏禹）先生死后，一位德高望重的大臣伯益先生，同样不敢接受"禅让"，也逃到那里躲起来。

老叔的话果然料中，盖奢侈荒唐，是没有刹车的，一旦起步，除非栽到万丈深渊，便会越奔越快。子受辛先生接着大兴土木，建造"鹿台"——跟姒履癸先生的"瑶台"比美。鹿台可大啦，用玉石作门，每个房间都像凡尔赛宫，极尽豪华。面积四平方公里，高三百三十米，整整盖了七年才落成。把天下的金银财宝，都搜括到那里，又在钜桥 (河北平乡) 建立一个世界上最大的仓库，储备粮食。子受辛先生深信：既有权、又有钱、又有粮，这政权可是钢铁打成的，任凭谁都动不了他一根汗毛。

子受辛先生步姒履癸先生的后尘，也"以酒为池，悬肉为林"，不过有些地方，更青出于蓝而胜于蓝。他下令男女都脱得赤条条一丝不挂，露出各式各样零件，互相打闹追逐。史书上虽没有记载妖精打架，但就在大庭广众之下，颠鸾倒凤，欲仙欲死，恐怕也是重要的热闹节目。他阁下兴趣勃发时，还用绳套住人的脖子，按到酒池里，教他喝个够，直到被酒淹死。规定以三个月作为一夜——可真是最长之夜。他阁下就跟土拨鼠一样，把昏暗的日子当成正常的日子。于是乎，忽然有一天，他问左右曰："哎呀，今天是哪年哪月哪日呀？"左右张口结舌，没有一个人回答得出。再问老叔胥余先生，子胥余先生心里想曰："当一个君王，使全国人连日子都不知道，政权危矣。全国人都不知道，偏偏我知道，我也危矣。"只好跟着沉醉，同样也不知道。

这是子受辛先生昏的一面，而暴的一面，表现在他清醒的时候。各地部落酋长们 (诸侯) 不堪苛扰，纷纷抗拒中央政府的勒索，有些甚至武装驱逐前来催缴税款的贪官污吏，这行为立刻被肯定为叛逆。子受辛先生认为胆敢叛逆，不是因为他的暴政，而是因为刑罚不够严厉。他认为，逮捕和杀戮是治疗叛逆的唯一特效药。

◉夺床斗争

子受辛先生博古通今，他知道他最敬佩的老前辈姒履癸先生发明过"炮烙"酷刑，该酷刑被废已六百年之久，为了大力镇压反动势力，决定恢复使用。最初，该刑以简陋的小姿态出现，只不过是一个铁熨斗，用火烧红后，教囚犯举起。可惜的是，囚犯还没有举到头顶，双手已焦。子受辛先生因看不到举起的盛况，大发雷霆，他不允许破坏他的乐趣。于是改用巨大的铜柱，在铜柱上涂抹油膏，教囚犯从这一端走向那一端，囚犯滑下来，恰恰滑到熊熊炭火里，发出哀号，子受辛先生乃龙心大悦。

——子受辛先生跟姒履癸先生的行径，好像是从一个窑里烧出来的。也可能真是这样，也可能那些其笨如牛的儒家系统，在"天下之恶皆归之"的时候，笔下变不出新把戏，一顶帽子戴了又戴，露出马脚。

子受辛先生的聪明灵巧，一旦向凶暴方向发作，就势不可当。《皇后之死》曰：

厨夫烤熊掌没有烤熟，他立刻把厨夫杀掉。杀掉厨夫不足为奇，后世帝王的表演远超过他，奇的是子受辛先生可怕的研究精神。有一年冬天，他阁下坐在鹿台之上，看见一个倒霉的穷朋友，脱掉鞋袜，赤足涉过溪流，不禁大惊曰："天这么冷，竟然不怕，他的脚构造一定不同凡品，敲碎让我瞧瞧。"结果穷朋友的双腿和双脚被敲碎，取出骨髓，以供御览。又有一次，子受辛先生对怀孕的女人发生兴趣，下令剖开肚子，把胎儿拿出来看看到底是怎么回事。呜呼，穷朋友还有活着的可能，孕妇老奶只有惨死。而凡是被干掉的异己，尸首统统都拖到皇家动物园去喂老虎。

不久，妲己女士发动的夺床斗争爆发，引起一连串屠杀。古中国是实行一夫多妻制的，这对臭男人而言，真是世界上最美妙的制度之一。但对老奶，却是一种厄运，使她们不得不投身于激烈的夺床斗争之中。在民间，夺床斗争失败，不过失掉丈夫；在宫廷，夺床斗争可是一片血腥，一旦失败，不仅失掉丈夫，还要失掉芳魂，甚至，还可能断送全家人的性命。

子受辛先生有三位重要大臣：九侯先生、鄂侯先生、西伯先生。除了西伯先生我们知道姓姬名昌之外，其他二位的姓名，史书上没有记载。九侯的女儿是子受辛先生的姬妾之一，她当然貌美如花，那是被选为姬妾的基本条件，没有这个条件，其他都免谈，再加上高贵的出身，理应得到宠爱。可是，她的敌人妲己女士却棋高一着。呜呼，九侯的女儿显然没有拜读过柏杨先生《降福集》《红颜集》等等有关婚姻问题和爱情问题的大作，所以，她一败涂地。

●一连串暴行

九侯先生女儿的灾难，可能由于她过度矜持。吾友张敞先生曰："闺房之乐，有甚于画眉者。"床笫之上，正是表演特技之所，一方过于古板，一方准索然无味。小民索然无味，为患尚小，了不起不过"出墙"而已——男人蓝杏出墙，老奶红杏出墙。手握宰人大权的暴君索然无味，再加上情敌在枕旁那么一嗲："她假装正经，不过是瞧你不起，嫌你老不中用罢啦，跟小白脸在一起时，她可是万种风情哩。"这就足够暴君跳高的矣。吾友司马迁先生用简单的几个字，描述这次跳高："九侯女不喜淫，纣怒，杀之。"问题是，谁都想不到该娇娃被砍下玉头之后，引起的爆竹式反应，不可遏止。

《皇后之死》曰：

可能是迁怒，也可能是预防报复，（子受辛）又把她老爹九侯也处斩，而且剁成肉酱。鄂侯一瞧，这简直不像话，极力规劝。咦，暴君一旦发了脾气，任何理性的话都听不进去。规劝得太恳切，反而被认为："怎么，你胆敢同情别人，吃里扒外呀。"有此一念，索性连鄂侯，也一并剁成肉酱。

……子受辛先生一连串暴行，使唯一残余下来的三公之一的姬昌先生，如雷轰顶，他不敢再去规劝，他知道规劝的结果是啥——一团肉酱，他只有叹气。然而，叹气也不行，崇侯虎先生立刻一个小报告打到子受辛先生那里。

……崇侯虎先生的小报告是有煽动性的，他曰："姬昌有他的所谓影响力，很多部落酋长都服他，他心里已经有鬼，恐怕将有不利于国家的行动。"子受辛先生毛骨悚然，下令逮捕姬昌，囚禁在羑里（河南汤阴）。

不解风情是婚姻的定时炸弹。你说它严重吧，实在是拿不到桌面上；说它不严重吧，却足可产生悲剧。我们不能怪子受辛先生对九侯先生的女儿不满意，呜呼，这可是国际性的，想当年英国国王查理二世先生的婚姻，可借来说明真相。他阁下娶的是葡萄牙公主凯瑟琳女士，这位皇家老奶，生长在天主教宫廷之中，受的是修道院严格的清心寡欲教育，当然成了一个冰美人。而陪嫁她的那些姆嬷宫娥之流，更一个个可以进圣人庙，偶尔发现查理二世先生，跟她们神圣不可侵犯的公主亲个嘴，便像碰见了蚱蜢，魂飞天外。而漂亮的公主也认为男女之间的狗皮倒灶，简直亵渎神明。把查理二世先生搞得人生乏味，觉得婚姻不过是一个沙滩。最后，找了一个借口，索性翻脸，弄了一条船，把她们统统送回里斯本。

问题是，查理二世先生生在公元十七世纪，算凯瑟琳女士运气。而子受辛先生却生在公元前十二世纪，相差三千年，九侯先生的女儿便倒了天大之霉。但子受辛先生不但杀了九侯先生的女儿，还杀了她老爹，还杀了老爹的朋友，还囚禁了另一个大臣，兽欲横流矣。请读者老爷把这件事放在心头，子受辛先生已为后世君王建立了一个榜样，后世君王们纷纷效法，杀老婆、杀老婆的爹娘兄弟，遂成了家常便饭。这可是中国传统文化中最残忍的一面——祸连家族。直到二十世纪的今天，仍然照行不误，只不过方式改变了一下。封建专制在中国造了太多的孽，连家庭亲情，都逃不脱魔掌。呜呼！

●煮成肉羹

姬昌先生被囚禁之后，他的大儿子姬考，正以人质身份，在中央政府任职。大概是交通部长之类，负责君王的车辆马匹，有时候也替子受辛先生驾车。暴君们都是翻脸无情的，子受辛先生既跟姬昌先生翻了脸，一不做二不休，立刻下令把姬考先生"烹之"。是杀了之后煮他的尸体欤？或是把活人按到滚水锅里活活煮死欤？史书上没有记载，只记载煮了之后，熬成肉羹，送给姬昌老爹当饭。子受辛先生曰："如果姬昌是圣人，他一定拒绝吃自己亲生儿子的肉。"但姬昌先生却坦然下肚，子受辛先生笑曰："谁说姬昌是圣人，吃了自己亲生儿子的肉却不知道。"

民间传说，姬昌先生是知道的，但他不得不吃，吃了还有活命的可能，不吃则徒触怒暴君，结果自己也会被煮成肉羹。但他无法消化，在一阵呕吐后，吐到地上的残肉，忽然变成一只小白兔，向老爹拜了拜，一蹦一跳而去。

神话学家说，自从嫦娥女士把唯一的小白兔抱到月球上之后，小白兔就绝了迹。直到姬考先生惨死，地球上才再有这种可爱的动物。

"烹之"，是古代君王对付政敌最野蛮的手段之一：动不动就把人煮掉，或剁成肉酱，或煮成肉羹。被尊为中国最伟大的君王，西汉王朝创业皇帝刘邦先生，在公元前二世纪时，就曾把帮助他缔造政权的功臣彭越先生，如法炮制。

煮掉了姬考先生，使位于岐山（陕西岐山）的周部落，陷于恐慌，因为子受辛先生下一步可能把老爹姬昌先生也煮掉。周部落用尽方法营救，都没有结果。呜呼，"逮捕"是一个关卡，只要逮捕，便等于进入鳄鱼之口，除非有强大的压力，否则绝无法使鳄鱼之口张开。周部落的智囊人物闳夭先生，回想起六百年前子受辛先生的老祖宗子天乙先生如何逃脱姒履癸魔掌的故事，就一方面收购骏马，另一方面发动突袭，把莘部落（陕西合阳）包围。莘部落以出产美女闻名于世，美女遂被掳一空（也可能在威逼下，出售一空）。这些礼物使子受辛先生心花怒放，尤其对于美女，他曰："有一个就足够啦，何况这么一群乎哉。"于是下令释放姬昌先生，为了回报美女们床上给他上的洋劲，还发给周部落一批武器，而且泄底曰："不是我要抓他，是崇侯虎那小子打他的小报告呀。"

释放姬昌先生，等于纵虎归山。六年后的公元前1136年，姬昌先生报这一箭之仇，攻击崇部落（陕西西安鄠邑区），把酋长崇侯虎先生吊死，整个部落小民，掳做奴隶。子受辛先生对这位忠心的酋长这么轻易地出卖，使所有仍效忠他的其他部落改变态度。次年（前1135），姬昌先生逝世。他有一百个儿子，就由他儿子之一的姬发先生，继承酋长位置。

◉"二居心"法宝

姬发先生是激进派，他不久就集结了八百多个小部落的部队，向首都朝歌（河南淇县）进攻，然而，攻到孟津（河南洛阳孟津区），却被商政府军击败。百足之虫，死而不僵。历史有一项定律，任何革命行动，最初总要受到挫折。

这一次的军事行动，造成两种迥然不同的反应。一种是子受辛先生和他的摇尾系统，认为叛乱已被镇压，一小撮不安分的莠民，已接受惩罚，证明人心倾向，邪不胜正，就更肆无忌惮。另一些人，包括老哥子启先生、大臣祖尹先生在内，却认为小民的忍耐力已达到饱和，抗暴怒火已在燃烧，孟津之役，并没有消灭了火种，只不过用被子把火种盖起来而已。祖尹先生把这种判断告诉给子受辛先生，子受辛先生笑曰："我的命在上帝手里，小民蠢动，不过送死。"祖尹先生叹曰："这个家伙完啦。"于是，子启先生、祖尹先生和一大批头脑清醒的官员，开溜逃命。只有贵族成员之一的比干先生曰："主上有过，不去规劝，不能谓之忠心。怕死不敢说话，不能谓之勇士。"可怜这位忠心的勇士，他为他的愚昧付出了代价。他不断地提出批评和建议，终于超过暴君容忍的上限，子受辛先生变色曰："你是何居心？显然是别有居心！"

这就是政治学上著名的"二居心"法宝，当之者非死即伤，是打击忠心勇士最厉害的秘密武器。比干先生回答："我只是为仁为义！"子受辛先生对比干先生的"桀骜不驯"大起反感，他曰："想不到你阁下真是圣人，我听说圣人的心有七窍，不知道是真是假，现在，把你的心掏出来，教我瞧瞧。"

——二十世纪三十年代中叶，柏杨先生曾在河南汲县（今河南卫辉——编者注），拜谒过比干先生的坟墓和墓前庙宇。当地传说，比干先生被剖心之后，一缕忠魂不散，尸首仍悠悠忽忽，走到田野，遇见一位农妇挖菜，比干先生曰："菜有心乎？"农妇曰："菜当然有心，无心怎么能活？"比干先生曰："不然，人无心照样能活。"农妇曰："你这个呆瓜，人无心非死不可。"一语道破，比干先生大叫一声，倒地气绝。同时，刹那之间，那一带菜的菜心都化为乌有。据说，这就是空心菜的来源，用以使后人永远不忘暴君兴起的这场凄惨冤狱。

比干先生一死，老叔胥余先生知道难逃厄运，急忙装疯，害起来精神之病。可是子受辛先生不管这些，仍把老叔逮捕，投入监狱。

根据地从岐山到镐京（陕西西安）的周部落酋长姬发先生，和他的参谋总长姜子牙先生，虎视眈眈地注视着中央政府的变化。不久，首都朝歌传来消息："奸佞之辈都居高位，可以动手啦。"姬发先生曰："还不到时候。"不久，又传来消息："贤能的人纷纷逃亡，可以动手啦。"姬发先生曰："还不到时候。"不久，又传来消息："不断的逮捕和处决，人民不敢批评政府矣，可以动手啦。"姬发先生告诉姜子牙，姜子牙先生大喜曰："这是没有民心支持的赤裸权力，时候已到，可以动手矣。"

◉火烧摘星楼

公元前十二世纪七十年代，公元前1122年，周部落跟其他部落的联合兵团，战士四万五千人，战车四千辆，从孟津渡黄河北上，直抵首都朝歌西南郊牧野，与商政府军七十万人（战车数目不详）决战。周兵团在数量上显然居于劣势，但商政府军心已经瓦解，决战一开始，商政府军即行叛变，倒转枪头，攻击子受辛先生的御林军。子受辛先生这时候才发现他的老命不握在上帝之手，而握在小民之手，于是他像兔子一样飞快地逃到鹿台上的摘星楼。

《封神演义》形容他的下场：

话说纣王方行至摘星楼……(谓朱升)曰："朕悔不听群臣之言，误被谗奸所惑，今兵连祸结，莫可解救，噬脐何及。朕思身为天子之尊，万一城破，为群小所获，辱莫甚焉。欲寻自尽，此身尚遗人间，犹为他人作念。不若自焚，反为干净，毋得令儿女借口也。你可取柴薪堆积楼下，朕当与此楼同焚，你当如朕命。"……朱升大哭下楼，去寻柴薪，堆积楼下不表。且说纣王……自服衮冕，手执碧圭，佩满身珠玉，端坐楼中。朱升将柴堆满，挥泪下拜毕，方敢举火，放声大哭。后人有诗为证，诗曰："摘星楼下火初红，烟卷乌云四面风。今日成汤倾社稷，朱升原是尽孤忠。"……只见火趁风威，风乘火势，须臾间四方通红，烟雾障天。怎见得？有赋为证，赋曰："烟迷雾卷，金光灼灼掣天飞。焰吐云从，烈风呼呼如雨骤。排炕烈炬，似煽如熘，须臾万物尽成灰，说什么画栋连霄汉。顷刻千里化红尘，那管他雨聚云屯。五行之内最无情，二气之中为独盛。雕梁画栋，不知费几许工夫，遭着他尽成齑粉。珠栏玉砌，不知用多少金钱，逢着你皆为瓦解。摘星楼下势如焚，六宫三殿，延烧得柱倒墙崩。天子命丧在须臾，八妃九嫔，牵连得头焦额烂。无辜宫女尽受殃，作恶内臣皆在劫。这纣天子呵，抛却尘寰，讲不起贡衣航海，锦衣玉食，金瓯社稷，锦绣乾坤，都化作滔滔洪水向东流。脱离欲海，休夸那粉黛蛾眉，温香暖玉，翠袖殷勤，清讴皓齿，尽赴于栩栩羽化随梦绕。这正是：从前余焰逞雄威，作过灾殃还自受。成汤事业化飞灰，周室江山方赤炽。"

……只见那火越盛，看看烧上楼顶，楼下柱脚烧倒。只听一声响，摘星楼塌倒，如天崩地裂之状，将纣王埋在火中。一霎时化为灰烬……后人有诗叹曰："放桀南巢忆昔时，深仁厚泽立根基。谁知殷受（子受辛）多残虐，烈焰焚身悔已迟。"……又有诗叹纣王才兼文武诗云："打虎雄威气更骁，千斤膂力冠群僚。托梁换柱超今古，赤手擒飞过鸷雕。拒谏空称才绝代，饰非枉道巧多饶。只因三怪（妲己等）迷真性，赢得楼前血肉焦。"……话说武王来至摘星楼，见余火尚存，烟焰未尽，烧得七狼八狈，也有无辜宫人，遭此大劫。尚有遗骸未尽，臭秽难闻。……吩咐军士……寻纣王骸骨，具衣衾棺椁，以天子之礼葬之。

至于妲己女士，早被捉住，砍掉漂亮的玉头。

⦿伊里亚特

子受辛先生烧死于摘星楼，发生在公元前十二世纪七十年代，而就在六十年前，同属于公元前十二世纪，西方世界，也发生一场血腥大战。那是美女海伦女士惹的祸，人人皆知的特洛伊城的围攻，希腊联军打了十年，才算把特洛伊陷落。诗人荷马先生把最后一年沙场交锋的英雄事迹，写出《伊里亚特》。天上所有神仙，包括最高主宰宙斯先生在内，都卷入这场人类的纠纷之中，热闹哄哄，分不清是人出拳，还是神出拳。

《封神榜》是中国的《伊里亚特》，在周部落跟商王朝中央政府的对抗期间，出动的神仙更多，不但热闹哄哄，而且还乱七八糟。比较两部巨著，我们可发现有很大的不同，这很大的不同，正代表东西方两个世界的基本共识。西方对背夫私奔、惹起十年大战的祸首海伦女士，并没有严厉地谴责，直到现在二十世纪，洋老奶们以"海伦"命名的，多得是也。纵是当年，当海伦女士出城劳军时，沙场战士们望见她绝代风采，不禁叹曰："再为她打十年仗也值得。"换了中国，早破口大骂，干她老母矣。中国人对妲己女士，可是啥脏话都骂了出来。事实上妲己女士并不是祸首，传统史学家却硬生生把她栽成祸首。西方谚云："一个成功的男人，背后一定有一个伟大的女人。"中国则另有一套："一个暴君，背后一定有一个恶妇。"姒履癸先生背后有妺喜女士，子受辛先生背后则有妲己女士。反正，总有一个倒霉的老奶顶缸。《封神榜》索性把妲己女士说成妖精变的，替女娲女士复仇而来，就更下流。

《伊里亚特》描写的是两国堂堂之师。《封神榜》却从头到尾，一片假仁假义。作者许仲琳先生一方面形容子受辛先生罪大恶极，姬发（周武王）先生代表全国小民，抗暴革命。另一方面又借着一些幼稚的小动作，强调姬发先生可是忠孝两全。当子受辛先生亲自出战，大败之时。姬发先生还曰："当今（子受辛）虽然失败，吾是臣子，岂有君臣相对敌之理？元帅可解此危。"这种小动作层出不穷，不但不能如作者盼望的，证明姬发先生忠孝两全，反而证明他阁下奸诈交集，真是第一巨猾。《封神榜》形容周部落兵团攻陷首都朝歌一幕，曰：

话说摘星楼焚了纣王，众诸侯（各部落酋长）俱在午门外驻扎。少时午门开处，众宫人同侍卫将军、御林士卒，斟酒献花，焚香拜迎武王车驾。……武王对（姜）子牙曰："纣王无道，残虐生民，而六宫近在肘腋，其宫人、宦侍，被害更深。今军士救火，不无波及无辜。相父（姜子牙）当首先严禁，毋令复遭陷害也。"子牙闻言忙传令："凡军士人等，只许救火，毋得肆行暴虐。敢有违令，妄取六宫中一物，妄杀一人者，斩首示众，决不姑息，好自知悉。"只见众宫人宦官，侍卫军官，齐呼万岁。……（又命军士）寻纣王骸骨，具衣衾棺椁，以天子之礼葬之。

事实上周部落攻陷朝歌，展开的是一场野蛮民族的大屠杀，杀到"血流漂杵"的悲惨地步，未死的被称为"殷顽民"，全部拴上绳索，当作奴隶。而姬发先生对待子受辛先生，比《封神榜》上那种诗情画意般的春风化雨，可要丑恶得多。

《通鉴外纪》曰：

（姬发）入，至纣死所，王自射之，三发而后下车，以轻剑击之，以黄钺（铜斧）斩纣头，悬大白之旗。亲射恶来之口，纣之嬖妾二女，皆自杀，又射三发，击以剑，斩以玄钺（铁制斧），悬其头小白之旗。

反正是，不管怎么样吧，子受辛先生烧死后又被砍下御头。他阁下一死，六百六十二年之久的商王朝，也告绝种。姬发先生建立他的新政权，命名周王朝，他阁下就是周王朝第一任君王。并且追称子受辛先生为"纣帝"。纣，残害忠良之意。跟姒履癸先生"桀帝"的"桀"字一样。"桀""纣"两字，从此成为万恶不赦暴君的代名记号，数千年来，一直受到诅咒。

——向读者老爷报告，黄帝王朝、夏王朝、商王朝，君王们都是称"帝"的，周王朝的君王则称"天王"，或简称"王"。在他们口中，顺理成章地，"纣帝"也就变成"纣王"。

周昭王

时代：公元前十一世纪四十

至九十年代

王朝：周王朝第四任国王

姓名：姬瑕

在位：五十二年（前1053—前1002）

遭遇：淹死汉水

◉忽然御驾亲征

姬瑕^(周昭王)先生，这位高踞权力宝座长达五十二年之久的最大头目，至少在那五十二年之间，炙手可热，热得没人敢碰。可是，在历史上，他却是一个无名小卒，如果不是最后被活活淹死，他就更默默无闻。

回溯姬发^(周武王)先生，这位雄才大略、意气轩昂的君王，攻进了朝歌^(河南淇县)，砍掉商王朝末帝子受辛先生尸首上的尊头，悬挂高竿示众之后，即回到镐京^(陕西西安)，建立周王朝。他的这个"王"，被尊为"武王"，即武功煊赫之王。那位羑里囚犯姬昌老爹，虽然到死仍只是一个部落酋长，却也被追称为"王"，并且尊称"文王"，也就是文质彬彬的王也。这种响尾蛇飞弹式的追踪不舍，硬把尊号扣到脑袋上的干法，是中国的特产，所以拜读中国史书，不能只看字面，还必须查考它是不是文字诈欺——敬请读者老爷注意："文王"不是King，"武王"才是King。在儒家学派推崇的一条鞭"道统"中，脓包伊放勋^(尧)先生、凶手姚重华^(舜)先生、复仇者姒文命^(禹)先生、革命家子天乙^(商汤)先生，非King的姬昌先生，真King的姬发先生，以及姬发先生的老弟姬旦先生，都是主要角色。

——奇怪的是，"道统"中的圣人，几百年才出一个，而周王朝创业的几年间，却占了三个名额，当初开名单的朋友，不觉得有点太挤乎哉。

姬发先生死后，儿子姬诵^(周成王)继位。姬诵先生死后，儿子姬钊（周康王）继位。姬钊先生死后，儿子姬瑕继位。姬瑕先生是周王朝第四任君王，姬发先生的曾孙，也就是我们的男主角。他的尊号是"昭王"。

史书上对他阁下的记载，一片空白，唯一透露出来的是，周政府已经衰微，军事力量减退，各部落纷纷叛离。远在汉水流域和长江中游以北地区的楚部落，对周王朝更不买账。史书上有关楚部落的反抗原因和反抗行动，未提只字。只知道，就在公元前十一世纪九十年代，前1002年，姬瑕先生忽然御驾亲征，带领军队，向楚部落发动攻击。这次攻击行动的成败胜负如何，史书上也未提只字。

◉第一个淹死的君王

事情发生在大军班师途中，在汉中（陕西汉中南郑区）渡汉水北返镐京时，《帝王世纪》曰："舡人恶之。"以人之常情推测，可能是政府军纪律败坏，奸淫烧杀，无所不为，引起小民愤怒。于是，管理渡口的人，用胶做了一条看起来堂皇富丽、非常适合君王身份的大船，毕恭毕敬地呈献给姬瑕先生。这个傻蛋，还以为小民真的诚心诚意敬爱他哩。结果是，到了中流，胶解舟沉。侍卫辛游靡先生用强壮的手臂夹着他阁下向北岸游去，可是，救一个不会游泳的人，比救一只老虎还要危险，他会一把抓住，死也不放。而且，辛游靡先生只不过"臂长而多力"，并不会游泳，姬瑕先生只好淹死矣。这是中国历史上第一位淹死的君王。

——几百年后的公元前七世纪四十年代，公元前565年，齐国国君姜小白（齐桓公）先生以霸主身份，率领七国联军，攻打当时已经独立并相当强大的楚王国，曾提出这桩公案，指责楚王国阴谋害死姬瑕。楚王国一口否认，还反唇相讥，建议姜小白先生去问汉水，姜小白先生碰了一鼻子灰。从此，对这件谋杀，再没有人谈及。事实上，周王朝早就希望别人忘掉这码子事，史书上曰："周人讳之。"从"讳之"，我们可以推断，姬瑕先生一定做了不可告人的丑事，说不定是被愤怒的丈夫，砍死后扔到汉水里喂鳖。

周宣王

时代：公元前九世纪七十年代

至公元前八世纪初

王朝：周王朝第十一任国王

姓名：姬静

在位：四十七年（前828—前782）

遭遇：吓死

●政治学两大定律

周宣王姬静先生，在周王朝四十个国王中，被称为明君。不过，绝对权力不仅产生绝对腐败，绝对权力也产生绝对白痴，这是政治学上的两大定律，所以他阁下恐怕不见得会"明"到哪里去。古书上最称道的一件事是，他睡在小老婆香闺里，每天都"春眠不觉晓"。正宫妻子姜后——齐国国君的女儿——使出苦肉计。某天清晨，她一早就爬起来，脱下头上的首饰，打扮成一个罪人模样，站在宫廷监狱 (永巷) 门前，教一位年长的嬷嬷传话给正在交颈而眠的姬静先生，曰："你老哥只爱女人的美色，而不爱高尚的德行，更失去礼节教养，晚上很早便睡，早上很晚才起。造成这种乱局，都是由我开始，请你老哥降下旨意，先处罚我。"姬静先生大为惭愧，回答曰："这是我的不对，是我自己犯了错误，绝非你老奶的过失。"从此，他深自反省，一大早就起床处理国家大事，暮气沉沉的周王朝，遂有复兴的迹象。

《列女传》原文：

宣王尝早卧晏起……姜后脱簪珥，待罪于永巷，使其傅母，通言于王曰："……君王失礼而晏朝，……乐色而忘德也。夫苟乐色，必好奢穷欲，乱之所兴也，原乱之兴，从婢子起，敢请婢子之罪。"王曰："寡人不德，实自生过，非夫人之罪也。"遂复姜后而勤于政事，早朝晏罢，卒成中兴之名。

《列女传》原意在褒扬姜后——褒扬她处理老公迷恋小老婆

的方法和效果。不过姜后表演这码子事如果是真的，受到褒扬的不应是姜后女士，而应是姬静先生。前已言之，中国人有一种特别传统，就是死不认错，胆敢有人指出他的错误，他的反应不会是感谢改过，准是恼羞成怒。普通人尚且如此，身为大权在握的头目，就更强烈。注意姬静先生的反应，他这种态度，是一种奇迹，很难在小民身上找到，更不要说在帝王皇后身上矣。问题是，假如姬静先生是明君的话，也仅只有这件事值得一提。柏杨先生阅人多矣，有生之年，从二十世纪初到八十年代，我就从没看见过或听说过有哪个当权头目，不闻过则怒的也。

果然，到了最后，他"明"不起来。就在周王朝宫廷之中，发生了约瑟模式的故事。约瑟先生是亚伯拉罕先生最小的儿子，被忌妒他的十一个哥哥卖到埃及。

《旧约》曰：

约瑟被带下埃及去……在他主人眼前蒙恩，伺候他的主人。主人就派他管理家务，把一切所有的都交在他手里。自从主人派约瑟管理家务和他一切所有的。耶和华就因约瑟缘故，赐福给那埃及人的家。凡家里和田间的一切所有的，都蒙耶和华赐福。主人将一切所有的，都交给了约瑟。除了自己所吃的饭，别的事一概不知。

●约瑟模式

可是，问题出来啦。

《旧约》曰：

约瑟秀雅俊美。主人的妻子眉目送情给约瑟说:"你与我同寝罢。"约瑟不从,对他主人的妻说:"看哪,一切家务,主人都不知道,他把所有的都交给我。在家里没有比我更大的,没有留下一样不交给我,只留下了你,因为你是他的妻子。我怎能作这大恶,得罪上帝呢。"后来,她天天和约瑟说,约瑟都不听从,不与她同寝,也不和她在一处。有一天,约瑟进屋里去办事,家中没有一个人在那屋里。妇人拉住他的衣服说:"你与我同寝罢。"约瑟把衣服丢在妇人手里,跑到外边去了。妇人看见约瑟把衣服丢在她手里跑出去了,就叫家里的人来,对他们说:"你们看,他带了一个希伯来人,进入我们家里,要戏弄我们。他到我这里来,要与我同寝,我就大声喊叫。他听见我大声喊叫,仓皇地把衣服丢下来跑了。"妇人把约瑟的衣服放在那里,等到主人回来,对他如此说:"你所带到我们这里的那希伯来仆人,进来要戏弄我,我放声喊起来,他就把衣服丢在我这里跑出去了。"主人听见他妻子对他所说的话,他就生气,把约瑟下在监里。

这一个模式,我们称之为约瑟模式,威力无比,一个臭男人只要被套牢,就是如来佛亲自出马,都无法洗刷清白。而对一个老奶而言,因拥有这项秘密武器之故,真是横行无阻,想玩谁就玩谁,胆敢拒绝,立刻倒打一耙,保证其效如神。即以约瑟先生而论,我们听到的是一面之词,如果同时看到那位女主人一把鼻涕一把泪,一枝梨花春带雨,恐怕对约瑟先生,也可能失去信心。

东方的倒打一耙,发生在周王朝宫廷。姬静老家伙有个漂亮的姬妾女鸠女士,生得沉鱼落雁,闭月羞花。她在宫廷中虽然不是皇后,然而,既然君王宠爱她,她过的当然是最高水准的豪华和惬意生活。

不过，她不满意老公，不见得不满意性生活，也可能她不满意只分得几分之一的零碎爱情。更可能的是，她喜欢换换口味。跟约瑟先生的女主人一样，她在比他低一阶层的男人群里，发现了目标，他就是封为伯爵的姬恒先生。

姬恒先生的封国在杜城 _(陕西蓝田)，那时贵族们流行用国名作为自己的姓，所以史书上称他为杜恒，因为他是伯爵，有时也称他为杜伯。他在中央政府担任国务委员 _(大夫) 之职，长得一表人才，而又年轻力壮，犹如柏杨先生少年之时。于是，女鸠这位如花似玉看上了他，要他与她"同寝"。杜恒先生吓了一跳，他是不敢，还是不愿，都无关重要，反正他不肯答应。这就严重地伤害了女鸠女士的自尊，我还不够漂亮呀？我教你尝甜头是看得起你，你这个不识抬举的东西，竟敢瞧老娘不起。好吧，你不吃敬酒吃罚酒，看看老娘手段。其实手段没啥稀奇，不过倒打一耙。她向姬静先生泣曰："杜恒那小子，狼心狗肺，把我按到床上 _(或者是"他伸手摸俺的乳房"之类)，要不是……"姬静先生火冒三丈，下令逮捕杜恒，囚禁焦城 _(河南三门峡陕州区)，命大臣薛甫先生、司工锜先生，组织专案小组，决心坐实罪名，要把杜恒先生置于死地。

◉付出枉杀的代价

这一桩倒打一耙公案，《绎史》原文曰：

杜国之伯名为恒，为周大夫。宣王之妾曰女

鸠，欲通之，杜伯不可，女鸠诉之宣王曰："恒窃与妾交。"宣王信之，囚伯 (杜恒) **于焦** (河南三门峡陕州区) **，使薛甫与司工锜杀杜伯。**

任何臭男人遇到约瑟模式，都难逃劫数。然而吉星高照的朋友，有时候也能大破这项法宝。就在柏老写本文时——1983年1月12日，台北《中国时报》，刊出一则消息。事情发生在台北县中和市 (今新北市中和区——编者注) ，四十一岁的妇人杨王春美女士，向警方控告男主人谢姓男子说，她到谢家帮佣的第一天，便被那位倒霉的谢先生强暴，而且连续了五次，使她怀孕。空口无凭，还有证据，证据是妇产科医院化验的身孕反应单。好啦，这可是百口莫辩，官司是吃定啦。不料，偏偏她阁下运气不佳，遇上警官陈国元先生，以他当两位小孩父亲的经验与常识，知道除了超声波检查外，至少要四十五天左右，才能检查出是否怀孕，而杨王春美女士受雇谢家，不过一个月零两天。盘问了一阵，杨王春美女士终于承认她是栽赃。

可是，杜恒先生的两位问官却不是陈国元先生，而是杀手。杜恒先生一位朋友左儒先生，也是国务委员 (大夫) ，向姬静先生保证杜恒先生绝不会做出这种丑事，姬静先生已被绿帽疑云压昏了头，咆哮曰："反抗君王去维护朋友，那就是你！"左儒先生曰："君王有道理，朋友没道理，当然顺从君王，惩罚朋友。反过来，朋友有道理，君王没道理，那只好违背君王。"姬静先生大怒曰："收回你的话，就活。不收回你的话，就死。"左儒先生曰："忠臣义士决不自己去找死，但也不轻易改变他的主张去求活，我将用死来证明杜恒无罪，也证明你的枉杀。"呜呼，姬静先生向姜后露的那一手"闻过则喜"，已化为乌有，恢复了"闻过则怒"的本来面目，不由分说，下令把杜恒先生立即处决。杜恒先生在刑场上，向天哀号曰："我无罪而君王杀我，如果死而无知，那就作罢。如果死而有知，不出三年，我一定要他知道他是凶手。"左儒先生回到家里，沮丧和悲愤交加，也跟着自杀。

——请左儒先生在天之灵垂鉴，千古之下，柏杨先生向你下跪叩拜。我盼望我有此友，不是要左儒先生为我死，而是我要为左儒先生死。嗟夫！

光阴似箭，日月如梭。三年匆匆而过，谁都不再记得死囚临刑时的悲愤呼号。公元前782年的一天，姬静先生在圃田（河南中牟）举行大规模秋猎，战车数百辆，人马数千，这是一个浩大的阵容，布满山野。中午时候，正要收围稍休，忽然间，在山边出现了一辆奇怪的车子，车身和马匹都是白色，而车上却坐着一个红衣红帽、手拿红弓红箭的人，而他，正是已被处决了的杜恒先生。卫士们一见，灵魂出窍，一哄而散。姬静先生也顾不得君王的架势，急忙催车狂奔，可是杜恒先生却紧追不舍，忽而在前，忽而在后，忽而在左，忽而在右，最后，一箭射出，不偏不倚，正射中精神已经濒于崩溃的姬静先生的心窝。姬静双手握着箭杆，身子向前伏倒，那箭杆更恰恰地贯穿他的前胸。杜恒先生也跟着消失在悲云惨雾之中，大概押解姬静先生的鬼魂，到阎罗王那里挨板子去啦。等到四下逃命的随从稍稍聚集起来，前来探望时，姬静先生已死了矣。后有人诗叹曰：

赤矢朱弓貌似神　千军队里骋飞轮
君王枉杀还须报　何况区区平常人

姬静先生可能死于突发的心脏病，也可能被流矢所伤。然而不管怎么样吧，草菅人命，即令他是国家领袖，也得付出死亡的代价。

周幽王

时代: 公元前八世纪初至二十年代

王朝: 周王朝第十二任国王

姓名: 姬宫涅

在位: 十二年（前782—前771）

遭遇: 一刀砍死

●两条妖龙

周幽王姬宫涅先生是一个浑货，却因为一场烽火，死人千万，连自己老命也都断送，才声名大噪。他之所以干出一连串荒唐勾当，跟他美丽的年轻妻子褒姒女士，有密切关系。褒姒从不鼓励，更从不要求老公做什么怪事，是老公为了取悦她才做怪事的。这些足以伤害到国家命脉的怪事，褒姒女士并不知道它的严重性。她只是一位身世可怜的弃儿，身不由主地被献给一个她所不喜欢的臭男人。

褒姒女士的故事，要从"想当年"的一段神话说起。

距褒姒女士出现周王朝宫廷一千年前，也就是公元前十八世纪，夏王朝暴君夏桀姒履癸先生正在酒池肉林中自封为永恒太阳的时候。有一天，褒国（陕西勉县褒城镇）有两个小民，不知道什么缘故，可能是中了什么妖怪或神仙的法术，忽然间变成两条龙，翻腾起飞，一飞就飞了一千公里，忽咚一声，跌到夏王朝行都斟鄩（河南巩义）的王宫之中。

——周王朝中叶之前，"国"就是"部落"，"部落"就是"国"，根本没有分别。以后政治机构和管理方法日益现代化，"部落"逐渐消失，"国"仍然存在。所以，"国"者，不过一个行政区域，跟之后的"县""州""省"一样。中国之内这种形式的"国"，我们姑且称之为"封国"。一直到公元十六世纪，"国"才进化为具备现代化意义的"国"。

两条龙跌到王宫中，大概害怕受到攻击，乃口吐人言，大声介绍自己曰："俺，可是褒国的两个大人物呀。"夏桀姒履癸先生吓了一跳，想下令杀它，又怕杀不死而惹祸上身，只好请教专家学者。当时的专家学者只有巫师（太史），巫师先生卜卦已毕，警告姒履癸先生曰："千万别杀。"姒履癸先生说，不杀就不杀，派军队把二位龙老爷赶出大门总可以吧。巫师先生曰："神仙下临人间，一定显示祯祥。贵陛下最好把它们的唾沫收藏起来。盖唾沫乃龙老爷的精华之气，藏起来可能会有后福。"姒履癸先生就用金盘（那时候哪里来的金，青铜罢啦），放到龙老爷面前，让它们流了个够，然后储存在皇家宝库的朱柜之中。刚刚摆好，风雨忽然大作，二龙就一个鹞子翻身，腾空而去。

●龙涎奇迹

储在宝库里的龙涎，一放就是一千年，到了公元前九世纪五十年代周王朝第十任君王姬胡（周厉王）先生——也就是本文男主角姬宫涅的爷爷时，朱柜忽然放出光芒。管库官报告姬胡，姬胡先生曰："里面装的是啥？打开来瞧瞧！"管库官打开朱柜，把金盘双手捧上，姬胡先生伸手去接，可能心里有点害怕，颤抖的手那么一滑，叮咣当啷，金盘落地，那个历时一千年之久的龙涎，既没有蒸发，也没有凝固，仍是二位龙老爷当初留下来的老样子，从金盘中流出，流了一地。流了一地不稀奇，稀奇的是，忽然间变成一只小鼋，在院子里乱爬。姬胡先生直冒冷汗，急忙叫宫中所有老奶，包括宫女、仆妇和一些地位低微的小老婆，都脱下衣服，露出胴体，围着它阁下大跳大叫、大呼大闹。盖民间传说，裸体美女，可以克邪制妖。果然，那位小鼋先生被搞得晕头涨脑，爬来爬去，爬到皇宫内院的一栋房里，霎时间无影无踪。

——咦，姬胡先生的办法可真绝妙。如果有一天，旧雨新知，要再修理柏杨先生时，不必硬戴铁帽，拳打脚踢，只要摆出美女裸体大阵，效果就会出神入化，教我承认啥，我就承认啥，另外还特别奉送几项货真价实的招供，以示优待。不信的话，我可找两家殷实铺保。

就在大家瞪眼找小鼋先生之时，一位年轻宫女，不小心踩了一下小鼋先生跑过的脚迹，芳心一动。这一动不要紧，不久就玉肚膨胀，有了身孕。姬胡先生大怒，好贱婢，竟把野男人弄到宫里上床呀，下令把她囚禁起来。公元前828年，姬胡先生死掉。儿子姬静——就是上文介绍受到枉杀报应的那位周宣王，继承王位，仍没有把她释放。这样下去，有一天，这位可怜的宫女，囚禁已四十年矣，忽然肚子作痛，生下一个女孩。姬静先生得到消息，心神不宁，下令把那女孩扔到河里淹死。

就在这个时候，首都镐京，有童谣曰："月将升，日将没。檿弧箕箙，几亡周国。"檿，山桑木也。檿弧，山桑木做的弓。箕，一种细草。箙，箭袋。译成白话，就是——

月亮将升

太阳将坏

桑木做成强弓

箕草编成箭袋

《东周列国志》对此，有详细叙述：

次日早朝，召太史伯阳父告以龙漦（即龙涎）之事，因曰："此女婴已死于沟渎，卿试占之，以观妖气消息如何。"伯阳父布卦已毕，献上繇词。词曰："哭又笑，笑又哭。羊被鬼吞，马逢犬逐。慎之慎之，檿弧箕箙。"宣王不解其说，伯阳父奏曰："以十二支所属推之，羊为未，马为午。哭笑者，悲喜之象，其应在午未之年。（柏老按：午年指前771年，未年指前770年。天下果然大乱。）据臣推详，妖气虽然出宫，未曾除也。"宣王闻奏，怏怏不悦。遂出令："城内城外，挨户查问女婴，不拘死活，有人捞取来献者，赏布帛各三百匹。有收养不报者，邻里举首，首人给赏如数，本犯全家斩首。"命上大夫杜伯（就是上文被枉杀的杜恒先生），专督其事。因繇词又有"檿弧箕箙"之语，再命下大夫左儒（上文为友殉身的义士），督令司市官巡行廛肆，不许造山桑木弓，箕草箭袋，违者处死。司市官不敢怠慢，引着一班胥役，一面晓谕，一面巡查。那时城中百姓，无不遵依，止有乡民，尚未通晓。

◉杀戮和囚禁

《东周列国志》曰：

巡至次日，有一妇人，抱着几个箭袋，正是箕草织成。一男子背着山桑木弓十来把，跟随于后。他夫妻两口，住在远乡，赶着日中做市，上城买卖。尚未进城门，被司市官劈面撞见，喝声："拿下！"手下胥役，先将妇人擒住。那男子见不是头，抛下桑弓在地，飞步走脱。司市官将妇人锁押，连桑弓箕袋，一齐解到大夫左儒处。左儒想："所获二物，正应在谣言，况太史言女人为祸，今已拿到妇人，也可回复王旨。"遂隐下男子不题，单奏妇人违禁造卖，法宜处死。宣王命将此女斩讫。其桑弓箕袋，焚弃于市，以为造卖者戒。不在话下。后人有诗云：不将美政消天变，却泥谣言害妇人！漫道中兴多补阙，此番直谏是何臣？

话分两头，再说那卖桑木弓的男子，急忙逃走，正不知官衙拿我夫妇，是什么缘故？还要打听妻子消息。是夜宿于十里之外，次早有人传说："昨日北门有个妇人，违禁造卖桑弓箕袋，拿到即时决了。"方知妻子已死，走到旷野无人之处，落了几点痛泪。且喜自己脱祸，放步而行。约十里许，来到清水河边，远远望见百鸟飞鸣，近前观看，乃是一个草席包儿，浮于水面，众鸟以喙衔之，且衔且叫，将次拖近岸来。那男子叫声："奇怪！"赶开众鸟，带水取起席包，到草坡中解看。但闻一声啼哭，原来是一个女婴。想道："此女不知何人抛弃，有众鸟衔出水来，定是大贵之人。我今取回养育，倘得成人，亦有所望。"遂解下布衫，将此女婴包裹，抱在怀中。思想避难之处，乃望褒国投奔相识而去。

公元前782年，姬静先生被冤死的鬼魂，射死在辇车之上。他的儿子，也就是本文的男主角姬宫涅先生继位，申国（河南南阳）国君的女儿申女士当皇后，儿子宜臼，被立为太子。姬宫涅先生面对的是一个危疑震撼的政局，可是他颟顸得像一头肥猪，不但没有提起应有的警觉——俗不云乎："新官上任三把火"，他连三把火都没有，只有一头雾水。登极后不久，除了广收美女外，对任何事情都没有兴趣。不久，就把政府中最能干最忠心的官员，全部驱逐，建立起摇尾系统。褒国（陕西勉县褒城镇）国君褒珦先生直言规劝，立刻遭到姒文命（夏禹）、子天乙（商汤）、姬昌（周文王）三位前辈先生同样的命运，被捕下狱。

《东周列国志》曰：

却说卖桑木弓箕草袋的男子，怀抱幼女，逃奔褒地，欲行抚养，因乏乳食，恰好有个姒大的妻子，生女不育，就送些布匹之类，转乞此女过门。抚养成人，取名褒姒（柏老按：事实上，她是褒国的姒女士，姓姒，不姓褒。不过几千年来，大家都说她姓褒，而又不知道她的闺名，那么，就姓褒吧），论年纪虽刚一十四岁，身材长成，倒像十六七岁及笄的模样。更兼目秀眉清，唇红齿白，发绾乌云，指排削玉，有如花似月之容，倾国倾城之貌。……（褒珦之子洪德）因私计："父亲囚于镐京狱中，三年尚未释放。若得此女贡献天子，可以赎父罪矣。"

◉叠并交同之境

美女的力量有时候超过千军万马，能拯救百药罔效的危机。《东周列国志》叙述褒姒女士对老昏君姬宫涅先生的影响：

幽王抬头观看，姿容态度，目所未睹，流盼之际，光艳照人，龙颜大喜。四方虽进贡有人，不及褒姒万分之一。遂不通申后得知，留褒姒于别宫，降旨赦褒珦出狱，复其官爵。是夜，幽王与褒姒同寝，鱼水之乐，所不必言。自此坐则叠股，立则并肩，饮则交杯，食则同器（柏老按：男女恩爱，一旦到了"叠并交同"之境，除非这个奥男人意志坚强而又头脑清楚，否则，他就把自己毫无保留地置于女人的控制之下。吾友姬宫涅先生，就是一个榜样）。一连十日不朝，群臣伺候朝门者，皆不得望见颜色。此乃幽王四年(前778)之事。有诗为证：折得名花字国香，布荆一旦荐匡床。风流天子浑闲事，不道龙螱已伏殃。

接着是一场剧烈的夺床斗争，不过六年，到了公元前773年，褒姒女士大获全胜。皇后申女士被囚禁冷宫(冷宫，可不是冰冻库，不过形容冷冷清清)。太子宜臼先生，被贬为小民。周王朝政府立即宣布，立褒姒女士当皇后，她阁下生的小娃伯服当太子。摇尾系统尹球先生、虢石父先生、祭公易先生，一致赞扬这是最明智的措施。

姬宫涅先生最明智的措施还在后面，《东周列国志》曰：

褒姒虽篡位正宫，有专席之宠，却从未开颜一笑。幽王……遂出令："不拘宫内宫外，有能致褒后一笑者，赏赐千金。"虢石父献计曰："先王(从前的国王)昔年，因西戎强盛，恐彼入寇，乃于骊山之下，置烟墩二十余所，又置大鼓数十架，但有贼寇，放起狼烟，直冲霄汉，附近诸侯，发兵相救，又鸣起大鼓，催趱前来。

今数年以来，天下太平，烽火皆熄。吾主若要王后启颜，必须同后游玩骊山，夜举烽烟，诸侯援兵必至。至而无寇，王后必笑无疑矣。"

《中国人史纲》曰：

连小孩子都知道绝不可以乱燃烽火，但姬宫涅认为偶尔玩一次没有关系。他就带着褒姒，前往镐京东方三十公里的骊山，举行盛大宴会。欢宴到深夜时，姬宫涅下令燃起烽火。刹那间火焰直冲霄汉，像一条逃命的巨鲸一样，不断地一股一股喷出火柱，向黑暗的远方，奔腾而去。王畿附近的封国国君们，从梦中惊醒，以为镐京已被蛮族包围，国王老命危在旦夕，立即集合军队，率领驰援。姬宫涅和褒姒居高临下，准备欣赏这场自以为使人出丑的伟大节目。黎明时分，那些身披重甲，汗出如雨，衔枚疾进的勤王之师，果然进入视界。不久，就抵达骊山脚下。封国的部队虽经过一夜急行军，仍精神抖擞，面上呈现着即将献身国王，为国战死的忠义颜色。姬宫涅大为满意，派人宣布圣旨说："谢谢各位，没有什么外寇，我只不过用烽火消遣一下罢了。请你们原路回去，另候犒赏。"那些封国国君们，好不容易才相信自己的耳朵后，纷纷偃旗息鼓，狼狈而去。褒姒一一看到眼里，不禁嫣然一笑，这一笑使她更加美如天仙。姬宫涅大喜说："王后一笑，百媚俱生。"

◉狼来了

《伊索寓言》上有"狼来了"的故事，牧童小子第一次喊"狼来了"，大家飞奔来救，他笑大家傻瓜。等到狼真的来啦，牧童小子再喊时，他自己就是傻瓜矣。姬宫涅先生虽然年老，但年老不一定带来智慧。有时候，不长进的老家伙，脑筋一直酱在过去一些得意的往事里，就成了昏庸的老糊涂，姬宫涅先生做出的竟是只有寓言里才有的荒唐怪事。然而，他觉得对他领导下的周王朝政府，所造成的伤害，仍不够大，必须再加猛击。

《东周列国志》曰：

却说申侯（申国国君）闻知幽王废申后立褒姒，上疏谏曰："昔桀宠妹喜以亡夏，纣宠妲己以亡商。王今宠信褒姒，废嫡立庶，既乖夫妇之义，又伤父子之情。桀纣之事，复见于今。夏商之祸，不在异日。望吾王收回乱命，庶可免亡国之殃也。"幽王览奏，拍案大怒曰："此贼何敢乱言？"……下令削去申侯之爵，命虢石父为将，简兵搜乘^(战车)，欲举伐申之师。

话说申侯进表之后，有人在镐京探信，闻知幽王命虢石父为将，不日领兵伐申^(河南南阳)，星夜奔回，报知申侯。申侯大惊曰："国小兵微，安能抵敌王师？"大夫吕章进曰："天子无道，废嫡立庶，忠良去位，万民皆怨，此孤立之势也。今犬戎兵力方强，与申国接壤。主公宜速致书戎主，借兵向镐，以救王后，必要天子传位于故太子，此伊^(伊尹)周^(姬旦)之业也。语云：先发制人，机不可失。"申侯曰："此言甚当。"遂备下金缯一车，遣人赍书，向犬戎借兵，许以破镐之日，府库金帛，任凭搬取。

戎主……遂发兵一万五千^(柏老按：在公元前八世纪二十年代，这是一个可怕的庞大数目，等于二十世纪的百万雄兵)，分为三队，右先锋孛丁，左先锋满也速，戎主自将中军。枪刀塞路，旌旆蔽空。申侯亦起本国之兵相助，浩浩荡荡，杀奔镐京而来，出其不意，将王城围绕三匝，水泄不通。幽王闻变，大惊。

姬宫涅先生下令燃起烽火，一霎时狼烟四出。可是，已经没有一个封国的国君，再愿供君王娱乐矣。镐京外无救兵，内无粮草，霎时陷落。

《东周列国志》曰：

戎主……杀将前进，喊声大举，乱杀入城，逢屋放火，遇人举刀……城中大乱。幽王未及阅军，见势头不好，以小车载褒姒和伯服，开后宰门出走。……出了北门，迤逦望骊山而去，途中遇尹球来到，言："犬戎焚烧宫室，抢掠库藏，祭公（祭公易）已死于乱军之中。"幽王心胆俱裂。……再令举烽，烽烟透入九霄，救兵依然不到。犬戎兵追至骊山之下，将骊宫团团围住，口中只叫："休走了昏君！"幽王与褒姒唬做一堆，相对而泣。

最后，姬宫涅先生逃出骊山，打算投奔东方的郑国（河南新郑）。然而，他已到了末路。《东周列国志》曰：

左先锋满也速，早把幽王车仗拦住，犬戎主看见衮袍玉带，知是幽王，就车中一刀砍死，并杀伯服。褒姒美貌饶死，以轻车载之，带回毡帐取乐。……东屏先生有诗叹曰：多方图笑掖庭中，烽火光摇粉黛红。自绝诸侯犹似可，忍教国祚丧羌戎。

我们的男主角姬宫涅先生，就这样糊里糊涂，被他所瞧不起的蛮族劈死。镐京经过这次烧杀劫掠，化成一片焦土，再不能作为首都。周王朝只好把中央政府东迁到四百公里外的洛阳，政府权威，荡然无存，王朝统一的局面逐渐不能维持，降而成为列国中的一国，成为周王国矣。

姬颓

时代：公元前七世纪二十年代

王朝：周王朝第十八任国王

在位：三年（前675—前673）

遭遇：逃亡被捕·斩首

◉"为了国家利益"

周王朝自从第十二任国王周幽王姬宫涅先生闯下了滔天大祸，镐京 (陕西西安) 被犬戎部落的野蛮人烧杀抢劫之后，千万小民死亡，巨城化成一座废墟，只好把中央政府东迁到洛阳，由一个全国统一的王朝，降格成为一个普通王国。跟南方长江中游，建都郢都 (湖北江陵) 的楚王国，南北对峙。"天子"尊严，几乎扫地出门，反而要倒转过来看封国们的颜色。本文男主角姬颓先生，就首开纪录，靠某一些封国的效忠，登上宝座。而另外一些封国不买账，动刀动枪，再把他从宝座上打下来，然后还把他一刀两断。

上文男主角姬宫涅先生的重孙姬佗 (周庄王)，是周王朝第十五任国王，他阁下的嫡长子姬胡齐 (周僖王) 先生，当然继承王位。可是他却最喜欢他的小儿子姬颓。他之最喜欢姬颓，倒不是姬颓小子聪明伶俐，事实上，姬颓小子不但不聪明伶俐，反而脑满肠肥，像一头活猪。老爹姬佗先生所以喜欢他，是因为喜欢他娘姚姬女士。姚姬女士的美丽容貌，使姬佗先生入迷，虽没有迷到"夺嫡"的层面，但过度地宠爱，自然使姬颓小子过度地糊涂。

——我们有点奇怪，那么漂亮的母亲，却生下那么蠢的小子。显然地，过度宠爱害了他。过度宠爱跟政治上不受控制的权力一样，都能把人搞瞎了眼，看不清他所面对的危机。

公元前682年，姬佗先生逝世。长子姬胡齐嗣位。公元前677年，姬胡齐先生逝世，长子姬阆 (周惠王) 嗣位。姬阆先生上台后，本文男主角姬颓先生，就是国王的叔父，这是一个尊严的和万人崇敬的地位。身为国王的姬阆先生，也是一个昏庸之辈 (嗟夫，除了王朝的开山老祖之外，后代君王，几乎没有一个不是昏庸之辈，仅只昏庸，而不凶暴，已算第一流货色啦)。他上台的次年，也就是公元前676年，屁股还没有把宝座暖热，就迫不及待地在皇宫附近，兴建一座规模庞大的皇家动物园，收集各种奇禽异兽，以娱观赏。偏偏那一带是国务委员 (大夫) 芮国先生的土地，种有菜蔬，盖有房舍，姬阆先生要芮国先生捐献，芮国先生拒绝，因为他只有那块田地养家，姬阆先生对芮国拒绝的行为，大为震怒。于是宣称，为了国家利益，政府有权力无条件征收。一道命令下来，该地就被收归"国"有。芮国先生不敢反抗，只好双手献出。

姬阆先生尝到"为了国家利益"的甜头，就连续抛出这个法宝，吞并了另外四位国务委员 (大夫) 边伯先生、子禽先生、祝跪先生、詹父先生的土地，好不快活。

◉爱牛专家

用非法手段或暴力手段得到的快活，都是不稳定的，姬阆先生一连串夺取五位国务委员的财产，激起五大家族的愤怒。最后，姬阆先生又得罪了一个人，宫廷饮食部部长 (膳大夫) 石速先生，姬阆先生指责他办的伙食不好，把他免职。不公平的处罚，也激起同样程度的愤怒。

五位国务委员加上石速先生，结成联合阵线，对付国王。在封建专制政体下，他们不能够自组政府，只好在皇家血统中寻觅头目。于是，他们看上了身为王叔的姬颓先生。政治斗争的无情浪潮之中，人们身不由主。姬颓先生对政治毫无兴趣，他唯一的兴趣是养牛。这真是一桩奇异的嗜好，时至二十世纪，我们还没有听说过再有谁把牛当成宠物的。这位空前绝后的爱牛专家，把牛看作活宝。史书说他养了几百头牛，他以王叔之尊，用最贵的粮食，亲自喂养。他怕牛受了冻，同时也为了使它们漂亮，每头牛都穿上锦绣外套，命名曰"文兽"。给宠物穿上锦绣外套，姬颓先生可得诺贝尔发明奖。中国人到了外国，每看到洋大人给他们宠爱的小猫小狗打扮得活像一个贵妇，不禁大大震骇，认为作孽。如果回顾历史，两千六百年前，中国便"古已有之"矣。

这位懵懂的爱牛专家，被五位怒气冲天的大夫奉为首领，密谋政变，而姬阆先生还蒙在鼓里。就在他上台后的第三年，也就是公元前675年，五位大夫集结他们家族的私人军队，进攻皇宫，希望把姬阆先生赶走——也可能希望把他杀掉。从这种轻率的行动，可看出"天子"权威的替坏。但保护宫廷的禁卫军奋力抵抗，五位大夫私人军队不能取胜，而局势又不允许长期围困，只好投奔苏国（河南温县）。

他们所以投奔苏国，不是贸然而往，如果苏国仍效忠周国，岂不是自投罗网乎哉？但他们知道苏国的立场。盖远在四十年前的公元前712年，周国王想要郑国（河南新郑）紧傍首都洛阳近郊一带的土地，郑国当然不愿意，当时尚是第十四任国王的周桓王姬林先生——姬颓的祖父、姬佗的爹——在位，就下令苏国把一部分土地划给郑国，作为交换。这种慷他人之慨的行动，使苏国国君认为是奇耻大辱。姬颓先生和五大夫向苏国国君承诺，如果他们能夺到政权，第一件事就是恢复苏国的疆土。所以苏国国君乐意看见姬阆先生失败和姬颓先生成功。

苏国国君接待了姬颓先生和五位大夫，检讨了一番情势之后，认为靠现有的力量，即令苏国的军队也参加，要想攻下洛阳，也十分困难。盖苏国虽然也是封国，却力量太小，必须得到其他强大封国的帮助。于是想到卫国（河南濮阳）。在若干军事强权的封国之中，卫国是其中之一，而卫国国君卫朔（卫惠公）先生，恰恰也正在痛恨周国王。呜呼，这又是一桩"小孩没娘，说来话长"的往事。原来卫国第十五任国君卫晋（卫宣公）先生，没有上台前，跟老爹的小老婆夷姜女士私通，生下一子，名卫伋子。卫晋先生上台之后，照样跟夷姜女士恩恩爱爱，许诺由卫伋子继承国君的爵位。等到卫伋子年龄渐长，老爹准备为他聘下齐国（山东淄博临淄区）女儿，作为儿媳。

◉乱伦复乱伦

卫晋先生派遣求婚使到了齐国，为儿子卫伋子，向齐国国君姜禄甫（齐釐公）先生求婚。姜禄甫先生就把史书上称之为"宣姜"的他的长女，许配给卫伋子先生。这本来是一桩美满良缘，想不到，求婚使回到卫国，向卫晋先生提出一项秘密报告——有无耻的领袖，必然有无耻的部属。部属无耻，领袖定是不要脸之辈，否则的话，他敢做出这种违反人性之事乎哉。秘密报告形容齐国公主之美，真是天上少有，地下无双："老爹呀，这可是一块鲜肉。与其送给小子，不如由你自己享受。"卫晋先生一听，心如火烧。反正，连跟庶母都敢乱伦，何况未过门的儿媳耶欤？老淫棍遂决定把宣姜小姐，收归己有。

于是，立刻就在首府 (河南濮阳) 近郊，淇水之畔，兴建一座豪华的宫殿，命名"新台"，一面调虎离山，派卫伋子前往宋国 (河南商丘) 作外交上例行的访问，一面单刀直入，派他的亲信卫泄先生，前往齐国迎亲，把蒙在鼓里的宣姜女士，一直迎接到新台之上。宣姜女士的印象中，她丈夫应是二十余岁的英俊少年，忽然一个胡子脸老头上了床，我们可想象她的惊讶。如果换了现代，一巴掌下去，老头滚出门外了矣。可是既属父母之命，又属媒妁之言，她又从未见过未婚夫的模样，自不敢盘问挑剔。等到生米煮成熟饭，老头据实招供，也就无可奈何。卫伋子先生从宋国回来，老爹卫晋先生气不发喘，面不改色，教卫伋子用参见庶母大礼，参见宣姜女士。在父权君权双重压力下，卫伋子只好叩拜如仪。

宣姜女士最初虽一百个不愿意，但不久就非常高兴能够提前登上国君夫人的高位。后来，她阁下一连生了两个儿子，长曰卫寿，次曰卫朔。读者老爷请记住卫朔先生，他在未来帮助姬颓先生这件事上，扮演重要角色。宣姜女士既生了两个儿子，情势就开始变化。我们充分同情宣姜女士身不由主的命运，但她这时却对本来应是她丈夫的卫伋子先生，起了杀机。盖她面临的问题是，一旦老头卫晋先生断气，卫伋子继位国君，她的处境将十分尴尬，而她的儿子们势将受到排斥。即令这些事不会发生，她也要为儿子们打算。咦，夺床斗争也好，夺嫡斗争也好，一旦发动，就一片血腥，不到一方倒到血泊之中，不会停止。而宣姜女士既已起意，就势不可当。

我们不再报道阴谋的经过，只报道阴谋的结果；身为亲爹的卫晋先生，为了支持少妻夺嫡，决心杀子。他派卫伋子出使齐国，为了显示尊贵的身份，命卫伋子在船头旗杆上，悬挂白色羽毛。然后在中途必经的莘野(山东莘县)，埋伏下一队杀手。给杀手们的命令是，只要看到船头旗杆上悬有白色羽毛的，不必多问，一律格毙，凭白色羽毛领赏。这是一项丧尽天良的谋杀，嗟夫，虎毒尚不食子，而卫晋这个老畜生，却下得毒手。我们称他畜生，实在是对畜生的一种侮辱，全世界畜生都会提出抗议。

然而，身为宣姜女士长子的卫寿先生，却是一个仁厚青年，他得到消息，虽然他是直接受益者——卫伋子如死，国君位置当然落到他头上。但他瞧不起老爹老娘和老弟的卑鄙行为。

●卫国政变

卫寿先生向老哥卫伋子先生提出警告，但卫伋子不相信父亲会使用这种手段，他坚持行程。卫寿先生呈献出他可歌可泣的骨肉手足之情，他要为他那狼心狗肺的爹娘赎罪，就设宴为老哥饯行，在把老哥灌醉之后，把悬挂白色羽毛的旗杆插到自己船上，先行出发。意料中地，走到莘野，杀手们发动突击，可怜的卫寿先生，霎时丧生。

且说卫伋子先生，酒醒之后，知道发生了什么事，立刻乘船追赶，跟手执白色羽毛、返回首府领赏的杀手们的船只相遇，杀手们误认为他是卫朔先生的特使，献上白色羽毛和卫寿先生的头颅。卫伋子先生哭曰："误矣。"表明身份，杀手们愕然了一阵之后，动手再把他斩首。悲夫！《诗经·卫风》，有诗哀之曰：

二子乘舟　泛泛其景

愿言思子　中心养养

二子乘舟　泛泛其逝

愿言思子　不瑕有害

宣姜女士对卫伋子之死，当然高兴。对卫寿之死，却是一个晴天霹雳。然而最兴奋的莫过于卫朔先生矣，盖夺嫡成功后，国君位置当然由老哥卫寿先生继承，根本没有自己的份儿，如果自己想干，必须再斗倒老哥，那就难上加难。然而现在，暗箭一发，变成多弹头飞弹，同时命中两个目标，卫朔先生不仅兴奋而已，简直大喜若狂。

公元前700年，卫晋先生逝世，十五岁的卫朔先生上台，卫国的统治阶层（国人），对卫朔先生母子的无耻与恶毒，充满愤怒。他的庶兄卫顽先生首先逃奔齐国，而另两位贵族卫泄先生和卫职先生，则暗中筹划为枉死的卫伋子先生和卫寿先生复仇。

卫朔先生上台后第五年，公元前696年，宋国、鲁国、蔡国、卫国，四国联军，攻打郑国，卫朔先生亲自率领卫国军队，前往会师。这是发动政变的最好机会，卫泄、卫职，另外还有新参加的宁跪先生，宣称国君卫朔先生在攻打郑国之役中已经战死，必须另立新的国君。他们选定了卫黔牟先生——跟逃亡的卫顽先生一样，他是卫朔先生的庶兄，老淫棍卫晋先生跟另一位小老婆的儿子。所以选定他，只因为他的妻子是周国王的女儿（王姬），可能会得到周政府的支持。他们的判断正确，周政府果然支持。

领兵在外的卫朔先生既无能力率领已不受指挥的军队回国平乱，只好放弃军队，只身逃亡，投奔齐国，那是他母亲的祖国。老国君姜禄甫先生已经死掉，现在国君是姜诸儿（齐襄公）先生，他展开双臂欢迎曰："你是俺姐的儿子，俺的外甥呀。"卫朔先生向舅父承诺，如果他能够复位，卫国的金银财宝，全部奉献。做舅父的姜诸儿先生拍胸脯保证："贤甥，你复位之事，包在老舅身上。"然而，他却不能马上行动，因为姜诸儿先生正向周国王求婚，而卫黔牟先生却正是周国王的女婿。虽然周政府并没有足够的军事力量直接干预，但国王仍拥有"天子"虚名，有相当的影响力，姜诸儿先生不愿贸然开罪，要等待机会。

◉国王行业有危险性

卫朔先生在齐国一等就是九年，使他把周国王恨入骨髓，后来姜诸儿先生千方百计娶来的周国王的女儿——王姬——因病逝世，姜诸儿先生遂不再顾忌。公元前688年，齐国出兵，攻击卫国，卫国首府沦陷，卫泄、卫职、宁跪三位先生被杀，卫黔牟先生被俘，送到岳家洛阳，卫朔先生复位。

——卫朔先生竟能复位，真是人间一桩憾事。而他的那位老娘宣姜女士，却再嫁给她的庶子卫顽先生，又生了一大堆儿女，这些儿女如何称呼卫朔，倒是一大学问。如按父系，卫朔先生是叔叔，如按母系，卫朔先生可是老哥。

好啦，闲言打住。

且说周王朝内乱，王叔姬颓先生政变失败后，投奔苏国（河南温县），苏国国君知道自己的力量薄弱，也知道卫国国君卫朔先生，正在深怨周国王支持卫黔牟达九年之久。于是，苏国国君同姬颓先生，以及主谋的五位大夫，投奔卫国。卫朔先生大喜曰："好啦，报一箭之仇的日子来啦。"于是，再联络南燕国（河南卫辉），组成三国联军，就在当年（前675），渡过黄河，进攻洛阳。

刚打了胜仗，以为敉平了一次叛乱，已经给逆贼一个不小教训的周国王姬阆先生，想不到姬颓先生会迅速反击，而且三国联军的力量，锐不可当。与其城破了被生擒活捉，甚至可能被宰，不如早日开溜，先保住老命，再看看有没有什么封国愿意帮忙，徐图恢复。想妥之后，脚底抹油。

姬颓先生没有经过战斗，便坐上周王朝第十八任君王的宝座，他犒赏了苏、卫、南燕等三国军队，打发他们班师之后，把国家大事交给了以芮国先生为首的五位国务委员（大夫）。他所做的唯一一件事，就是努力养他的牛。姬阆先生固然不配当国王，而姬颓先生更不是国王的材料，他如果出任动物园园长，要比他当国王更为适合。至少，动物园园长干不好，不过撤差。而国王这个行业，可是含有自我毁灭的元素，天下最危险的行业。

前任国王姬阆先生逃到了鄢陵（河南鄢陵），鄢陵是郑国的土地，郑国国君姬突（郑厉公）先生立刻接到报告。在公元前七世纪，也就是周政府从镐京东迁到洛阳的初期，郑国（陕西渭南华州区）也跟着东迁，迁到被称为"新郑"的地方（河南新郑），是当时最大的霸权之一。然而，它处于中原四战之地，国力长久经过消耗，无以为继，终于衰弱下去，每天为侍奉新兴的强国，累得要死。不过，这是后话。现在它仍拥有强大的余绪。所以郑国国君姬突先生对这桩逐君政变的态度，非常重要。

姬突先生曾一度犹豫，但他的智囊，也是他的叔父姬詹先生，向他分析曰："我们夹在齐国和楚王国之间，是一个危局，很容易受到屈辱，不是长久之计。郑国国君，曾一连三代，在王朝的中央政府担任重要官员（卿士），在国王的保护伞之下，不断扩张领土，并吞附近一些弱小的封国，才有今天这种举足轻重的局面。我们当子孙的，应寻求过去的美景，才可以应付变局。"

◉人牛同歼

另一位智囊师叔先生，提出"万世之功"的建议。很显然地，如果顺水推舟，承认姬颓先生王位的合法性，"万世之功"就只落到五位大夫政变集团的头上，郑国根本沾不上边。但是，如果发出勤王号召，集结各封国的军队，就可自称为"义师"或"勤王之师"。被罢黜的姬阆先生，正困居鄢陵（河南鄢陵），跟一个小民没啥分别，如果由郑国国君出面，把他重新掇弄到王位之上，那可是真正大捞一票的"万世之功";姬阆先生对郑国既充满了感恩,郑国就可利用他这个"国王""天子"的招牌,在国际上纵横捭阖,翻江倒海。

姬突先生采纳了大捞一票的建议,但他认为如果不用打仗,就能达到目的,岂不更显出高手。

《东周列国志》曰:

厉公曰:"善。虽然,子颓⁽姬颓⁾懦弱,所恃者卫燕之众耳,五大夫无能为也。寡人且使人以理谕之,若悔祸反正,免动干戈,岂不美乎?"一面使人如鄢陵迎王⁽姬阆⁾,暂幸栎邑⁽河南禹州⁾。因厉公向居栎邑十七年,宫室整齐故也。一面使人致书于姬颓。书曰:"突闻:以臣犯君,谓之不忠。以弟奸兄,谓之不顺。不忠不顺,天殃及之。王子⁽姬颓⁾误听奸臣之计,放逐其君,若能悔祸之延,奉迎天子⁽姬阆⁾,束身归罪,不失富贵。不然,退处一隅,比于藩服⁽封国⁾,犹可谢天下之口。惟王子速图之!"

——柏老按:这封信的几句开场白,冠冕堂皇,掷地作金石声,大义凛然的嘴脸,跃然纸上。问题是,不过二十八年前的公元前701年,姬突先生的身份,恰恰是"臣",恰恰是"弟",他却把当时的国君姬忽老哥赶走,自己上台。他责备姬颓先生的话,正是他自己罪行的供状。呜呼,政治就是如此如此,真的照他所言"不忠不顺,天殃及之",姬突先生写不成这封信,早死于雷劈之下矣。

姬颓先生看到这封信,吓了一跳,盖郑国乃霸权之国,不可小视。五位大夫曰:"骑虎难下,正是今天的形势,事既发生,不能回头。而且既然已当了国王，岂能再去一个偏僻小城，当一个封国国君乎哉。姬突胡说八道，理他干啥？"把信差驱逐出境。

五位大夫犯的最大错误，不是不应该把郑国信差驱逐出境，而是把郑国信差驱逐出境之后，竟没有立刻向他们的后台老板卫国国君卫朔先生告急。于是，公元前673年，郑国和东虢国 (河南荥阳氾水镇) 的联军，向洛阳发动闪电突击。郑国军队猛攻南门，东虢军队猛攻北门，杀声动地，烟火冲天。五位大夫首领的芇国先生，急忙奔向皇宫报告姬颓，要求发兵抵御。可是，养牛专家姬颓先生在专心喂他的牛老爷牛老奶，拒绝接见。芇国先生曰："事急矣。"即以姬颓的名义，下令动员。可是机会已逝——芇国先生在等候国王召见上浪费太多时间，郑虢联军已破城而入。芇国先生这时正在写信向卫国求救，信还未写好，得到被罢黜的姬阆先生已经坐朝的消息，长叹一声，拔剑自杀。

然而，最有趣的还是姬颓先生，这个在王位上已坐了三年的呆瓜，急忙逃出皇宫，他本来可以一溜烟跑掉的，可是，他舍不得他的宠物，教石速先生押解着"文兽"，列队前行。那些文兽身体又胖，走路又慢，结果可知。郑虢联军一追就追上，连人带牛，一股脑捉住，把姬颓先生和他的政变集团头目，同时斩首。姬颓先生恐怕临死时才发现老命危险，呜呼。后人有诗叹曰：

挟宠横行意未休　私交乘衅起奸谋

三年南面成何事　只合关门去饲牛

姬带

时代：公元前七世纪六十年代

王朝：周王朝第二十一任国王

在位：二年（前636—前635）

遭遇：逃亡被杀

●夺嫡与反夺嫡

每一个中国君王，都有无数如花美眷。所以中国宫廷比洋大人之国的宫廷，要麻烦肮脏得多，更血腥得多。因爱牛而失掉宝座丢掉老命的国王，历史上仅只上文所报道的姬颓先生一人而已。大多数下台鞠躬人头落地的君王，都跟女人夺床斗争有关。姬带先生就是一个典型。他从头到尾，都被一位美丽的老奶摆布，直到身死马前。这位姬带先生——本文的男主角，正是上文男配角姬阆（周惠王）先生的儿子之一。

姬阆先生有很多儿子，其中只有两个在历史上留下痕迹。一位是长子姬郑，一位就是姬带。姬阆先生的大老婆姜后，生长子姬郑，当然是王座的合法继承人。不幸她阁下早早逝世，姬阆先生又娶了被史书称为"惠后"的陈妫女士，生了娃儿姬带。谚不云乎："猫老食子，人老惜子。"人到老年，对幼儿往往又爱又怜，百依百顺，姬带小子从小就这样被娇纵得不知道天有多高，地有多厚，对他的老哥姬郑先生，看都没看到眼里。姬郑先生以嫡长子兼王位合法继承人之尊，却被欺负得连头都抬不起来。兄弟二人每次发生争执，父母裁决的结果，错的总是老大，对的总是老幺，错的一方挨不完的斥责，对的一方可就得意洋洋。官场都是势利的，所以不久姬带先生就有了他的摇尾系统。

——摇尾系统者，为了自己的利益而一脸忠贞的马屁精和迷汤大王也。在这种情形下，惠后陈妫女士和姬带，母子二人，无法避免地逐渐生出夺嫡阴谋。洛阳城里的贵族和政府官员，几乎成一面倒趋势。姬郑先生孤立无援，岌岌可危。然而，想不到天无绝人之路，救星出现，当时的霸主齐国（山东淄博临淄区）国君姜小白（齐桓公）先生，正在以"尊王攘夷"作为政治号召。发现了这个火药库，他必须采取行动，才能巩固霸权。智囊管仲先生献言曰："姬郑所以危疑，因他缺少党羽和外援。我们齐国如果向周国王请求，声称：各国国君（诸侯）要拜见世子，请世子驾临主持封国国君高阶层会议。姬郑只要出席，君臣之分便告确定。国王老家伙想废嫡立庶，恐怕得多思量。"

姬阆先生和惠后陈妫女士，以及荷花大少姬带先生，明知道齐国的用意，可是对方既名正言顺，而现代武器又厉害难挡，只好答应。

公元前七世纪四十年代，公元前655年，封国高阶层会议，在首止（河南睢县）举行。

《东周列国志》曰：

夏五月，齐、宋、鲁、陈、卫、郑、许、曹，八国诸侯（国君），并集首止。世子（姬）郑亦至，停驾于行馆。（齐）桓公率诸侯候起居，子郑（姬郑）再三谦让，欲以宾主之礼相见。桓公曰："小白忝在藩室，见世子如见王，敢不稽首。"子郑谢曰："诸君且休矣。"是夜，子郑使人邀桓公至于行馆，诉以太叔带（姬带）谋欲夺位之事，桓公曰："小白当与诸臣立盟，共戴世子。世子勿忧也。"

◉首止共定王储

齐国国君姜小白先生的计谋是，使高阶层会议的时间尽量拖长，借以显示一种信息：封国国君们一致爱戴这位王储，不忍匆匆离别，使周国王姬阆先生和惠后陈妫女士的夺嫡阴谋，不敢骤发——骤发将冒跟所有封国决裂的危险，以周国王所残余的那点家底，绝不敢尝试。

姬阆先生在少妻幼子的纠缠下，虽不敢明目张胆地采取激烈行动——如公然排斥姬郑，径立姬带当太子，可是，他却希望封国同盟瓦解，减小阻力。当时中原被北方的周王国和南方的楚王国，拦腰瓜分。但楚王国却是一个新崛起的强大国度，周王朝降成为周王国后，已奄奄一息，哪个封国强大，就诚惶诚恐地听哪个封国摆布。而现在，齐国正是霸主。形势比人强，周王国除了听从摆布外，没有第二条路可走。可是，老糊涂姬阆先生，为了一点私心，却找出了第二条路——联楚抗齐。

这真是一件荒唐的外交政策，齐国到底只是一个封国，外貌上对周王国仍然尊重，而且正以"尊王"口号，作为政治号召。楚王国则表里如一的是一个敌人，捉住姬阆先生，可能剥皮抽筋。然而，姬阆先生不管这些，立刻派人送一封信给正在首止(河南睢县)参加高阶层会议的郑国国君郑文公姬捷。

《东周列国志》曰：

郑文公读之，函言："子郑违背父命，植党树私，不堪为嗣。朕意在次子带也。叔父(姬捷)若能舍齐从楚，共辅少子，朕愿委国以听。"郑伯喜曰："吾先公(祖先)武(郑武公姬掘突)庄(郑庄公姬寤生)，世当王卿士，领袖诸侯(封国)，不意中绝，夷于小国。厉公(姬突)又有纳王(姬阆)之劳，未蒙召用。今王命独临于我，政将及焉，诸大夫可以贺我矣。"大夫孔叔谏曰："齐以我故，勤兵于楚。今乃反齐事楚，是悖德也。况翼戴世子，天下大义，君不可以独异。"郑伯曰："从霸⁽ᵩₗₑ₎何如从王⁽周王国⁾？且王⁽ₘₑ₎意不在世子，孤何爱焉？"孔叔曰："周之主祀，惟嫡与长，幽王之爱伯服、桓王之爱子克⁽ₘₑ₎、庄王之爱子颓⁽ₘₑ₎，皆君所知也。人心不附，身死无成。君不惟大义是从，而仍蹈五大夫之覆辙乎？后必悔之。"大夫申侯曰："天子所命，谁敢违之？若从齐盟，是弃王命也。我去，诸侯⁽ₐₘₑ国君⁾心疑，疑则必散，盟未必成。且世子有外党，太叔⁽ₘₑ₎有内党，二子成败，事未可知，不如且归，以观其变。"

姬捷先生采纳了申侯先生的建议。

郑国国君连夜开溜，并没有发生作用。剩下的齐、宋、鲁、陈、卫、许、曹，七国国君，仍歃血为盟，誓曰："凡我同盟，共翼王储，匡靖王室。有背盟者，神明殛之。"姬捷先生听到盟约终于缔结的消息，心里发慌，他知道齐国不会饶恕他的逃盟行径。

◉秘不发丧

申侯先生之所以建议郑国弃齐投楚，除了嘴巴上说的原因外，还有心里想的原因。盖申侯原是楚王国的官员，口若悬河，脑筋灵敏，而又精于揣摩主子的心意，楚国王芈熊赀⁽楚文王⁾先生宠信倍加。公元前675年，芈熊赀先生临死时，怕后人不能接纳他，就送给他一笔银子，教他投奔周王国所属的其他封国避祸。申侯先生选择了郑国⁽河南新郑⁾，郑国国君姬突⁽郑厉公⁾先生一见倾心，宠信如故⁽这种拥有精密技术的马屁精，可是人见人爱⁾。楚王国听到郑国逃盟消息，立刻向郑国示好，并通过旧有的友情，敦促申侯从中撮合。申侯先生遂向郑国国君姬捷先生，提出一份机密备忘录，曰："非楚不能制齐。现在周国王又命令我们这样做，如果不早作决定，齐楚都会把我们当作敌国，两大强权南北夹击，我们就完蛋啦。"姬捷先生第二次接纳了他的建议，跟楚王国缔结秘密同盟。

首止高阶层会议和郑楚秘密结盟的次年（前654），以齐国为首的同盟联军，大举报复，进攻郑国，包围郑国境内的新密城。楚国王芈熊恽，亲率大军北征，攻敌所必救的许国（河南许昌），同盟联军果然解郑国之围，赴援许国。楚兵团不待交锋，便行撤退，而同盟联军已无力再回师对付郑国矣。然而，得罪大国者不祥，盖它会缠个没完。明年（前653），齐国国君姜小白先生的大军，再度光临，一定要搞明白首止逃盟的原因，而楚王国的援兵却不能再发。郑国改变态度的结果，一点利益都没有得到，反而两次招来战祸，而且看情形，今年即令把齐国打退，明年还会再来。郑国国君姬捷先生悔惧交加，把申侯先生叫到跟前，责之曰："你说只有楚王国能够抗齐，而齐军屡至，楚救到他妈的哪里去啦？"不由分说，砍下尊头，献给齐国，齐国才行撤军。

——"为愚人划策，其死，宜也。"弃齐投楚，原是姬捷先生自己的主意，申侯先生不过顺调分子而已，有挨揍之罪，无杀头之罪。可是姬捷先生的权大，专制封建社会体制中，权大就是有理。

姬带先生只不过刚刚开始夺嫡，就引起两场国际战争。郑国迅速重回齐国阵营，使老爹姬阆先生的盼望落空，一气之下，就在该年（前653）冬天，躺床不起。姬郑先生人单势孤，唯恐老家伙挺尸，老弟姬带先生先下手为强，于是派人到齐国求援。不久，姬阆先生逝世。姬郑先生和他的一小撮党羽，秘不发丧，再派人到齐国告急。齐国国君姜小白先生发出十万火急文告，邀请各国国君在洮城（山东鄄城西境），举行紧急高阶层会议，重申前誓，再度歃血为盟，派出代表团，前往洛阳探病。各封国的代表是：

齐国大夫隰朋

宋国大夫华秀老

鲁国大夫公孙敖

卫国大夫宁遫

陈国大夫辕选

郑国大夫子人师

曹国大夫曹戊

许国大夫百佗

◉几乎血洗洛阳

代表团在杀气腾腾的武装部队前呼后拥下，到达洛阳，这种声势像雷霆一样，把周王国中央政府慑住。姬郑先生这时才敢发丧，宣布老王已死。代表团立刻改为吊丧团，并坚持要晋见新王。在这种咄咄逼人的形势下，惠后陈妫女士和她的爱子姬带先生，束手无策。姬郑先生安然上台。

——这件故事似乎有个漏洞，惠后陈妫女士如果像所形容的那么得宠得势，丈夫姬阆先生死掉，她就不可能不知道。姬郑先生又有啥本领“秘不发丧”？既有本领“秘不发丧”，力量必然够强，惠后陈妫女士，一定早被隔离。如此，又何至于怕成那个样子乎哉？可能是这样的焉，姬郑小子故意夸张他所受的威胁，把各封国代表搞到洛阳，用以展示他不同凡品。从对老爹之死毫不知情上，可看出陈妫女士母子，所能发生的作用有限。

无论情势如何，姬郑先生反正坐上了金銮宝殿。惠后陈妫女士和姬带先生吃了闷棍，自不肯善自罢休，虽然表面上不得不承认现状，但背后仍积极布置。姬郑先生即位三年后的公元前649年，姬带先生忽然发出怪招，他和洛阳附近的蛮族（戎）杨拒部落（河南洛阳偃师区）、泉皋部落（河南洛阳西南）、伊洛部落（伊水、洛水之间）秘密结盟，犹如镐京（陕西西安）时代，申国（河南南阳）跟犬戎部落秘密结盟一样。三个部落突然向首都洛阳，发动攻击，焚烧城门。洛阳乱成一团，上自国王，下到小民，都知道一旦首都陷落，会有什么样的遭遇，镐京沦陷后的命运，历历在目。

三个蛮族部落的位置，就在首都洛阳近郊，而且成为三面包围的局势，周王国政府衰弱到这种程度，使人吃惊。只是一种解释，这些蛮族在此之前，生活落后，还不具备威胁首都的力量。而姬带先生所给的援助，包括军事训练，使他们陡地兴起野心。姬郑先生理应向以齐国为首的联盟求援，但齐国太远啦，远在航空距离六百五十公里之外，远水不救近火。所以他向西方一向被视为化外的秦国（陕西西安）和北方新兴强权的晋国（山西新绛），要求援兵。秦晋尽到他们封国的责任，他们直接攻击三个蛮族部落的根据地，洛阳始告解围。姬带先生为了夺取王位，竟用出这种手段，几乎使洛阳一片血海，他应得到惩罚。可是，这个祸首反而平安无事，照样以王弟的身份，耀武扬威。一直到了明年 (前648) 秋天，他还到处宣扬他这项杰作，姬郑先生忍无可忍，下令他的禁卫军攻打姬带的官邸，要捉拿归案。姬带先生得到风声，拔腿就跑，投奔齐国，要求政治庇护。

假定姬带先生从此不归，不过一个普通的流亡王子。偏偏，八年之后的公元前640年，国王姬郑先生内受继母惠后陈妫女士的压力，外受齐国的压力，又把姬带先生召回洛阳。

●蛮族美女介入

姬带先生返国之年，跟老哥姬郑先生首止会盟之年，相距一十五载，国际上发生很大变化，霸主齐国国君姜小白先生逝世，内战正酣。旧霸权已经没落，新霸权尚未兴起，各封国群龙无首，郑国位踞中原要冲，为了自保，再一次向楚王国归附。《红楼梦》赖大先生曾有言曰："奴才还有奴才。"国际上也是如此，郑国虽然自降国格，甘作楚王国的尾巴，可是，它也有它的尾巴，该尾巴的尾巴，就是距洛阳不过二十公里的滑国 (河南洛阳偃师区缑氏镇)。

问题是，滑国偏偏不愿当郑国的尾巴，而宁愿当卫国 (河南濮阳) 的尾巴。郑国仗着楚王国靠山，当然不肯善自罢手。

《皇后之死》曰：

公元前七世纪六十年代，郑国投靠楚王国旗下，成为南方阵营的尾巴国，跟周王国若即若离，仗恃楚王国的威风，四出攻打它的邻邦。偏偏邻邦之一的滑国，不肯听它那一套，硬是和卫国缔结友好同盟，跟它对抗。郑国每一次攻击滑国，滑国每一次都不得不屈服；可是等到郑国军队一退，滑国仍跟卫国恢复原状。郑国国君姬捷先生，火冒三丈，公元前639年，再度攻击滑国。滑国知道，这次仅只屈服，恐怕仍不能脱险，简直有亡国之祸，急向卫国求救。卫国不过一个空壳子，有啥办法，只好转向周王国求救。

……周王国政府早已一蹶不振，跟一个害虚脱症的老家伙一样，连手都握不紧啦，怎么帮拳？可是不帮又不行，第二十任国王姬郑先生，可怜巴巴，派出一个特使到郑国，劝郑国高抬贵手。嗟夫，一个侵略的国家，凶性已发，靠三寸不烂之舌，而没有强大的武力做后盾，就想请它自动停止，如果不是白痴，就是做梦。郑国国君姬捷先生立刻把那个倒霉的特使，就在边界上捉住，关进监牢。

姬郑先生得到消息，气得发昏。……最后，他阁下打出翟国牌。

姬郑先生被逼打出翟国牌，是历史的转折点，也是本文男主角姬带先生命运的转折点。

翟国（山西太原）位于山西省中南部，是一个已经汉化了的蛮族部落，不过仍保持着北方冰天雪地中游牧民族粗犷的生活方式，和杯酒高歌的豪迈之情。周王国国王的邀请，使翟国大为欢喜，一方面可以大展军威，另一方面也可以在中原心脏地区奸淫烧杀。翟国的战斗力果然名不虚传，大军南下渡过黄河后，避实就虚，立即攻陷郑国的陪都栎邑（河南禹州），还没有发动下一个攻势之前，郑国已气急败坏地从滑国撤退，释放特使，向国王姬郑先生表示，誓做周王国最恭顺的封国。

姬郑先生好不高兴，恰好他的王后死掉，《皇后之死》曰：

使他兴起一种趁此机会，用事实来报答翟国的办法，那就是，他打算娶翟国国君的女儿当老婆。呜呼，这个办法如果小民来用，非砸锅不可。若夫柏杨先生以老头之身，要娶恩人的妙龄少女，以示感恩图报，结局一定大有可观，鼻子仍能嵌在脸上就很运气啦。问题是，两千六百年之前那个极端封建的时代，国王愿娶一个夷狄部落的女儿当妻子，而且是堂堂正正的王后，对该蛮族简直是一桩空前的荣耀。所以翟国国君得到消息后，心花怒放，迫不及待地就把女儿送到王宫。

◉叔嫂通奸

翟国国君的女儿叔隗女士，是中国历史上最美丽的皇后之一，也是闯祸最大的皇后之一。她的天姿国色，可用翟国一个歌谣来证明，歌谣曰："前叔隗、后叔隗，如珠如玉生光辉。"盖翟国国君有两个女儿，都名"叔隗"，又都同样美貌如花，姐姐嫁给晋国国君重耳（晋文公）先生，现在嫁给周国王姬郑先生的，则是妹妹。

《皇后之死》曰：

叔隗女士从小就跟其他女孩子一样，成为战斗的一员。老爹每次打猎，她都自率一队，骑马射箭，驱鹰纵犬，驰骋山岳，如履平地，典型的北方巾帼英雄。她心目中的丈夫是一位足以跟她相配的健壮王子，英姿焕发，出入千军万马，百战荣归，接受族人欢呼。再也料不到……竟被送到繁华盖世的洛阳，当了老汉的妻子。

王后这个头衔足以使任何一个女孩子动心，物质的享受也足以使任何一个女孩子出卖自己。可是，如果没有爱情的满足，当这些已经到手之后，再大的荣华富贵，都不能弥补心灵上的空虚。不过，也确实有些太太小姐，只要有眼前欢就心满意足啦。

人们一定会一口咬定，说叔隗女士准是性的不满足。这当然是可能的，但人生除了性，还有别的，即令性满足啦，心智上不能沟通，灵性上的巨大差距，更是严重的痛苦。而宫廷的封闭生活，尤其使青春年少，无论是男是女，都不能忍受。终有一天，叔隗女士要求出猎，姬郑先生只好出猎。

《东周列国志》曰：

隗后（叔隗）解下绣袍，袍内预穿着窄袖短衫，罩上黄金锁子，轻细软甲，腰系玉绿丝束带，用玄色轻绡六尺，周围抹额，笼蔽凤笄，以防尘土。腰悬箭箙，手执朱弓，妆束得好不整齐……别是一番丰姿。喜得襄王（姬郑）微微含笑。左右驾戎辂以待，隗后曰："行车不如骑迅，妾随行诸婢，凡翟国来的，俱惯驰马，请于王前试之。"隗后方欲跨马，襄王曰："且慢。"遂问同姓诸卿曰："谁人善骑，保护王后下场？"甘公带（姬带）奏曰："臣当效劳。"这一差，正暗合了隗后之意。侍婢簇拥隗后，做一队儿骑马先行，甘公带随后跨着名驹赶上，不离左右。隗后要在太叔（姬带）面前，施逞精神。太叔亦要在隗后面前，夸张手段。未试弓箭，先试跑马。隗后将马连鞭几下，那马腾空一般去了。太叔亦跃马而前。转过山腰，刚刚两骑，驰个并头。隗后将络缰勒住，夸奖甘公曰："久慕王子大才，今始见之。"太叔马上欠身曰："臣乃学骑耳，不及王后万分之一。"隗后曰："太叔明早可到太后宫中问安，妾有话讲。"言犹未毕，侍女数骑俱到。隗后以目送情，甘公轻轻点头，各勒马而回。……次日，甘公带入朝谢赐，遂至惠后(陈妫)宫中问安。其时，隗后已先在矣，隗后预将贿赂，买嘱随行宫侍，遂与太叔眉来眼去，两下会意，托言起身，遂私合于侧室之中，男贪女爱，极其眷恋之情，临别两不相舍。

◉恶棍最大法宝

这桩秘密爱情从此成为姬带先生和叔隗女士的主要生活内容。跟做任何具有危险的事情一样，最初无不小心翼翼，久而久之，得心应手，胆量也逐渐包天。俗云：上得山多必遇虎。终有一天，老虎出现。公元前七世纪六十年代，前637年，奸情泄露，姬郑先生立即把叔隗女士囚禁。姬带先生得到消息，星夜逃走，投奔翟国。——他阁下不投奔别的封国，而投奔边荒地区的翟国，当然是他跟叔隗女士防变计划之一。姬带先生的死党颓叔、桃子二位先生，尾追而至。三个臭皮匠，就是一个诸葛亮。三个家伙经过一番设计，事实真相就全变了样儿。《皇后之死》上说，颓叔、桃子二位先生向翟国国君捶胸打跌曰：

当初我们奉命前来，原是为王弟姬带求婚的，料不到国王姬郑，色迷心窍，自己收留。只因为有一天，王后到太后那里请安，偶尔跟姬带碰面，谈起来往事，不胜感慨唏嘘，被宫人恶意造谣。国王是个昏君，既不念贵国攻打郑国的功劳，又不念与王后的夫妻之情，竟把王后打入冷宫，又把弟弟驱逐出境，背德忘亲，无义无恩。敢乞再发大兵，杀到洛阳，救出王后，扶立姬带为王，使他们夫妇团聚，诚贵国的义举也。

呜呼，一个被羞辱了的丈夫，却成了"背德忘亲""无义无恩"。恶棍最大的法宝是："我怎样说，就一定会有人怎么信。"

恶棍的法宝完全成功，翟国国君果然相信一面之词，而又瞧姬带先生相貌堂堂，青年才俊。翟国国君想，好个姬郑，你这破落户国王，怎么敢这般大胆？于是大军南征，周王国的军队，岂是蛮族兵团的对手。那时候的战争，还是用的战车。贵阁下看过电影上罗马帝国的战车乎，两个轮子一匹马。而中国古代战车，则是四个轮子两匹马，战斗力比较强，但运转起来，无论是逃跑或追击，都活像一个千年老乌龟，简直不灵光。翟国军队因全是骑兵，视战车蔑如也，一路势如破竹，渡过黄河，直抵洛阳城下。

姬郑先生一听翟国竟真的干上啦，赶忙逃跑。问题是，逃向何处？跑到何方？附近的一些封国，如陈国、蔡国、卫国，都弱小不堪，万一翟军追赶，仍难逃命，只有郑国强大。可是，就在去年 _(前637)，刚刚请翟国把它打得头肿脸青，如今形势恰恰翻了个锅底朝天——这就是政治，没有永远的朋友，也没有永远的敌人——再去投奔，老脸实在有点磨不开。可是，搞政治的人就是全凭脸皮厚，想了又想，丢脸事小，丢命事大，仍选择了郑国，进入郑国国境，在氾城 _(河南襄城) 停下来，派人探听郑国国君姬捷先生的反应。

姬捷先生的反应良好，使姬郑松了口气（如果姬捷先生请他另投高明，他可惨啦），姬捷先生抓住这个机会，向国王表示，他才确实是忠心耿耿的呀。并且亲自去汜城朝觐。两个姓姬的见面，扭扭捏捏，互相自责了一阵，君臣总算和好如初。然后，由姬郑先生颁下诏书，号召各封国勤王救驾。

●劈死马下

现在，周王国成了姬带先生的世界，他进入洛阳，从冷宫中放出叔隗女士，好不高兴。这时老娘惠后陈妫女士患病在床，大概是受了惊吓，一命归天。姬带先生就宣称遵奉太后老奶的遗命，继任周王国第二十一任国王，立叔隗女士当王后。——一身兼两任元首的正宫大老婆，叔隗女士所创造的奇迹，足可以比美夏王朝的玄妻女士。

姬带先生经过十余年的内斗，终于夺嫡成功，如愿以偿，登上国王宝座。可是，他们在洛阳却完全孤立，争取不到人们的效忠，这种逐兄霸嫂，借着洋大人力量的干法，无论贵族或小民，都一百个不服，街头巷尾遂有歌谣曰：

暮丧母　晨娶妇

妇是嫂　臣娶后

为不惭　言可丑

谁赶他们走　我跟你左右

这是一个火药库场面，随时都可能有变，姬带先生于是把中央政府从洛阳迁到黄河北岸的温城（河南温县——原苏国），温城是他的老根据地，自以为比较安全。也正是这个自以为安全的感觉害了他，他教翟国军队撤退。

当姬带先生跟叔隗女士如鱼得水，大过国王瘾兼沉醉在温柔之乡的时候，各封国的勤王军队，也开始集结。晋国国君重耳先生——大叔隗女士的丈夫，小叔隗女士的姐夫，雄心万丈地要接替齐国遗留下来的霸权，正苦于没有机会，而现在正是机会。国王虽然已不值钱，可是却有剩余的利用价值，如果继承齐国"尊王攘夷"的事业，将如虎添翼。大臣之一的狐偃先生，警告重耳先生曰："齐国国君姜小白所以能独霸诸侯，就是靠的'尊王攘夷'。国王姬郑流亡失所，晋国如果不出面使他复位，秦国必然出面，那就糟啦。"盖拿到自己手上的活宝才是活宝，一旦别人拿到手上，玩得呼呼生风，自己只有干瞪眼矣。

重耳先生兵分两路，一路直赴氾城（河南襄城），迎接姬郑先生返回洛阳复位，一路直赴温城，发动攻击。大军刚到城下，温城军民就来了个窝里反。贵族们一面厌恶姬带先生这对狗男女，一面也怕晋军攻下城池，来一个玉石俱焚的大屠杀。他们大开城门，迎接晋军，同时进攻王宫。姬带先生这才发现他的做法为国人所不容，慌了手脚，王位也不坐啦，急忙带着叔隗女士，乘马突围，希望能逃到翟国。刚逃到城门，冤家路窄，正好遇到晋军大将魏犨先生。姬带先生乞怜曰："老爷，饶我一命，大恩大德，异日相报。"

魏犨先生曰："国王饶你，俺就饶你。"大刀一挥，咔嚓一声，人头落地。这时军士早把花容失色的叔隗女士团团围住，魏犨先生曰："这种淫妇，留她干啥？"可怜，一个如花似玉的美女，死于乱箭之下。

杀掉姬带、叔隗之后，魏犨先生把二人的尸体，带到元帅郤溱先生那里。郤溱先生抱怨曰："你怎么下得了手？理应生擒活捉，献给国王，经过审判，明正典刑才对呀。"魏犨先生曰："你懂得啥？国王假仁假义，故意要避杀妻杀弟的恶名，希望借晋国的手铲除。我们不杀，送给老汉，岂不弄巧成拙乎哉。"郤溱先生大为叹息。不仅郤溱先生大为叹息，柏杨先生也大为叹息，政治权术，实在复杂。

杜敖

时代: 公元前七世纪二十年代

王朝: 楚王国第三任国王

姓名: 芈熊艰

在位: 四年（前675—前672）

遭遇: 乱兵斩杀

●奇异的姓

楚王国的前身是楚部落，根据地丹阳（湖北枝江）。在周王朝政府势力鼎盛时代，对这个远在天边的蛮族，根本无可奈何，唯一的办法是遥封他们酋长一个最起码的爵位——子爵，表示天下一家，拜托他不要总是侵犯邻居。楚部落对什么是"封国"，什么是"子爵"，既弄不懂，也不关心。酋长芈熊渠先生在位时，被周王朝那些典章制度，搞昏了头，曾经特别发表一项声明曰："俺本来就是野蛮部落啦，中国所有的玩意儿，与俺无关。"把他的三个儿子，一口气都封为"王"，跟周王朝的"王"一模一样：

长子 芈康先生　　句亶王（句亶，湖北江陵）

次子 芈红先生　　鄂王（鄂邑，湖北武昌）

幼子 芈执疵先生　越章王（越章，湖北宜昌）

——楚部落虽然不在乎封国爵位，可是周王朝却十分在乎。儒家学派开山老祖孔丘先生，更把这玩意儿当成真的一样。当楚部落自动升格为王国，酋长自封为国王之后，孔丘先生在他主编的编年史《春秋》里，却誓不承认，仍坚称国王只是"楚子"。咦，千变万变，正统不变，国王？笑话，不过子爵罢啦。

——"是什么，就是什么。"这是我们小民的正名主义。儒家学派的正名主义则是政治挂帅兼复古第一。一旦政治挂帅或复古第一，那就成了"是什么，偏不是什么"。楚国王明明已是国王，却闭着眼咬定他们仍是子爵。这种意淫型的传统文化，到今天都气息可闻。

　　楚部落自称蛮族，事实上也确实是蛮族，拥有跟当时中原不同的文化。站在现代立场，是楚王国跟周王朝或周王国对抗；站在当时立场，则是楚王国跟中原对抗。史书不断出现这种对抗的字句和对抗的意识形态，可为说明。最显著的是：楚部落酋长们的姓——芈，是一个怪字，到了二十世纪，仍没有几个人知道它的发音（芈，音mǐ——编者注），辞典上注明："羊叫声。"柏杨先生一直认为它是一个死了的字，可是，1977年春（也可能是1976年冬），我正在火烧岛努力坐牢，有天看报，看到一篇关于一位姓芈的女歌星的访问，那位芈女士（惜哉，名字已忘之矣）就谈到她的姓。她说，很多人因为念不出音来，而建议她改上一改，她声明曰：姓怎么可以乱改？我出狱已六年之久，仍抱着能见到她的愿望，她可能并不知道她有皇家血统。可是她以后似乎退出歌坛，或者终于挡不住改姓的压力，已经改了之矣。我想我之想见到她，主要的是，我希望亲耳听听"芈"字的发音。

　　芈熊渠先生发表的那项声明，《史记》原文：

　　我蛮夷也，不与中国之号谥。乃立其长子康为句亶王，中子红为鄂王，少子执疵为越章王。

　　在这段声明中，可看出楚部落跟中国是对立的。也可看出他们对"号谥"的反感，其实，对于"号谥"，不但楚部落反感，任何一个有头脑的人都反感。只有儒家系统认为这是他们最伟大的发明，乐此不疲。

●乱兵举起钢刀

楚部落是在公元前七世纪才正式在中国政治舞台上露面的，一露面便勇不可当。公元前八世纪五十年代最后一年——公元前741年，最后一位酋长芈熊眴 (盼冒) 先生逝世，酋长宝座本来应由儿子继承的，老弟芈熊通先生却发动宫廷政变，把合法继承人杀掉，自己就位。

这位杀侄凶手芈熊通先生，是一位雄才大略的首领，他正式宣布他也是国王，建立楚王国，放弃老根据地丹阳 (湖北枝江)，迁都郢都 (湖北江陵，也就是古老的句亶)。他被后世尊称为"武王"，也就是楚王国第一任君王。

芈熊通先生在位五十二年，公元前690年逝世，儿子芈熊赀 (楚文王) 先生继位。芈熊赀先生在位十六年，公元前675年逝世，儿子芈熊艰 (杜敖) 继位——这位芈熊艰先生，就是本文的男主角。

芈熊艰先生是楚王国第三任君王，崭新的楚王国政权，恰恰进入瓶颈时代，似乎必然要出点动乱。史书上对芈熊艰先生报道得不多，只知道他阁下跟他的弟弟芈熊恽 (楚成王) 先生，仇深似海。仇恨的起因不明，可能涉及继承权的争斗。争斗的经过也不明，反正是到了公元前672年，也就是芈熊艰先生当国王的第四年 (《史记》上说第五年)，芈熊艰先生决心对这位弟弟下手。芈熊恽先生不是等闲之辈，得到消息后，远走高飞，投奔东北二百公里外的随国 (湖北随县)。

随国在淮汉平原 (汉水、淮河之间)，是一个强大的封国。不过它显然不能抵抗楚王国的北进政策。当楚王国初建立时，随国为了讨好这个凶悍的邻居，曾向周王国第十三任君王宜臼先生，请求承认既成事实。宜臼先生气得一佛出世，二佛升天。这算啥话？天无二日，民无二主，俺这个国王可是天下共主，他姓芈的蛮族算老几？他如果也当了"王"，置俺这个"王"于何地乎？你这个小小随国，怎么敢乱开黄腔，显然别有居心兼是何居心。"二居心"法宝一出笼，随国吓得不敢跟楚王国来往。楚王国的反应既迅速又简单，派出大兵，把随国团团围住，请随国选择：或是跟楚王国和平友好，或是灭亡。随国当然选择和平友好。盖得罪了周国王，不过得罪一只死老虎，周国王已非昔日。而得罪了楚国王，可是得罪一只活老虎，要吃不了兜着走。

芈熊恽先生投奔随国，随国吓了一跳，这件事处理不好，可能大祸临头。但芈熊恽先生终于把随国说服，说服的条件，史书上不载，不外乎事成之后，割让给随国一点土地；或海誓山盟，提出永不侵犯的保证之类。随国国君答应帮助芈熊恽先生夺取王位。

于是，芈熊恽先生率领随国军队，翻过高达七百七十米的大洪山，渡过汉水，发动长程的闪电突袭。芈熊恽先生以王弟之尊，他有他的声望和早已埋伏好的党羽。所以，随军顺利进入首都。芈熊艰先生正沉睡在美女怀抱里，等他突然惊醒，所看到的已是破门而入的乱兵们举起的钢刀，他来不及作任何反抗，便被劈开头颅。

芈熊艰先生死后，被尊称为"杜敖"，这是楚语发音，史书上没有说明含意是啥。楚王国已长久地接受中国文化，所以国王的尊号往往效法老祖宗芈熊渠先生鄙视的中国那一套，如"武王""文王""成王""庄王"之类。但也有些国王，仍保持楚语，像本文男主角芈熊艰先生称"杜敖"，稍后第九任国王芈麇先生称"郏敖"；以及前辈酋长们称"若敖"，称"霄敖"，称"蚡冒"，都有音无字。它当然有一定的解释，然而，连中国历史之父司马迁先生都弄不懂是啥，我们更无法插嘴矣。

——罗马帝国皇帝屋大维先生，称"奥古斯都"，似乎跟"杜敖"之类，是同一性质。可是，我们只知道"奥古斯都"是大帝之意，却不知道"杜敖"是啥。

楚成王

时代：公元前七世纪二十至七十年代

王朝：楚王国第四任国王

姓名：芈熊恽

在位：四十七年（前672—前626）

遭遇：为子所逼·绞死

●调整外交政策

上文男主角杜敖芈熊艰先生是一位混沌人物，本文男主角楚成王芈熊恽先生，可是聪明绝顶——并且深知自己聪明绝顶。他私通外国，靠着外力把老哥干掉之后，自己坐上龙墩，成为楚王国第四任君王。

楚王国由楚部落演变而成。中国史书上说，这个蛮族是黄帝王朝第三任君王颛顼先生的后裔，事实上楚部落似乎根本不可能是汉民族，跟当时汉民族建立的周王国，很少相同之处，他们有特有的言语、风俗和典章制度。但他们跟世界上任何一个蛮族一样，一面侵略身边的文明世界，一面也拼命向身旁的文明世界学习。

楚王国到了芈熊恽先生，才真正有计划地开始吸收中原的进步文化，完成一个独立王国最低立国条件。他这个杀兄凶手，在夺取政权后，倒是为国家做了很多重大而影响深远的工作，使楚王国迅速地更加强大，正式挤进国际社会，成为备受尊敬畏惧的一员。长达四百余年之久的南北对峙形势下，北方霸主不断变更，而南方霸主却一直是楚王国。《史记》形容芈熊恽先生曰："初即位，布德施惠，结旧好于诸侯。"这不过是重新调整外交政策的第一步。第二步是，不再跟周王国为敌，并派遣使节，访问洛阳，致送礼物。周王国天经地义地把这项行为当作"朝贡"——越是穷措大，越要面子，于是大喜若狂。周国王姬阆先生还特别把皇家祭祀用的猪肉(胙)，送一份给芈熊恽先生，致意曰："请你镇守南方，救平野人的叛乱，千万莫侵略中国。"

——《史记》原文："天子赐胙，曰：'镇尔南方，夷越之乱，无侵中国。'"这几句话，正显示楚王国当时并非中国的一部分。"中国"的意义不过是指黄河中游一带，后来才逐渐扩大范围。今天，如果有人说湖北省人不是中国人，恐怕准要打上一架。

芈熊恽先生所以这样说，就是要培植实力。楚王国非常类似西方的罗马帝国，罗马最初也不过只是一个部落，后来发展成为一个城市，再由一个城市作基地，南征北讨，东战西征，最后成为一个空前的庞大帝国。楚王国也是如此，所以"布德施惠，结旧好于诸侯"的结果是，汉水淮河之间，江淮平原上周王国所属的大批封国，不是被并而吞之，就是被打得奄奄一息筋疲力尽，最后仍是被楚王国一口下肚。公元前658年，楚王国的军队在统帅斗章先生率领下北进，直抵航空距离六百公里外的郑国 (河南新郑) 城下，俘虏了郑国国务委员 (大夫) 聃伯先生。

◉两霸第一回合

越王国军队对郑国 (河南新郑) 的攻击，造成周王国所属封国的震惊，南方蛮族的力量深入到中原心脏地带，是一个噩耗。北方霸主齐国 (山东淄博临淄区) 国君姜小白 (齐桓公) 先生，不得不硬着头皮起来对抗。

对抗的军事行动发生在楚王国攻击郑国后的第三年 (前656)，封国联合兵团——八国联军——进抵陉山 (河南郑州西南五十公里)。本预备发动奇袭，想不到楚王国早有准备。《东周列国志》曰：

八国之师，望南而进，直达楚界。只见界上，早有一人衣冠整肃，停车道左，磬折而言曰："来者可是齐侯（姜小白）？可传言楚国使臣奉候久矣。"那人姓屈名完，乃楚之公族（贵族），官拜大夫（国务委员）。……屈完开言曰："寡君闻上国车骑，辱于敝邑，使下臣屈完致命。寡君命使臣辞曰：齐、楚各君其国，齐居于北海，楚居于南海，虽风马牛不相及也。不知君何以涉于吾地，敢请其故？"

管仲（齐国宰相）对曰："昔周武王封吾先君太公（姜子牙）于齐，使召康公赐之命，辞曰：五侯九伯，汝世掌征伐，以夹辅周室。其地东至海（东海），西至河（黄河），南至穆陵（山东临朐南五十公里大岘山），北至无棣（山东无棣），凡有不共王职，汝勿赦宥（柏老按：依照此项召康公之命，齐国的势力范围，也不过只限于山东省境，如今却跑到河南省，早搞过界啦）。自周室东迁，诸侯（封国国君）放恣，寡君（姜小白）奉命主盟，修复先业。尔楚国于南荆，当岁贡包茅，以助王（周王国国王）祭。自尔缺贡，无以缩酒，寡人是征。且昭王（姬瑕）南征不返，亦尔故也，尔其何辞？"屈完对曰："周失其纲，朝贡废缺，天下皆然，岂惟南荆？虽然，包茅不入，寡君（芈熊恽）知罪矣。敢不供给，以承君命！若夫昭王不返，惟胶舟之故。君其问诸水滨，寡君不敢任其咎。完将复命于寡君。"言毕，挥车而退。

管仲告桓公曰："楚人倔强，未可以口舌屈也，宜进逼之。"乃传命八军同发……离汝水不远，管仲下令："就此屯扎，不可前行。"诸侯皆曰："兵已深入，何不济汝，决一死战，而逗留于此？"管仲曰："楚既遣使，必然有备，兵锋一交，不可复解。今吾顿兵此地，遥张其势。楚惧吾之众，将复遣使，吾因取成（签订和约）。

以讨楚出，以服楚归，不亦可乎？"

身为楚国王的芈熊恽先生，这时已在汝水南岸结集精锐、筑防布阵，任命斗子文先生担任总指挥官，准备迎击渡河而来的八国联军。可是八国联军停顿不发使他狐疑，最后决定再派遣使节接触，于是屈完先生再往。屈完先生是中国最早和最成功的外交家，他追求的是光荣的和平，而且做得到。他向姜小白先生曰："敝国因未曾向洛阳运送茅草之故，使你劳师动众。其实这件事很简单，你们如果肯向后撤退一舍（十五公里）之地，敝国君王当有相当反应。"姜小白先生即下令撤退十五公里，在召陵（河南漯河郾城区）安营，芈熊恽先生立即装了一车茅草，送到洛阳。

——禀告读者老爷得知，书上本是汉水，是我老人家大笔一挥，把它改成汝水的。盖只有汝水才适合地理条件，汉水远在天边，便凑不在一起矣。

◉雷声大·雨点小

南北两大霸权第一次疆场接触，谁都以为要爆发一场世界大战，结果雷声大而雨点小，潦草收场。当姜小白先生率领八国联军，浩浩荡荡南下，唯恐把楚王国的军队吓跑，故意放出烟幕，声称这次军事行动，只是为了对付蔡国（河南上蔡）。可是等到真的跟楚王国面对的时候，既不敢提侵略郑国往事，又不敢要楚王国保证以后不再北来。而周国王姬瑕先生之死，屈完先生回答得漂亮："你们去问汉水才对，问俺莫不相干的楚王国干啥？"一句话顶回去，把齐国国君姜小白先生和他的宰相管仲先生，顶得哑口无言。

看起来不像是真的国际大事，倒像一场儿童闹剧。呜呼，不仅两千余年后的今天，我们大惑不解，当时也就有人大惑不解矣。齐国智囊鲍叔牙先生就问管仲先生曰："楚王国的罪状大啦，最不可原谅的是他们也称国王，跟咱们的周国王一般高，这正是僭号，不责备他真正的罪行，只去查问包茅不贡，俺可是不懂。"管仲先生曰："楚部落酋长自称国王，已历三代，除了把它当成蛮族，不跟它计较外，还有啥法？如果一定责备它不该称国王，他们肯听咱们的呀？那么，只好打仗。战端一开，胜胜败败，兵连祸结，恐怕多少年都不会完，从此南北骚然，人民水深火热矣。只不过为了争一个国王的虚名，实在无聊。我们只责备它不进贡茅草，正因为狗屁小事，他毫不在乎，才容易解决。只要他接受我们的要求，虽只进贡茅草，却表示楚王国已经承认错误，我们政治号召就占了上风，回去也可以向周国王夸耀。比鏖战不休，岂不是上策？"呜呼，管仲先生是中国历史上最伟大的政治家之一，他为小民带来平安。

史书上说，芈熊恽先生听到八国联军向后撤退十五公里的报告时，他几乎要进兵追击，后来还是被屈完先生劝阻。事实上，他也得到平安。

然而，南北冲突，不久就演变为"争霸中国"，无论北方霸权或南方霸权，都不再以控制局部为满足，他们要控制完整的中国。

公元前七世纪五十年代，公元前643年，姜小白先生逝世，北方霸权中断。一个不自量力的老糊涂——宋国（河南商丘）国君子滋甫（宋襄公）先生，雄心勃勃，企图填补这个真空。这个老糊涂在公元前641年，曾在曹国（山东菏泽）南郊，跟曹国国君、邾国（山东邹城）国君、滕国（山东滕州）国君、鄫国（山东临沂）国君，举行高峰会议。在这几个三四流封国面前，宋国可凶猛得像一头饿狼，子滋甫先生大发饿狼之威。滕国国君迟到了一天，他下令把滕国国君囚禁。鄫国国君本不想来参加的，发现宋国这么蛮横，大吃一惊，急忙赶来，已迟到两天。呜呼，一天还要囚禁，两天就更严重。于是把鄫国国君捉住，绑到睢水河畔，当作畜生一样杀掉，用来祭祀睢水水神，以镇服东方未肯臣服的部落（东夷）。

●更大的绝招

子滋甫先生既囚禁滕国国君，又杀鄫国国君，自以为声威大震，想不到与会的其他两个封国——邾国和曹国，一哄而散。尤其是身为地主的曹国，下令断绝对宋国军队的供应。子滋甫先生抹了一鼻子灰，把曹国首府团团围住，攻打了三个月，最后垂头丧气回国。

世界上竟有用这种恶劣手段要人心服口服的，可谓一大绝招。可是，更大的绝招还在后头哩。子滋甫先生的馊主意打到本文男主角芈熊恽先生的头上，结果比打到老虎头上还要叫苦连天。子滋甫先生异想天开，企图利用楚王国的庞大声势，来建立自己的霸主地位。经过一番折腾经营，自以为把芈熊恽先生掌握在手心里之后，南北高阶层会议，于公元前七世纪六十年代，公元前639年，在宋国国境内的盂邑举行，子滋甫先生认为这个会议就可以确定他身为全中国霸主的身份，结果演出一场趣剧。《东周列国志》曰：

> 方才升阶之时，论个宾主。既登盟坛之上，陈牲歃血，要天矢日，列名载书，便要推盟主为尊了。宋襄公指望楚王开口，以目视之，楚王低头不语。陈蔡诸国，面面相觑，莫敢先发。襄公忍不住了，乃昂然而出曰："今日之举，寡人欲修先霸主齐桓公故业，尊王安民，息兵罢战，与天下同享太平之福，诸君以为如何？"诸侯尚未答应，楚王挺身而前曰："君言甚善。但不知主盟者，今属何人？"襄公曰："有功论功，无功论爵，更有何言。"楚王曰："寡人冒爵为王久矣。宋虽上公爵，难列王前，寡人告罪占先了。"便立在第一个位次。……襄公把个盟主捏在手中，临时变卦，如何不恼。包着一肚子气，不免疾言厉色，谓楚王曰："寡人徼福前代，忝为上公，天子（周国王）亦待以宾客之礼。君言冒爵，乃僭号也，奈何以假王而压真公乎？"楚王曰："寡人既是假王，谁让你请寡人来此？"……（楚将）成得臣在旁大喝曰："今日之事，只问众诸侯，为楚而来乎？为宋而来乎？"陈蔡各国，平素畏服于楚，齐声应曰："吾等实奉楚命，不敢不至。"楚王呵呵大笑曰："宋君更有何说？"

呜呼，更有何说，便是有说也说不出来啦。芈熊恽先生下令逮捕子滋甫先生（他阁下此时该想到被他逮捕的滕国国君和鄫国国君矣，一报还一报，恐怕心胆俱裂），然后押解到行营，邀集与会的各国国君出席，当面宣布曰：

> "子滋甫这家伙，乘齐国丧乱出兵，随意废立国君，一罪也。滕国国君赴会稍迟，就加囚禁，二罪也。用人代替牲畜，祭祀睢水

水神，三罪也。曹国不过未尽地主之谊，乃小事一桩，而竟恃强围攻，四罪也。以亡国之余（柏老按：宋国乃商王朝君王的后裔），不度德量力，天象示威，犹妄想图霸，五罪也。求诸侯于寡人，妄自尊大，全无逊让之礼，六罪也。寡人今日统甲车千乘，战将千员，踏碎睢阳城（宋国首府——河南商丘），为齐鄑报仇。各位国君，且少驻车驾，看寡人灭宋而回，再跟各位痛饮十天方散。"

◉奸及甥女

史书上说，子滋甫先生一时间哑口无言，像木头人一样，呆在那里。最后，郑国国君姬捷（郑文公）先生提议尊芈熊恽先生为盟主，子滋甫先生也不得不追随于后。然而，这还不是最后一次自取其辱，他阁下回国复位后，并不检讨他所以挫败的原因，反而对郑国竟敢首先提议尊芈熊恽先生为霸主，勃然大怒，发兵攻打郑国。

楚王国的强大兵团为了援救郑国，直袭宋国首府睢阳，子滋甫先生只好解郑国之围，还军抵抗。两国大军在泓水（河南柘城涡水）南岸决战，这是南北第一次争霸之战。决战的结果在意料之中，宋军崩溃，子滋甫先生御腿被箭射断，不能起立，虽然逃掉一命，可是，那些小兵小官，却没有这种运气，十分之九丧生在楚军刀下。为了一个蠢材的私欲，有多少人死，又有多少人伤？呜呼，专制政治之下，野心家是人类的一大灾祸，而愚蠢狂妄的野心家，除了为人类带来灾祸，更为自己带来灾祸。古之子滋甫先生，今之希特勒之类，层出不穷，而且将来还会不断地登台亮相。这种人物啥时候绝了迹，人类啥时候才有真正的幸福。

芈熊恽先生之所以取得胜利，不是他这个人有过人之处，而是他的国家有过人之处。芈熊恽先生在被尊为中国霸主后不久，就露出豺狼面目。起因于郑国国君姬捷先生的妻子，亲自劳军。

《东周列国志》曰：

原来郑文公（姬捷）的夫人芈氏，正是楚成王之妹，是为文芈，以兄妹之亲，驾了辎軿，随郑文公至于柯泽（河南新郑南郊），相会楚王。楚王示以俘获之盛，郑文公夫妇称贺，大出金帛，犒赏三军。郑文公敦请楚王来日赴宴。次早，郑文公亲自出郭，邀楚王进城。设享于太庙之中，行九献礼，比于天子。食品数百，外加笾豆六器，宴享之侈，列国所未有也。

对这种排场派头，芈熊恽先生大为满意。接着，更大的满意跟踪而至。

文芈所生二女，曰伯芈、叔芈，未嫁在室。文芈又率之，以甥礼见舅，楚王大喜。郑文公同妻女更番进寿，自午（中午）至戌（中夜），吃得楚王酩酊大醉。楚王谓文芈曰："寡人领情过厚，已逾量矣。妹与二甥，送我一程，何如？"文芈曰："如命。"郑文公送楚王出城，先别。文芈及二女，与楚王并驾而行，直至军营。

原来楚王看上了二位甥美貌，是夜拉入寝室，遂成枕席之欢。文芈彷徨于帐中，一夜不寐，然畏楚王之威，不敢出声。

……次日，楚王将军获之半，赠于文芈。载其二女以归，纳之后宫。

书中叹曰："以舅纳甥，真禽兽也。"其实，如果以这种标准来作判断的话，中国帝王中恐怕不是禽兽的，没有几个。舅父纳甥女根本算不了啥，比较起来，弟杀兄，兄杀弟，子杀父，父杀子，其凶其恶，又胜一筹。而且这还只限于亲属，帝王们对小民的迫害，那股疯狂发作出来，人权人道，全都勾销，连禽兽都不如矣。芈熊恽先生不过杀掉了老哥，奸淫了甥女，罪恶还算是第三四流——也就是，不过是个禽兽而已。

◉伏下被杀种子

芈熊恽先生轻易地击败了宋国，取得中国霸主高位，对北方的一些封国，多少有点瞧不上眼，心里想："连爵位最高的宋国国君，也不过如此，其他的就更马尾巴提豆腐，提不起来啦。"然而，他却不知道，一个比齐国更厉害的封国——晋国（山西新绛），在年迈苍苍的国君重耳（晋文公）先生领导下，悄悄而迅速地崛起。姬带先生篇幅里，他已初试其锋，把身为周王国第二十一任君王的姬带先生杀掉，迎接第二十任君王姬郑先生复位。重耳先生的野心，如同火焚，他不仅要接替姜小白先生的北方盟主，还要取代芈熊恽先生刚弄到手的全中国霸权。

国际上的事很简单，千言万语，不如一场胜仗。晋国要想取得霸权，芈熊恽先生要想维持霸权，唯一的方法是再进行一次具有决定性的战争。

芈熊恽先生取得中国霸主高位后第六年——公元前七世纪六十年代，公元前632年，楚王国跟晋国在城濮（山东鄄城）决战，楚军大败，芈熊恽先生在盛怒下杀掉他的前敌总指挥成得臣先生。这一仗使他丧失了得来不易的中国霸主的头衔，辛辛苦苦争取到手的尾巴国，包括郑国在内，纷纷投向晋国怀抱。但楚王国国力并未崩溃，他仍是南方封国群的主宰，晋国势力，只限于黄河流域的中原地带，不能南下。同时，没有多久，重耳先生逝世，秦国（陕西宝鸡凤翔区）又在西方兴起，给晋国很大威胁。楚王国这个庞然大物，经过一阵养精蓄锐，又逐渐恢复当年雄威。到了公元前627年（城濮之役后五年），若干封国再向楚王国靠拢。其中许、蔡二国的转向，引起楚王国跟晋国第二次兵戎相见，虽然没有打起来，但芈熊恽先生又杀掉他的前敌总指挥斗勃。这一切都与本文无关，与本文有关的是，杀掉了斗勃先生，却伏下芈熊恽先生毁灭的种子。呜呼，人生多变，一个不相干的因，有时竟会被连锁反应出不可知的果。

《东周列国志》曰：

时许、蔡二国，因晋文公之丧，复受盟于楚。晋襄公（重耳之子姬欢）拜阳处父为大将，帅师伐许，因而侵蔡。楚成王命斗勃同成大心，帅师救之。行及泜水（不知道何处），隔岸望见晋军，遂逼泜水下寨。晋军营于泜水之北，两军只隔一层水面，击柝之声，彼此相闻。

晋军为楚师所拒，不能前进。如此相持，约有两月。看看岁终，晋军粮食将尽。阳处父意欲退军，既恐为楚所乘，又嫌于避楚，为人所笑。乃使人渡泜水，直入楚军，传语斗勃曰："谚云：来者不惧，惧者不来。将军若欲与吾战，吾当退去一舍（十五公里）之地，让将军济水而阵，决一死战。如将军不肯济，将军可退一舍（十五公里）之地，让我渡河南岸，以请战期。若不进不退，劳师费财，何益于事？处父今驾马于车，以候将军之命，惟速裁决。"斗勃忿然曰："晋欺我不敢渡河耶？"便欲渡河索战。成大心急止曰："晋人无信，其言退舍，殆诱我耳。若乘我半济而击之，我进退无据矣。不如姑退，以让晋涉。我为主，晋为客，不亦可乎？"斗勃悟曰："君言是也。"乃传令军中，退三十里（十五公里）下寨，让晋济水。

◉诬杀斗勃

兵不厌诈，斗勃先生下令楚军退后十五公里，等待晋军渡河决战。想不到晋军却趁着敌人向后撤退的机会，拔营开溜。临开溜前，晋军司令官阳处父先生宣称："楚国怕我们晋国，不敢过河，已跑他娘的啦。"斗勃先生这才知道中计，只好班师。

这是一场没有爆发的战争，就在斗勃先生班师回国之后，楚王国太子芈商臣（楚穆王）先生，向老爹芈熊恽先生，上了可怕的小报告，他曰："我并没有证据，但军中人人皆知，斗勃接受了阳处父的贿赂，所以才先行撤退，造成国际上认为晋国压倒我们的印象。"芈熊恽先生被儿子的谗言说得火冒三丈，立即拒绝斗勃觐见。呜呼，狗熊人物的特征是偏听则明，兼又不容分说。已经晕头脑涨地踏进一脸忠贞学的圈套里啦，还自以为英明盖世，洞烛其奸。拒绝斗勃先生觐见，不过是连珠炮的第一炮，第一炮既出，当然有第二炮。第二炮是，芈熊恽先生越想越不能克制，派人送出一把宝剑给斗勃。事到如今，斗勃先生无法表明自己的清白——事实上，即令他能觐见君王，细诉根苗也没有用，结果一定是一巴掌拍到桌子上，吼曰："你还敢强辩！"局势仍是一样。斗勃先生唯一的一条路，就是自杀。

斗勃先生自杀之后，芈熊恽先生的气也慢慢消失，成大心先生小心翼翼地向芈熊恽先生说明撤军的前因后果，只不过中计而已，并没有受贿。芈熊恽先生于是恍然大悟，对太子芈商臣诬陷忠良的动机，起了怀疑。

再隐秘的事都有蛛丝马迹，芈商臣先生所以诬陷斗勃，只不过为了报昔日的一箭之仇。原来芈商臣是老爹芈熊恽先生的长子，当老爹要宣布芈商臣当太子的时候，曾征询斗勃先生的意见。斗勃先生反对，他曰："楚王国储君，一向都是年幼的占多数。年长的储君，往往发生悲剧。史迹斑斑，可以查考。而且芈商臣的长相，眼睛像马蜂，声音像豺狼，性情残忍（柏老按：《左传》原文："蜂目而豺声，忍人也。"），今天爱他，立他当太子，过了些时日一旦讨厌他，想罢黜他时，必定激起强烈反应。"

芈商臣先生所以打小报告，就是为了斗勃先生这段几乎毁了他的话。老爹芈熊恽先生对芈商臣用这种手段诬陷忠良，既失望又愤怒，认为他不可能当一个公正的君王。而这时候，芈熊恽先生正宠爱他的幼子芈职，颇后悔不该那么早确定太子的名分。于是，他打算把太子转授给芈职，也就是弟弟芈职将代替哥哥芈商臣，接替老爹的王位。但是，芈熊恽先生已了解儿子的恶毒，恐怕骤然宣布，会引起变化。

这时最兴奋的该是芈职先生啦，已经飞走的煮熟了的鸭子，现在竟又飞了回来，而且不偏不倚地飞到自己盘子里。他和他那位同样得到宠爱的年轻母亲（我们不知道她姓啥名啥），喜上眉梢，他们要求老爹早作决定，在他们眼中，君王有无限权威，只要他一开口，乾坤就可倒转。老爹安慰他们说，目前还不是时候，要耐心地等待，等待到有一天，芈商臣犯了错误——他不可能永不犯错。老爹会突然变脸，来一个迅雷不及掩耳，借口法律尊严，把他立即处决，才是斩草除根上策。母子们认为到底姜是老的辣，老谋深算，百无一失。

然而，这个阴谋逐渐泄露，史书上没有记载是谁泄露的。我们推测，可能出自芈职先生母子之口，盖他们有他们的摇尾系统，眼巴巴希望他们的主子早定名分。母子们转述老爹的话，抚慰他们，要他们少安毋躁。

●突击皇宫

摇尾系统的得意洋洋和芈商臣先生埋伏在皇宫里的眼线奸细，使芈商臣先生不久就得到这项惊人情报，他不相信有这种怪事——尤其不相信老爹竟会用计谋杀害亲生之子。但他提高警觉，把情报转告给他的教习潘崇先生。潘崇先生是个智囊，他认为有这种可能性，曰："我有一个办法，可以试探出这消息是真是假。"芈商臣先生向他请教，潘崇先生曰："你有一位姑妈，嫁给江国（河南息县西南四十公里）的国君，大家称她'江芈'，她是你爹最疼爱的妹妹，前些时回娘家，住在宫里已经很久，如果情报是真，她必定得知。你不妨请她赴宴，在筵席上故意怠慢，把她激怒。她性情暴烈，被激怒后，必然对你责骂，盛怒中责骂，口不择言，可能说溜了嘴。"

这是一项高智慧的斗争手段，芈商臣先生依计行事，摆下盛大的满汉全席和法国大菜，恭请姑妈光临。江芈女士到了太子宫，芈商臣先生以侄儿的身份，毕恭毕敬，把江芈女士搞得大为欢喜。可是酒过三巡，菜过五味，就露出没有把这位姑妈看在眼里的恶形恶状，既不起身招待，又跟身旁的美丽侍女，打情骂俏。江芈女士几次向他问话，他都待理不理，表示我总有一天要坐到王位上，你这个姑妈算啥？江芈女士受不了这种羞辱，拍案而起，诟之曰："你这小子果然不是好东西，怪不得你爹要杀你，立芈职当太子。"芈商臣先生急忙匍匐谢罪，可是中了圈套的江芈女士已气昏了头，不接受道歉，悻悻然登车而去。

好啦，事情已经证实，大祸就要降临。芈商臣先生连夜召见教习，请他指示一条生路。潘崇先生曰："你能屈居在弟弟芈职先生之下乎？"芈商臣先生曰："不能。"潘崇先生曰："你能连夜逃亡别的国家乎？"芈商臣先生曰："不能。"潘崇先生曰："除了这两条路，别无他路。"芈商臣先生苦苦哀求，潘崇先生曰："另外还有一条路，只怕你不忍心。"芈商臣先生曰："死在眼前，还有啥不忍心的。"潘崇先生曰："附耳过来。"告之曰："只有行大事，始可转祸为福。"芈商臣先生了解"大事"的意义，矍然曰："这个我能。"

这是一场父子间的互相残杀，悲剧中的悲剧。芈商臣先生立刻动员太子宫的侍卫部队，向皇宫发动突击。

那一年是公元前七世纪七十年代，公元前626年，等潘崇先生率领的叛军直抵寝宫之时，老爹芈熊恽先生才大吃一惊。他贴身的卫士一看情形不对，也顾不得平常的誓言和主子的老命矣，来一个一哄而散。芈熊恽先生明知道大势不好，却不得不开口发问："你来干啥？"潘崇先生曰："你阁下当国王已当了四十六年，不嫌腻呀。古人不云乎，四时之序，成功者退。而今全国人民一致希望换一位新王，你应该把王位传给太子。"芈熊恽先生曰："传位没有关系，我现在就可以传。可是，不知我能不能活命。"芈熊恽先生一生威不可当，想不到今天却向他的部下摇尾乞怜。潘崇先生一口拒绝，曰："老君王死亡，新君王才能继承，你如果不死，难道全国有两个君王呀。贵阁下真是糊涂透顶。"芈熊恽先生仍作最后挣扎，曰："我刚才教厨师给我炖熊掌，能不能让我吃过熊掌再死，死也无恨。"

　　潘崇先生看穿芈熊恽先生的主意，喝曰："老哥，别耍花样，熊掌最难炖熟，你阁下不过拖延时间，等待宫外勤王之兵耳。这些小聪明没有用，你如果不自己动手，我可要动手啦。"说罢，把腰带解下，扔到芈熊恽先生跟前。千万雄兵这时候都救不了他，芈熊恽先生陷在没有转身余地的窄门之中，他仰天号曰："好斗勃，好斗勃，我不听忠言，自取其祸，复何言哉。"就把潘崇先生扔过来的腰带缠到脖子上，潘崇先生下令左右用力紧拉。霎时间，芈熊恽先生，这位国际舞台上煊赫半个世纪的君王，气绝身死。妹妹江芈女士曰："是我杀了哥哥。"也跟着自缢。后人有诗叹曰：

　　熊恽昔日弑熊艰　今日商臣报叔冤

　　天遣潘崇为逆传　诡计犹想食熊蹯

　　芈商臣先生杀父之后，登上王座，在位十三年，平平安安死在床上。要说天地间的事，件件都"报应不爽"，可不见得。此所以使人扼腕叹息，不能自已者也。

忘了
他是谁

提要

《帝王之死》第二集写了十二位帝王，包括楚国的芈麇（郏敖）、芈围（楚灵王）、芈比（楚初王）、芈槐（楚怀王）；赵国的赵雍（赵武灵王）；宋国的宋偃（宋康王）；燕国的姬哙和子之；齐国的田地（齐湣王）、田建；吴国的吴诸樊、吴余祭等。时间从公元前六世纪到公元前三世纪，大约是春秋后期到战国末期这段历史时期。

柏杨彻底发挥说书人的看家本领，把历史文献中相关的材料，融裁活用，说的全都是现代人听得懂的话，譬如说楚灵王芈围谋杀国君（他的侄子）取而代之，并追杀其余，大动干戈，横行霸道，成为标准的暴君，卒自缢于昔时罪臣之子的农庄之家，柏杨叙其来龙去脉，又插入灵王凌迟、诛杀齐国大夫庆封乱政，以及崔杼弑君之后被庆封满门屠杀之故实，扣人心弦。

柏杨说："呜呼，暴君总以为酷刑和虐杀，可以根绝叛变造反，而暴君们却往往死于叛变造反者之手。"但很少人能以史为鉴，就如同宫廷夺嫡之争的戏码不断上演，连勋业彪炳的赵国武灵王（赵雍）皆毁于此。柏杨说"当君王的都有点怪"，"绝对权力使人绝对糊涂"。这样的"君王论"发人深省。

序

《帝王之死》刚写满三个月，出版了第一集，政治气象忽然"小浪转大浪"。

有一天，黄道吉日，纽约《中国时报》美洲版台北编辑部美丽的编辑老奶陈文茜女士，御驾亲临柏府，吼曰："好老头，叫你写稿，不过恤老怜贫，赏你一碗饭吃罢了，怎敢借古讽今？现在有人告你，你要听真，从今天起，一刀两断。这是剩下来的你的臭文，拿去拿去，你可把我害苦啦。"唰的一声，扔了一地。我一面拣一面请她稍坐献茶，企图用马屁功软化她的铁石心肠，她却不理，跺脚而去。

我老人家自1977年从火烧岛监狱荣归，迄今六年，敝大作还是第一次受到腰斩。嗟夫，台湾根本看不到禁止进口的《中国时报》美洲版，这正说明海外文化大亨的神经末梢，似乎更凶。好吧，兵来将挡，水来土屯，既不准报纸刊我的敝大作，我就关着房门，埋头猛写。匆匆又是三个月，残稿加上猛写的成绩，再成一册，直接送给出版社，第二集遂轰然问世。如果风云仍紧，"大浪转巨浪"，咱们就到此为止，没第三集啦。如果风和日丽，我就继续口吐真言，三集四集，直写到最后一位死于非命的真龙，才功德圆满。

是为序。

1983年7月1日于台北

郏敖·楚灵王

时代: 公元前六世纪五十

至七十年代

王朝: 楚王国第九·第十任国王

姓名: 芈麇·芈围

在位: 芈麇五年 (前545—前541)

芈围十三年 (前541—前529)

遭遇: 芈麇绞死·芈围缢死

●阵前夺功

郑敖芈麇先生是弑父凶手芈商臣先生第五代苗裔——子、孙、曾孙、重孙，芈麇正是芈商臣的重孙。芈商臣先生能够保持王位，而且善终在王位上，他的子孙才可以瓜瓞绵绵，称君称王，作威作福。如果他阁下当时就被拉下马鞍，以弑父的罪名，满门处斩，就早断了根矣。

历史发展到公元前六世纪，国际形势，有重要变化。若干小封国，陆续被大国并吞，好像惹起弑父之祸的江芈女士，她丈夫是江国（河南息县西南四十公里）的国君，在她悬梁自尽后不久，楚王国便把它灭掉。小封国的消失，使大封国或王国，越发膨胀。而就在长江下游，新崛起一个吴王国，建都姑苏（江苏苏州），跟楚王国争霸。楚王国遂陷于两面作战的局势——东有吴王国，北有以晋国（山西新绛）为首的封国联盟，自然不能跟往日般地在国际上为所欲为，得心应手。这种紧张的三角关系，不可避免地会引起更多的紧张机会和更多的宫廷杀机。

芈麇先生虽然做了五年楚王国的第九任国王，实际上是一个不重要的人物，史书上只几句话便叫他了账，而楚灵王芈围先生才是主要演员。要谈到芈围先生，必须从他爹第七任王芈审（楚共王）先生开始，芈审先生正是弑父凶手第五任王芈商臣先生的孙儿。芈审先生的儿子群中，有下列重要角色：

芈招——第八任国王（康王）

芈围——第十任国王（灵王）

芈比——第十一任国王（初王）

芈弃疾——第十二任国王 (平王)

当芈招先生在位时，芈比、芈弃疾年纪尚小。芈围先生以王弟之尊，已掌握大权，像螃蟹一样，横行霸道，建立起私人党羽。这需要举一个例证说明。

公元前545年初春，楚王国宰相 (令尹) 屈建先生，率军大举向吴王国攻击。吴王国用重兵防守国境，楚兵团不能前进，于是驱军北上，攻击郑国 (河南新郑)，郑国大将皇颉先生，领军迎敌，楚兵团前遣军司令官 (大夫) 穿封戌先生在一阵冲杀后，把皇颉先生生擒活捉。

芈围先生这时以王弟的身份，也在军中，他急于建立威望，就跟穿封戌先生商量，是不是可以把俘虏皇颉之功，转让给他。他曰："老哥，捉住敌将，当然威名远播，可是对你而言，不过升官而已，对我来说，却妙不可言。"穿封戌先生是一个直性汉子，对王弟这种行为，既惊讶，又鄙视，对妙不可言的内涵，更听不懂。"你是王弟，已经够啦，还要跟我们这些小官争这点芝麻绿豆大的功劳干啥？"芈围先生当然不肯甘休，他先向老哥芈招先生告状，声言他活捉了皇颉之后，却被穿封戌先生夺去。不久，穿封戌先生押解着皇颉先生，亲向国王献俘报功。对这项绝对相反的两面之词，芈招先生无法骤下判断。

◉问病遽下毒手

芈招先生下令元老 (太宰) 伯州犁调查。呜呼，这是一桩既明显而又简单的事件，千军万马之中，哪一位将军生擒敌将，一问便知。可是伯州犁先生是官场人物，中国传统的官场文化中，伯州犁先生应是最重要的祖师爷之一。盖在官场中，只有势利，没有是非，至于我们小民所肯定的公理正义，更属于他妈的书生之见，连嗤之以鼻的资格都没有。伯州犁先生知道争执的原因，他了解：得罪了穿封戍，等于得罪一个屁；但得罪了芈围，那可是后患无穷。而且实话出口，穿封戍先生不会领情，事实本来就是如此的呀；如果说谎，芈围先生会认为他忠心耿耿，准有回报。决心一定，就曰："俘虏也是一员名将，不是呆瓜，问问他到底是被谁捉住的，岂不是真相立刻就可大白？"

这是最公正的办法，问题是，最公正的办法必须有最公正的执行。偏偏官场中从不缺公正的办法，独缺公正的执行。伯州犁这个老奸巨猾，把皇颉先生唤到阶前，向芈围先生拱手向上曰："这位芈围，是敝国国王的老弟也。"再向穿封戍先生拱手向下曰："这位穿封戍，不过边界上的一位县长。"然后问曰："好吧，皇颉先生，请你自己说，是谁把你擒下马鞍的？"这是一项很明显的诱供，皇颉先生心里明白，假装看了又看，然后对曰："我是被这位王弟捉住的。"穿封戍先生气得七窍生烟，公堂之上，众目睽睽之下，竟然出现这么大的诈欺，太出他的意料。他跳起来，从武器架上抽出长矛，就要攻击芈围，芈围先生拔腿溜掉。芈招先生看到穿封戍先生气成那个模样，相信事情必有蹊跷，但他已无意更进一步追查。这段故事，正是"上下其手"成语的来源，形容卑鄙人物们结党营私干的卑鄙勾当。

对这种千万人目睹的事件，都颠倒是非，连国家最高职位的太宰，都向他摇尾，说明芈围先生的跋扈和毫无忌惮，也说明他羽毛已成，不在乎有人拆穿。就在"上下其手"的当年（前545），芈招先生逝世，太子芈麇先生继任第九任国王。芈围先生由王弟升改成了王叔，就更张牙舞爪。他被任命担任宰相（令尹）。当宰相的次年，就把国防部长（大司马）芳掩先生杀掉，夺取他丰富的家产。这件流血事件没有引起任何反击，强大的控制力量使芈围产生自信，他不再以干宰相（令尹）为满足，他的目标是侄儿芈麇先生屁股底下的国王宝座。

公元前541年，事变终于发生。那一年，第三次国际裁军会议（弥兵之会），在郑国（河南新郑）的虢城（河南荥阳）举行。芈围先生以楚王国宰相（令尹）身份，代表国王芈麇先生参加。参加该会的有晋国、齐国、宋国、鲁国、卫国、陈国、蔡国、郑国、许国、曹国，都是周王国所属的封国，只有芈围先生是楚王国国王的代表，顾盼自雄，声势煊赫，根本没把各国国君看到眼里。封国联盟的盟主晋国（山西新绛），国势衰弱，已无力对抗，唯有息事宁人，但求表面和平。晋国代表团团长赵武先生，为了掩饰晋国的窘境，告诉他的同僚曰："芈围在会议期间，竟盖了一座行宫，跟他们国王的架势相同。看情形，他不仅对外强硬，对内可能还有阴谋，不如暂时顺着他，使他自命不凡，产生傲心。"

芈围先生不费吹灰之力，就争取到霸主的位置，然后班师。大军刚进入楚王国国境，密探报告，国王老侄芈麇先生卧病在床。芈围先生脑子里刹那间闪出天地初开时那道亮光，疾驰回京（郢都——湖北江陵）。《史记》只用简单的两句话曰："围入问王（芈麇）疾，绞而弑之。"

●目标直指庆封

《东周列国志》形容得比较多一点, 曰:

> 围入宫问疾, 托言有密事启奏, 遣开嫔侍, 解冠缨加熊麋_(芈麇) 之颈, 须臾而死。

世界上第一强国的元首, 就这样轻易地死于谋杀。呜呼, 人类中最危险的事业莫过于谋杀君王, 而芈围先生却干得干净利落, 他的力量早已伸入政府核心之中矣。芈围先生杀掉老侄后, 接着把芈麇先生的二子, 芈幕、芈平夏, 也一律捕获斩首。一些跟芈麇先生血统较近的王孙公子, 包括芈麇先生的几位弟弟, 右副宰相_(右尹)芈比先生、交通部长_(宫厩尹)芈黑肱先生, 连夜逃亡。芈比先生投奔晋国_(山西新绛), 芈黑肱先生投奔郑国_(河南新郑)。

顺理成章, 芈围先生继任楚王国第十任国王。他阁下即位后, 除了大肆封官拜爵外, 又做了一件大出意料的丑事, 那就是, 以"上下其手"闻名后世的伯州犁先生, 这时不在郢都, 而在郏城_(河南郏县)。芈围先生派出杀手到郏城, 就地处决。伯州犁先生到死恐怕都想不通, 以他那种出神入化的超级谄媚武动, 何以落得如此下场。

芈围先生雄心万丈, 要巩固他的霸主地位, 就在登极后的第三年_(前538), 在申邑_(河南信阳), 征召黄河以南主要的封国国君, 举行高阶层会议。参加会议的有: 蔡国、陈国、郑国、许国、徐国、滕国、顿国、胡国、沈国、小邾国、宋国。芈围先生看到这么多封国臣服, 龙心大悦。《东周列国志》对这次会议的演变, 有下列报道:

灵王曰："寡人欲用兵诸侯，效桓公 (齐国国君姜小白) 伐楚故事，谁当先者？" 伍举对曰："齐庆封弑其君，逃于吴，吴不讨其罪，又加宠焉，处以朱方 (江苏镇江) 之地，聚族而居，富于其旧，齐人愤怨。夫吴，我之仇也，若用兵伐吴，以诛庆封为名，则一举而两得矣。"

于是芈围先生决定"一举而两得"，要用庆封先生的血，荣耀自己霸主的英名。

庆封先生的故事，说来话长，要追溯到二十年之前。

想当初——公元前六世纪四十年代，当时齐国第二十四任国君姜环 (齐灵公) 先生在位。他阁下的原配夫人颜姬女士，是鲁国国君的女儿，无子，可是她的陪嫁女侍 (媵) 鬷姬女士，却生下一子姜光 (齐庄公)。请读者老爷记住这小子，他在一串狗男女惹下滔天大祸的故事中，扮演主要角色。姜环先生立姜光小子当太子，准备继承国君的位置。可是，过了几年，姜环先生又宠爱一对姐妹花，姐姐戎子女士也无子，妹妹仲子女士，却生了一子姜牙，戎子女士就抱来自己抚养。这时除了姜光、姜牙两个娃儿外，姜环先生跟别的小老婆，还生一子姜杵臼。戎子女士仗着老家伙正对她着迷，坚持要老家伙答应改立姜牙当太子。妹妹仲子女士头脑比较清醒，警告姐姐曰："姜光太子的身份，已确定了很多年，又屡次代表国家，出席国际会议，跟其他封国国君，都有友谊。而今忽然改变，人心不服，会造成我们后悔不及的局面。"老家伙姜环先生曰："笑话，我大权在握，想教谁当太子，谁就当太子。服也得服，不服也得服。"

●流血政变

当君王的都有点怪，从不记取历史上血迹斑斑的教训，总是一再反复地犯同一类型的毛病。爱某一位漂亮老奶时，迫不及待地立她的儿子当太子。等到又爱上另一位漂亮老奶，迫不及待地又要立她的儿子当太子。问题是，太子只有一个，宫廷悲剧只好发生。姜环先生派遣姜光先生前往即墨（山东平度）镇守，这是调虎离山之计，等姜光到了即墨，老爹姜环先生立刻下令罢黜他，另立他弟弟姜牙当太子。鲁国国君姬午（鲁襄公）先生听到消息，派遣使臣来探询外甥姜光到底有啥过错，或犯了啥罪。姜环先生张口结舌，嘟囔了半天也嘟囔不出一句话。鲁国使臣愤愤不平地告辞后，姜环先生心里有鬼，他认为鲁国一定会帮助姜光夺取政权，于是决定先发兵击败鲁国，然后杀掉姜光，来一个釜底抽薪。这又是一桩父杀子的巨变，虎毒尚不食子，权力改变人性，改变得连禽兽都不如。

一连两年，公元前557年、公元前556年，齐国两次向鲁国发动攻击。第三年，公元前555年，在盟主晋国的率领下，十二封国——晋、宋、鲁、卫、郑、曹、莒、邾、滕、薛、杞、小邾——的联军，把齐国首都临淄（山东淄博临淄区）团团围住，最后虽然没有攻下，但齐国因姜环先生一念之私，已使很多人丧生，民穷财空。

次年（前554），姜环先生卧病在床，眼看就要完蛋，国务官（大夫）崔杼先生跟另一位国务官（大夫）庆封先生结合——现在，庆封先生登场亮相，二人派出使节，前往一百五十公里外的即墨（山东平度），秘密迎接姜光。庆封先生率领他的私人卫士，黑夜中前往戎子女士的死党、托孤大臣高厚先生家叩门，声称有机密面报。叫开了门之后，卫士一拥而入，把高厚先生一刀毙命。铲除了重要爪牙，胜利已在握一半。姜光先生接着展开一场复仇性的屠杀，他率领崔杼先生和庆封先生的私人卫士，冲进皇宫，那位美貌迷人、正在庆幸夺嫡成功的戎子女士，和她的筹码姜牙小子，同时死于乱刀之下。躺在床上的老爹姜环先生得到报告，又气又怕，吐了几口鲜血，伸腿瞪眼。一场夺嫡与反夺嫡斗争，在血腥中结束。姜光先生即位，成为齐国第二十五任国君。他恨戎子女士入骨，下令把她的尸首拖到大街上，公开示众三天。咦，一位漂亮的女娇娃，此时血肉模糊，已不成人形矣。

姜光先生上台后，贡献最大的功臣崔杼先生和庆封先生，被擢升为左右宰相——上卿，共同掌理国政。姜光先生时常去他们家，欢饮作乐，其乐融融。这种君臣之间的友情，实在难能可贵，如果一直维持下去，将是政治史上一段佳话。可是，一位天仙化人的美丽老奶，忽然介入，使得全盘都乱，面目全非。

这位天仙化人的美丽老奶，是崔杼先生的妻子棠姜女士。

崔杼先生的前妻，于生下二子——崔成、崔疆——之后逝世。而东郭偃先生的妹妹，先嫁给棠先生 (史书不载他的名字)，因名"棠姜"，生一子棠无咎，而棠先生早死。崔杼先生前往吊丧时，蓦然看见棠姜女士，这位美艳盖世的小寡妇，使崔杼先生一霎时神魂颠倒，眼如铜铃。经过一番周折，终于把棠姜女士娶到家中，作为他的继室。棠姜女士再生下一子崔明。崔杼先生既爱棠姜女士爱得如醉如痴，就任命她哥哥东郭偃先生，跟她前夫之子棠无咎先生，担任崔家的总管，并向棠姜女士誓言："等崔明长大，就教他继承我的官爵和家产。"

◉闺房布下陷阱

事情就出在这位妖艳美丽的棠姜女士身上。

在一次君臣无拘无束的欢宴中，崔杼先生请棠姜女士出来向姜光先生敬酒。姜光先生一瞧，当时就魂不守舍。回宫之后，茶也不思、饭也不想，只想貌美如花的棠姜女士。就把东郭偃先生找来，许他种种好处，而且，如果他不帮忙，俺可是国君，将来找个碴，给你扣上一顶铁帽，你可别怪俺手下无情。东郭偃先生只好安排一个机会——不外乎趁棠姜女士回娘家之便，教姜光先生出面。姜光先生以国君之尊，又加老哥事先致意，棠姜女士既不是三贞九烈之辈，于是乎，半推半就，二人就上了象牙之床。男女之间，一旦上了象牙之床，就成了二位一体，不可开交。

最初还遮遮盖盖，谨谨慎慎，不过在娘家乱搞。日子一久，"色胆包天"，姜光先生索性到崔杼先生之家，上了崔杼先生象牙之床矣。

于是，春光外泄。崔杼先生不能接受这顶绿帽，严厉盘问棠姜。棠姜女士前言不照后语地支吾了一阵，问到无话可说时，只好承认曰："是有这么回事，可是他是国君，用国君的势力强迫我，我一个女人，怎敢拒绝他呀。"(柏老按：这是该女人胡说八道，第一次可能在权势威胁之下，之后为啥不告诉老公，却在自己家大开辕门？）崔杼先生果然回曰："你为啥不马上说给我听？"棠姜女士曰："不敢对你说呀，我害怕得不得了。"崔杼先生呆了半晌，叹气曰："这件事跟你没有关系。"（柏老按：怎么会跟她没有关系？关系可大啦。）崔杼先生虽然饶了淫妇，却不饶奸夫。姜光呀姜光，你这小子，要不是俺冒生命危险，发动政变，把你从即墨接回临淄，你当国君？当个屁吧，现在连命都没有啦，你却奸淫我的妻子作为回报！

公元前548年，莒国（山东莒县）国君，前来齐国访问，姜光先生在临淄北郊，大摆宴席款待，而崔杼先生的府第，恰恰也在临淄北郊。崔杼先生决心"捉奸捉双"，就诈称有病卧床，不能参加国宴。

《东周列国志》曰：

（崔杼）密使心腹叩信于贾竖（柏老按：贾竖是崔杼埋伏在国君身旁的内线），竖密报云："主公（姜光）只等席散，便来问相国（崔杼）之病。"崔杼笑曰："君岂忧吾病哉，正以吾病为利，欲行无耻之事耳。"乃谓其妻棠姜曰："我今日欲除此无道昏君，汝若从吾之计，吾不扬汝之丑，仍立汝子为嫡嗣。如不从吾言，先斩汝母子之首。"棠姜曰："妇人，从夫者也。子有命，焉敢不依？"崔杼乃使棠无咎，伏甲士百人于内室之左右，使崔成、崔疆，伏甲于门之内，使东郭偃伏甲于门之外。分拨已定，约以鸣钟为号……

且说庄公爱棠姜之色，心心念念，寝食不忘，只因崔杼防范稍密，不便数数来往。是曰，见崔杼辞病不至，正中其怀，神魂早已落在棠姜身上。燕享之仪……事毕，趋驾往崔宅问疾。阍者谬对曰："病甚重，方服药而卧。"庄公曰："卧于何处？"对曰："卧于外寝。"庄公大喜，竟入内室。时（二十）州绰、贾举、公孙敖、偻堙四人从行。贾竖曰："君之行事，子所知也。盍待于外，无混入以惊相国。"州绰等信以为然，遂俱止于门外。惟贾举不肯出，曰："留一人何害？"乃独止堂中。贾竖闭中门而入，阍者复掩大门，拴而锁之。庄公至内室，棠姜艳装出迎。未交一言，有侍婢来告："相国口燥，欲索蜜汤。"棠姜曰："妾往取蜜即至也。"棠姜同侍婢自侧户冉冉而去。

◉崔杼灭门内斗

《东周列国志》曰：

庄公倚槛待之，望而不至，乃歌曰："室之幽兮，美所游兮。室之邃兮，美所会兮。不见美兮，忧心胡底兮。"歌方毕，闻廊下有刀戟之声，庄公讶曰："此处安得有兵？"呼贾竖不应。须臾间，左右甲士俱起，庄公大惊，情知有变，急趋后户，户已闭。庄公力大，破户而出，得一楼登之。棠无咎引甲士围楼，声声只叫："奉相国之命，来拿淫贼。"庄公倚槛谕之曰："我，尔君也；幸舍我去！"无咎曰："相国有命，不敢自专。"庄公曰："相国何在？愿与立盟，誓不相害。"无咎曰："相国病，不能来也。"庄公曰："寡人知罪矣，容至太庙中自尽（柏老按：这是芈熊恽（楚成王）先生要求吃熊掌故技，只是等救兵耳，连鬼也骗不住），以谢相国，何如？"无咎曰："我等但知拿奸淫之人，不知有君。君既知罪，即请自裁，毋徒取辱。"庄公不得已，从楼牖中跃出，登花台，欲逾墙走。无咎引弓射之，中其左股，从墙上倒坠下来。甲士一齐俱上，刺杀庄公。

庆封先生是崔杼先生"亲密的战友"，当崔杼先生干掉姜光先生之际，庆封先生同时搜捕姜光先生的党羽，展开屠杀。接着，拥立姜光先生的弟弟姜杵臼先生当国君，崔杼先生仍任右宰相，庆封先生仍任左宰相。

这种局面本可以维持下去，然而，权力欲望跟男女欲望一样，使人丧失理智，崔杼先生家庭之内，前妻之子和后妻（棠姜）之子，发生内斗，庆封先生陡起独霸齐国的野心，在一场充满了阴谋诡诈的杀戮中，崔杼先生血染满门，全家丧生。

《东周列国志》曰：

崔杼独秉朝政，专恣益甚，庆封心中阴怀猜忌。崔杼原许棠姜立崔明为嗣，因怜长子崔成损臂（在捕杀姜光先生之役中，为姜光先生卫士所伤），不忍出口。崔成窥其意，请让嗣与崔明，仅愿得崔邑（山东济南章丘区——崔家的封邑）养老，崔杼许之。东郭偃与棠无咎不肯曰："崔，宗邑也，必以授宗子。"崔杼谓崔成曰："吾本欲以崔畀汝，偃与无咎不听，奈何？"崔成诉与其弟崔疆，崔疆曰："嫡子之位，且让之矣，一邑尚吝不予乎？吾父在，东郭等尚然把持，父死，吾弟兄求为奴仆不能矣。"崔成曰："姑浼左相（庆封）为我请之。"成、疆二人求见庆封，告诉其事。庆封曰："汝父惟偃与无咎之谋是从，我虽进言，必不听也。异日恐为汝父之害，何不除之？"成、疆曰："某等亦有此心，但力薄，恐不能济事。"庆封曰："容更商之。"成、疆去，庆封召卢浦嫳，述二子之言。卢浦嫳曰："崔氏之乱，庆氏之利也。"庆封大悟。过数日，成、疆又至，复言东郭偃、棠无咎之恶。

庆封曰:"汝若能举事,吾当以甲助子。"乃赠之精甲百具,兵器如数。成、疆大喜。夜半率家众,披甲执兵,散伏于崔氏之近侧,东郭偃、棠无咎每日必朝崔氏,候其入门,甲士突起,将东郭偃、棠无咎攒戟刺死。崔杼闻变,大怒,急呼人使驾车,舆仆逃匿皆尽,惟圉人在厩,乃使圉人驾马,一小竖为御,往见庆封,哭,诉以家难。庆封佯为不知,讶曰:"崔、庆虽为二氏,实一体也。孺子敢无上至此。子如加讨,吾当效力。"崔杼信以为诚,乃谢曰:"倘得除此二逆,以安崔宗,我使(崔)明也拜子为父。"庆封乃悉起家甲,命卢浦嫳率之,吩咐:"如此如此……"卢浦嫳受命而往。崔成、崔疆见卢浦嫳兵至,欲闭门自守,卢浦嫳诱之曰:"吾奉左相(庆封)之命而来,所以利子,非害子也。"成谓疆曰:"得非欲除孽弟(崔明)乎?"疆曰:"容有之。"乃启门纳卢浦嫳。

◉又一次血腥屠杀

崔成、崔疆先生打开大门,等于打开死门,再也料不到他们所敬爱信赖的"庆叔叔",会对他们采取行动。

《东周列国志》曰:

卢浦嫳入门,甲士俱入,成、疆阻遏不住,乃问嫳曰:"左相之命何如?"嫳曰:"左相受汝父之诉,吾奉命来取汝头耳。"喝令甲士:"还不动手!"成、疆未及答言,头已落地。卢浦嫳纵甲士抄掳其家,车马服器,取之无遗,又毁其门户。棠姜惊骇,自缢于房,惟崔明在外,不及于难。

接着是崔杼先生打道回府。

行至府第，只见重门大开，无一人行动。比入中堂，直望内室，窗户门闼，空空如也。棠姜悬梁，尚未解索。崔杼惊得魂不附体，欲问卢浦嫳，已不辞而去矣。遍觅崔明不得，放声大哭曰："吾今为庆封所卖，吾无家矣，何以生为？"亦自缢而死。……髯翁有诗曰：昔日同心起逆戎，今朝相轧便相攻。莫言崔杼家门惨，几个奸雄得善终！

庆封先生跟崔杼先生是举世皆知的死党，这一招血腥诡计，不过为了独揽齐国政权。一连三次——立姜光、杀姜光、屠崔杼——的巨变之中，庆封都取得最后胜利，使他产生强烈的自信，自信他的智慧谋略，高人一等，已经完全掌握局势。这种自信使他更勤于猎狩和狂饮。有一天，他在卢浦嫳先生宴会中，卢浦嫳先生请妻子出来敬酒，艳丽夺目。庆封先生大为失色，世界上有这么奇妙的老奶呀，就用尽心计，跟她私通。呜呼，这恰恰是"姜光模式"，不过结局不一样。卢浦嫳先生没有杀了庆封，而是也跟庆封先生的老婆私通。两家狗男女有时聚在一起，还公开表演杂交节目。卢浦嫳先生的老哥卢浦癸，是位有名的大力士，庆封先生的儿子庆舍先生用为贴身侍卫，并且把女儿庆姜嫁给他。而另外一位王何先生，经卢浦癸先生推荐，庆舍先生也用为贴身侍卫，出入相随，防卫得密不透风。

然而，反庆封阵线，已在暗中组成，最厉害的是，他们以"为故君姜光复仇"的大义，说服和买通了卢浦癸和王何。呜呼，姜光先生奸淫恩人之妻，以当时社会规范，被宰掉本是活该，可是姜光先生不是一个普通小民，而是一个国君，身价就忽然不同，为奸夫复仇，竟成了他妈的"大义"矣。在国务官（大夫）高虿先生和栾灶先生领导下的反庆封阵线，能得到庆封之子庆舍先生的两位最亲近的侍卫为内应，实在是了不起的成就，胜利已掌握一半。

庆封先生屠杀崔杼先生满门的次年（前545）八月，庆封先生出猎，侄儿庆嗣先生已察觉到情势不稳，进言曰："国中恐有他变，我们应火速回军。"庆封先生曰："我儿庆舍在，有啥可担心呢？"而庆舍先生方面，他的女儿庆姜女士，也得到消息，可是这个女儿却是一个变种，只要丈夫，不要亲爹，她站在丈夫这一边，决心帮助丈夫要亲爹老命（柏老按：有庆姜女士这样的女儿，也是造孽之报）。当反庆封阵线布置好在太庙祭祀大典对庆舍先生采取行动时，这位可敬的女儿唯恐老爹不去参加，特地回家用话激老爹曰："听说高虿、栾灶，准备在祭祀时，对您不利，您最好不要前往。"庆舍先生果然大怒曰："那两个老畜生，我随时都可以剥他们的皮当褥子。谁敢对付我？即令有不要命的，我又怕啥？"颟顸的结局是，他的两位侍卫——其中一位还是他女婿，在背后把刀刺进他的心脏。

庆封先生在猎狩兴尽的归途中，得到情报，怒发冲冠，领着他的猎狩部队，进攻临淄西门。高虿先生反庆封阵线登城守御，不能攻下。庆封先生还要继续攻打，可是，他的时代已经结束，猎狩部队的家人都在城内，政治号召是为故君复仇，正义又站在守城的那一边，士兵们逐渐开溜。庆封先生无可奈何，只好逃亡。他知道周王国属下的所有封国都不会收留他，就千里迢迢，投奔南方直线八百公里外的吴王国（江苏苏州）。吴王国不理会周王国的政治道德标准，把庆封先生安置在朱方（江苏镇江），并且厚厚地拨给他一笔经费，要他负责注意楚王国的动静。

●政治意淫

庆封先生的来龙去脉，已交代清楚。现在，我们回到本题。公元前538年——距迎立姜光先生十七年，距干掉姜光先生十一年，距庆封先生逃亡朱方八年，楚王国第十任君王芈围先生，在申城（河南信阳）主持十一国高阶层会议，接纳智囊伍举先生的建议，宣布庆封先生的罪状，要"一举而两得"，替天行道，加以诛杀。

各封国当然热烈赞成，芈围先生任命国务官（大夫）屈申先生担任联军总司令，率领联合兵团西征。芈围先生给屈申先生的任务有二，一是活捉庆封先生，一是突击吴王国首都姑苏（江苏苏州）。申城距朱方，航空距离五百公里，中间横亘着主峰高达一千七百米的大别山脉和滚滚长江，但屈申先生仍能完成任务，成功地攻陷措手不及的朱方，生擒庆封先生，把跟随庆封先生从齐国逃来的家族亲戚部属，全部屠杀。（呜呼，他们确实过了八年的快乐日子，有婚丧、有嫁娶、有爱情、有恩仇，如今在一片哭号中霎时结束。）朱方距吴王国首都姑苏直线仅一百五十公里，当朱方大屠杀之时，姑苏已得到消息，动员戒备。屈申先生联合兵团只能奇袭，不能攻坚，他不敢孤军深入，就班师回到申城向芈围先生献俘。芈围先生对屈申先生没有攻击姑苏，认为他有"二居心"，把屈申先生处斩。

芈围先生对庆封先生的处置，有他的奇异妙计，他要在各封国国君面前杀掉庆封先生，用以展示他代表正义，使天下所有的乱臣贼子都以庆封为戒。伍举先生警告他："我听说，只有清白的人，才可以揭对方的疮疤。如果用你的方法杀庆封，恐怕他反唇相讥，你会自取其辱。"芈围先生咆哮曰："他敢呀？"嗟夫，对方如果还有活命的希望，他可能不敢；对方自知死定，还有啥不敢的。君王威风的极致，不过要人的老命而已，对一个死人而言，君王也好，领袖也好，不值一屁。

果如伍举先生所料，精彩节目，隆重演出。芈围先生高坐台上，封国国君们两厢相陪，各国高级官员及军队，环绕成一个广场，好不庄严。庆封先生赤身露体，两臂反缚，背着巨斧，被押到面前。刽子手把利刃架到庆封先生的脖子上，逼着他自己宣布自己的罪状："各国请听，不要效法齐国宰相（相国）庆封，谋杀他的国君，裹胁国务官（大夫）跟他盟誓。"庆封先生虽落得如此下场，却不是等闲之辈，他死在任何人之手，都会甘心，独死在芈围先生——比他更坏的恶棍——之手，他要反击。芈围先生教庆封先生自己宣布罪状，是天老爷赐给他最后一次反击机会。于是，他伸长脖子，拉大嗓门喊曰："各国请听，不要效法楚国国王芈审小老婆养的（庶子）芈围，谋杀他的国王，裹胁各国国君（诸侯）跟他盟誓。"这些话一出口，立刻哄堂大笑，但大笑立即被克制，封国国君们不敢触怒霸主，但仍忍不住掩口葫芦。芈围先生本想要羞辱庆封先生的，却制造一个机会使庆封先生羞辱他，公开暴露他跟庆封先生原是一窝货色，像屁股着了火，急急下令行刑。

芈围先生丢脸砸锅之后，企图用煊赫武功建立尊严。恰好吴王国大军攻击楚王国的边疆，以报复楚王国攻陷朱方之役。第二年（前537），芈围先生率领五个封国的联军，大举反攻吴王国，打算一下子并而吞之，结果在鹊岸（安徽铜陵）被打得大败，只好撤退。这是第二次的丢脸砸锅，使他心如火烧。武功既然煊赫不起来，只好靠土木功，盖个堂皇富丽的宫殿过瘾矣。这跟有些半瓶醋头目一样，在国外臭名四溢，人们嗤之以鼻，只好在国内教小民猛喊万岁过瘾一样，乃是另一种政治意淫。

◉天下第一号凶险

芈围先生在首都郢都（湖北江陵）开始兴建章华宫，也称"三休台"，盖它阁下高耸天际，当时既没有电梯，只有两条腿往上爬，必须休息三次，才能爬到顶层。芈围先生当然不必休息，非他的肺活量特别大，也非他的御腿特别健，而是，他只要坐到轿子上，自有小民抬着他爬。这个宫所占面积，约二十平方公里，咦，不仅是个"宫"而已，简直是个巨城，跟台北市的面积相差无几，纵是旧金山，也可比美。仅这一点，也确有资格够芈围先生夸口："俺虽打不过外国，可是盖房子的功夫，应数天下第一吧！"章华宫在公元前六世纪已知的世界，是一座最高最豪华的建筑，好像公元二十世纪纽约帝国大厦、巴黎埃菲尔铁塔一样，万国景仰。然而，芈围先生还创下另一项奇迹，他特别喜欢三围恰到好处的美女，他是一位历史上最早而又最有名的"拜腰狂"，特别喜欢美女的细腰，章华宫中所有老奶，没有一位是粗腰的。中国妇女讲究三围，应该从公元前六世纪就开始啦，以致有很多宫女，为了盼望得到芈围先生的宠爱，便拼命挨饿，有些甚至活活饿死。这风俗不但普及于老奶，也影响到臭男人，有些大腹便便的官员和商人，只好用软带猛勒自己的肥肚。

——芈围先生对世界唯一的贡献，就是提倡女人细腰。美容院应该把他阁下当祖师爷，供奉牌位，一年四季，焚香叩拜。

公元前535年，章华宫落成，芈围先生广发请柬，邀请各封国国君，前来参加典礼。可能请柬的措词十分谦虚，没有威胁意味，各封国国君就来一个婉转辞谢，礼到人不到。然而，仍有一位到的，那就是鲁国（山东曲阜）第二十六任国君鲁昭公姬裯先生，在楚王国特使半骗半迫下，前来与会。芈围先生大喜，在一场空前盛大的国宴中，慷慨地把国宝之一，名叫"大屈"的巨弓，送给姬裯先生作为回礼，姬裯先生千谢万谢。可是到了第二天，芈围先生想起这张弓价值连城，怎么鬼迷心窍，一时高兴，送给那小子，不由懊悔得又捶头、又跺脚。国务官（大夫）薳启疆先生曰："请你阁下少安毋躁，我能把弓骗回来。"于是拜见姬裯先生，曰："昨天国宴，不知我们国王送给你一些啥礼物？"姬裯先生把弓拿出来让他看，薳启疆先生作惊喜交加之状，啧啧称赞，千贺万贺，然后点头叹气。姬裯先生讶曰："一张弓岂值你这么大惊小怪。"薳启疆先生曰："这里面的学问可大啦。此弓名'大屈弓'，乃是楚王国的一宝，名闻天下。齐国、晋国以及新兴的越部落（浙江北部），都曾派专使来求，敝国当然拒绝。楚王国强大，他们当然不敢用强。现在三国听说弓在鲁国，恐怕一定使用战争手段夺取。贵国可千万重整三军，慎守此宝。"姬祿先生一听，我的妈呀，这不是宝，而是祸也，赶忙把礼物退还。智囊伍举先生听到这件事，叹曰："以章华宫落成邀请各国国君，没有人来，仅只姬祿先生千里迢迢光临，连一张弓都舍不得，而宁愿失信。凡不能牺牲自己利益的，必将牺牲别人利益，牺牲别人利益多啦，累积怨恨，危亡立至。"芈围先生的权力，这时正达巅峰，而权力巅峰，也正是疯狂巅峰兼糊涂巅峰，认为伍举先生迂阔而不切实际。

章华宫落成后的次年 (前534)，芈围先生灭掉了一个重要的封国——陈国 (河南周口淮阳区)，使一桩存亡续绝的仁义美事，化成一种邪恶行为。原来陈国第二十一任国君陈哀公妫弱先生，有三个儿子：长子妫偃师，次子妫留，三子妫胜。妫偃师先生早已被立为世子 (柏老按：王国王位合法继承人，称太子，封国国君合法继承人，称世子)，可是妫留先生的老娘，最为得宠，得宠的结果，爆发夺嫡斗争，而夺嫡斗争的剧情，也最单调，几乎千篇一律，我们已报道过不少，以后更层出不穷。不过简单虽然简单，却都是天下第一号凶险，演着演着，忽然轰的一声爆炸，连靠近舞台的观众，都会血肉模糊。

●扒灰模式

妫弱先生虽然蠢血沸腾，但妫偃师立作世子已经很久，一下子找不出借口罢黜，于是，妫弱先生想出一个解决办法，任命两位弟弟：妫招先生和妫过先生，分别担任妫留的皇家正教师 (太傅) 和皇家副教师 (少傅)，嘱咐二人曰："将来，妫偃师死后，你们负责要他把国君宝座传给弟弟妳留。"这一年（前534），妳弱先生躺床不起，二人商量曰："世子妳偃师的儿子妳吴，年纪渐长，妳偃师将来一定会传位给儿子，怎么会传位给弟弟？与其将来动手动脚，不如今天就把妳偃师杀掉，一了百了。"再跟国务官（大夫）陈孔奂先生商量，允许事成之日，增加他采邑的面积。重利之下，必有昏脑，陈孔奂先生自告奋勇，把世子妳偃师先生刺死。国君妳弱先生悔恨交加，悬梁上吊了账。妳留先生当然继承国君之位，妳胜先生，带着小侄儿妳吴先生，逃到楚王国，向霸主哭诉，请求庇护。芈围先生抓住机会，立刻摆出霸主架势，亲率大军，向陈国（河南周口淮阳区）进发。新坐上国君位置的妳留先生，板凳还没暖热，得到消息，吓了一跳，连国君也不干啦，拔腿就跑，投奔郑国（河南新郑）。只有妳招先生笃定泰山曰："楚军若至，我自有计退之。"呜呼，他的计不过是卖友之计、卖国之计、无耻之尤之计。

《东周列国志》曰：

却说楚灵王大军至陈……司徒（军事部长）（妳）招事急，使人请公子过（妳过）议事。过来，坐定，问曰："司徒云有计退楚，计将安出？"招曰："退楚只须一物，欲问汝借。"过又问："何物？"招曰："借汝头耳。"过大惊，方欲起身，招左右鞭捶乱下，将过击倒，即拔剑斩其首，亲自持赴楚军，稽首诉曰："杀世子立（妳）留，皆过所为。招今仗大王之威，斩过以献，惟君赦臣不敏之罪。"灵王听其言词卑逊，心中已自欢喜。招又膝行而前，行近王座，密奏曰："昔庄王（芈侣）定陈之乱，已县陈矣（已将陈国收为楚国一县），后复封之（又使之复国），遂丧其功。今公子留惧罪出奔，陈国无主，愿大王收为郡县，勿为他姓所有也。"灵王大喜曰:"汝言正合吾意,汝且归国,为寡人辟除宫室,以候寡人巡幸。"司徒招叩谢而去。公子胜闻灵王放招还国,复来哭诉,言:"造谋俱出于招,其临时行事,则过使大夫(陈)孔奂为之,今乃委罪于过,冀以自解,先君(妫弱)、先太子(妫偃师),目不瞑于地下矣。"言罢,痛哭不已,一军为之感动。灵王慰之曰:"公子无悲,寡人自有处分。"

芈围先生的处分是:把陈孔奂先生处斩,把正在洋洋得意的妫招先生全族驱逐到东海荒凉的边陲,然后把陈国改成楚王国的一个县,使当初"上下其手"的主角之一,芈围先生的对手穿封戌先生,屯兵驻守。

接着是讨伐蔡国(河南上蔡)。

蔡国的故事简单明了,另一桩"新台丑闻"而已——我们称之为扒灰模式的变乱。

蔡国第十七任国君蔡景公蔡固先生,立他的儿子蔡般(蔡灵公)先生当世子,并给蔡般先生娶了楚王国皇家女儿芈氏为妻。芈氏貌美如花,老家伙心痒难熬,左勾右搭,扒灰成功,公公媳妇就上了床。这种事当然掩饰不住,蔡般先生咬牙:"父不父,则子不子矣。"

《东周列国志》曰:

(蔡般)乃伪为出猎,与心腹内侍数人,潜伏于内室。景公只道其子不在,遂入东宫,径造芈氏之室。世子般率内侍突出,砍杀景公,以暴疾讣于诸侯,遂自立为君,是为灵公。史臣论般以子弑父,千古大变,然景公淫于子妇,自取悖逆,亦不能无罪也。有诗叹云:新台丑行污青史,蔡景如何复蹈之。逆刃忽从东宫起,因思急子可怜儿。

●回光返照

这是十二年前（前543）的事矣，蔡般先生的国君已当了十三年。芈围先生在灭了陈国之后，声威大震，他选定蔡般先生，作为第二个主持正义的对象。公元前531年，也就是灭陈后第三年，芈围先生发出请柬，邀请蔡般先生到申城（河南信阳）举行巨头会议。芈围先生的豺狼性格，使蔡国大为震动，很多人阻止蔡般先生前往，蔡般先生曰："蔡国之地，不能当楚王国一个县，来请而不去，一旦派兵来捉，真是敬酒不吃吃罚酒矣。"到了申城后，芈围先生摆下盛大筵席，把蔡般先生灌醉，然后绳捆索绑，连同他的随从七十余人，一股脑儿处决。后人有诗讥芈围先生不该用这种诈欺手段，曰：

蔡般无父亦无君　　鸣鼓方能正大伦

莫怪诱诛非法典　　楚灵原是弑君人

请读者老爷注意最后一句话，芈围先生自己弑君，却对其他弑君的同类，深恶痛绝，端出俨然凛然嘴脸，拳打脚踢，好不热闹。他之所以这样做，只是求得心理上的洗涤，用同类的血，来洗掉自己的罪恶，希望小民产生一种印象：他既然这么扑杀弑君之徒，正好反衬他绝不是弑君之辈。我们这种揣测对不对，并不重要，只要了解，芈围先生所做的，不过企图一手掩尽天下人的耳目。

杀了蔡般先生之后，芈围先生像灭掉陈国一样，灭掉蔡国，俘虏了世子蔡有。可怜的蔡有先生，芈围先生祭祀九冈山山神时，把他当作猪一样宰掉，作为祭品。芈围先生宣布理由曰："他是逆臣蔡般之子，罪人之后，应当作禽兽看待。"呜呼！

芈围先生把蔡国改为蔡县，纳入楚王国版图之后，任命他的幼弟芈弃疾先生镇守。千万记住芈弃疾，此公在一连串的流血政变中，扮演主角。吞并蔡国使芈围先生咽下毒药，吞并蔡国的第三年 (前529) 后，芈围先生结束他的折腾，而在结束他的折腾之前，还有轰轰烈烈，大举进攻吴王国的回光返照。

《东周列国志》曰：

楚灵王既灭陈、蔡，又迁许、胡、沈、道、房、申六小国于荆山之地，百姓流离，道路嗟怨。灵王自谓天下可唾手而得，日夜宴息于章华之台……曰："今寡人先伐徐国 (安徽泗县)，次及吴。自江以东，皆为楚属，则天下已定其半矣。"乃遣 (宰相) 蒍罢同蔡洧 (柏老按：他是蔡国贵族，老爹被芈围先生杀掉。) 奉世子禄居守，大阅军马……使司马督率车三百乘伐徐，围其城。灵王大军屯于乾溪 (安徽亳州)，以为声援……冬月，值大雪。积深三尺有余。……灵王服裘加被、头戴皮冠、足穿豹舄、执系丝鞭，出帐前看雪。有右尹郑丹来见，灵王去冠被，舍鞭，与之立而语。灵王曰："寒甚。"郑丹对曰："王重裘豹舄，身居虎帐，犹且苦寒，况军士单褐露踝，顶兜穿甲，执兵于风雪之中，其苦如何？王何不返驾国都，召回伐徐之师，俟来春天气和暖，再图征进，岂不两便？"灵王曰："卿言甚善！然吾用兵以来，所向必克，司马 (督) 旦晚必有捷音矣。"郑丹对曰："徐与陈、蔡不同。陈、蔡近楚，久在宇下，而徐在楚东北三千余里 (一千五百公里。柏老按：这可不是直线航空距离，而是地面实际距离)，又附吴为重。王贪伐徐之功，使三军久顿于外，受劳冻之苦。万一国有内变，军士离心，窃为王危之。"灵王笑曰："穿封戍在陈，弃疾在蔡，伍举与太子居守，是三楚也。寡人又何虑哉？"

◉饿得栽倒在地

芈围先生决心不管士兵们的死活，继续驻扎乾溪，等候攻陷徐国的捷音。不久，春天到来，芈围先生兴高采烈，整天出猎，并且大兴土木，建筑宫殿。他把他的安全寄托在他最信任的"三楚"上。再也想不到，"三楚"中最可靠的"一楚"，弟弟芈弃疾先生，正是杀手。

镇守蔡县，封为公爵的芈弃疾先生，集结故陈国和蔡国已星散了的武装部队，许诺将来蔡国复建，连同他率领的驻屯兵团，组成远征突击队，南下进袭郢都，郢都城内的蔡国一些故臣，以蔡洧先生为首，里应外合，大开城门迎接，芈弃疾先生不费吹灰之力，便占领皇宫。捉到太子芈禄先生跟王子芈罢敌先生，当场处决，宰相蔿罢先生仓皇自杀。芈弃疾先生拥立三哥芈比先生坐上宝座，颁下严厉命令，捉拿芈围，如果有人掩护藏匿，满门处斩。芈围先生这时正在乾溪，醉卧在豪华宫殿里，享受艳福。

《东周列国志》曰：

灵王闻二子被杀，自床上投身于地，放声大哭。郑丹曰："军心已离，王宜速返。"灵王拭泪言曰："人之爱其子，亦如寡人否？"郑丹曰："鸟兽犹知爱子，何况人也。"灵王叹曰："寡人杀人子多矣，人杀吾子，何足怪！"少顷，哨马报："新王遣蔡公^(弃疾)为大将，同斗成然率陈、蔡二国之兵，杀奔乾溪来了。"灵王大怒曰："寡人待成然不薄，安敢叛吾？（柏老按：芈麋先生待你也不薄，你安敢叛他？）宁可一战而死，不可束手就缚。"遂拔寨起营……欲以袭郢。士卒一路奔逃，灵王自拔剑杀数人，犹不能止，比到訾梁^(不知今地)，从者才百人耳……^(郑丹)恐自己获罪……私奔归楚。

最后是大家跑了个净光，只剩下芈围先生一个老汉。这位不可一世的暴君，这时候气焰全消，已没啥可耍的矣。不久就肚子发饿——恐怕还是他此生第一次知道饥饿是啥。想找个村庄像乞丐一样地讨一口饭，又不认识道路。偶有碰到他的小民，看他的模样，准是国王，平常日子，早叩头如捣蒜矣，现在他已失势，新王法令森严，也都脚底抹油。芈围先生一连三天，没有进餐，饿得御眼昏花，栽倒在地，眼珠虽仍骨碌碌乱转，却一步也爬不动。正在狼狈不堪，救星来啦。

该救星是一位曾担任过宫门侍卫^(涓人)的乡绅，那是一个卑贱低微的职位。政变之前，向芈围先生下跪，芈围先生也不屑理他。可是此时已非当年，芈围先生眼尖，唤曰："请救救我。"侍卫这才敢确定倒卧路旁的老汉，竟然是高与天比的故主，上前大礼参拜。芈围先生曰："我已饿了三天，头昏脑涨，四肢无力，求你找一碗饭，让我苟延残喘一时。"侍卫曰："您知道，小民都害怕新王诏令，谁敢拿出饮食？"芈围先生叹口气，求侍卫靠近坐下，他枕到侍卫腿上，稍稍安息。因为身体衰弱，不知不觉，沉沉睡去。侍卫心里一想：你这个淫棍，平日既无恩于我，我为啥要冒杀头之险救你？就用一个土块塞到他御头之下，自己逃之夭夭。芈围先生一觉醒来，呼唤侍卫，不见答应，用手一摸，摸到土块，不禁大恸，流下御泪。正在这时，一辆小车，辚辚而至。在乡间而能乘车，来路一定非凡，车主申亥先生一瞧见他，马上下车拜见，看样子芈围先生要渡过难关矣。

《东周列国志》曰：

灵王流泪满面，问曰："卿何人也？"其人曰："我乃芊尹（大概是个官名）申无宇之子也。臣父两次得罪吾王，王赦不诛。臣父往岁临终，嘱臣曰：吾受王两次不杀之恩，他日王若有难，汝必舍命相从。臣牢记在心，不敢有忘。近传郢都已破，子干（芈比）自立。星夜奔至乾溪，不见吾王，一路追寻到此，不期天遣相逢。今遍地皆蔡公之党，王不可他适。臣家住棘村，离此不远。王可暂至臣家，再作商议。"乃以干糒跪进，灵王勉强下咽，稍能起立。申亥扶之上车，至于棘村。灵王平昔住的是章华之台，崇宫邃室。今日观看申亥农庄之家，筚门蓬户，低头而入，好生凄凉，泪流不止。申亥跪曰："吾王请宽心。此处幽僻，无行人来往，暂住数日，打听国中事情，再作进退。"灵王悲不能语。申亥又跪进饮食，灵王只是啼哭，全不沾唇。亥乃使其亲生二女侍寝，以悦灵王之意。

◉上吊？勒死？

芈围先生在台上时，拳打脚踢，好不英雄。事实上他不过是一个脓包人物，已没有能力再赌前程矣。他阁下在斗室之中，也不脱衣服，也不睡觉，徘徊哭泣，最后在卧房之内，伸了脖子上了吊，瞪目吐舌，结束他这罪恶的一生。他是中国历史上第一位自动自发上吊的君王，值得大书特书，举杯志异。后人有诗叹曰：

茫茫衰草没章华　因笑芈围昔好奢

台土未干箫管绝　可怜身死野人家

《东周列国志》曰：

灵王衣不解带，一夜悲叹，至五更时分，不闻悲声。二女启门报父曰："王已自缢于寝所矣。"……申亥闻灵王之死，不胜悲恸，乃亲自殡殓，杀其二女以殉葬焉。后人论申亥感灵王之恩，葬之是矣，以二女殉，不亦过乎？有诗叹曰：章华霸业已沉沦，二女何辜伴穸窀。堪恨暴君身死后，余殃犹自及闺人。

申亥先生冒生命危险，为父报恩，这种胸襟道义，我们感动至深。一脸忠贞学之辈，一有风吹草动，都作鸟兽散，或则破口大骂，或者落井下石矣。然而，更进一步教自己亲生女儿去陪芈围先生上床，便太离谱。如果女儿自己愿意这么做，我老人家举双手赞成。但老爹逼着她们这么做，该老爹便是畜生。他没有权力伤害女儿的独立人格，更没有权力夺取女儿的独立生命。他这种画蛇添足的行为，使他的义举蒙受可耻的污点。

然而，问题还不止此，而在芈围先生伸脖子上吊。两个女儿奉命共同陪伴一个老家伙，该老家伙忧心如焚，好像鞋子是租来的，走来走去，走了一夜，难道二位老奶竟视若无睹，径自呼呼沉睡如猪乎哉？老家伙上吊，同在一个卧房，岂能悄悄无声？上过吊的或看过别人上吊的朋友都知道，把尊脖伸到圈套里之后，必须把脚下的板凳踢倒，才能了账。板凳踢倒时，岂能不唿呼哐啷，二女难道一点也听不见？为啥不当时呼叫，却要等到天明？

似乎有一种可能，申亥先生也是一脸忠贞学之辈，不过更为老奸巨猾，他要女儿代他下手，否则，教一个女儿陪宿就足够啦。似乎是申亥先生要杀芈围先生，而又不愿承当凶手的恶名，所以，说不定芈围先生不是悬梁，而是被二位女儿绞死床头。然后，申亥先生为了保护自己，再杀掉亲生二女灭口。

我们没有直接证据证明申亥先生干出这种勾当，只是根据一项观察推论。盖凡做得过度违反人性的人，一定有一副恶毒奸诈心肠。申亥先生杀掉二位女儿就足够我们肯定矣。

司马迁先生对芈围先生之死，评论曰：

楚灵王方会诸侯于申，诛齐庆封，作章华台，求周九鼎之时，志小天下。及饿死于申亥之家，为天下笑。操行之不得，悲夫。势之于人也，可不慎与？

芈围先生那样对付庆封先生，不过是为了阻吓野心家不可叛逆造反。呜呼，暴君总以为酷刑和虐杀，可以根绝叛变造反，而暴君们却往往死于叛变造反者之手。压力越大，一旦反弹，其力越强。司马迁先生指出形势重要，暴君如果了解形势重要，便不是暴君矣。

楚初王

时代：公元前六世纪七十年代

王朝：楚王朝第十一任国王

姓名：芈比

在位：两月 (前529)

遭遇：自刎

●挑担的小鬼

《广笑府》上有一则故事：钟馗先生过生日，妹妹老奶差遣一个小鬼，挑着另外两位小鬼，作为贺礼，送给寿星大餐。挑担小鬼千里迢迢，把礼物送到钟馗先生府上，呈上书信，钟馗先生打开一瞧，原是七言诗一首，诗曰："万岁诞辰普天乐，两个小鬼送哥哥，若嫌两个小鬼少，加上挑担凑三个。"遂即教人一齐拿下，送到厨房做红烧肉。两个小鬼谓挑担鬼曰："我们两个注定要死，没啥可说，只奇怪你老哥为啥辛辛苦苦，挑这个担子？"

原文记不清楚，只记大意如此，全文至此，戛然而止，没有写出挑担鬼的答话。我想，他阁下除了自叹霉气外，实在没啥可说。

历史上这种挑担鬼多的是，楚王国第十一任王楚初王芈比先生，就扮演这个角色。芈围（楚灵王）先生是在他所颁布严厉诏令下丧生的，但挑这个置人于死的担子，只挑了两个月，便被钟馗先生一把他吞下尊肚。专制政体下，政治斗争是嗜血的，血不吃饱，斗争不止。芈比先生白白送掉性命。

芈比先生显然是猪八戒的脊梁——无能之辈。当公元前六世纪七十年代，公元前529年4月，镇守蔡县（河南上蔡）、封为公爵（蔡公）的弟弟芈弃疾先生，率领大军袭取郢都（湖北江陵），杀掉太子芈禄，罢黜国王芈围时，芈弃疾先生军权在手，本来就可以登上王位，但他拒绝，他要兄长芈比先生登极。芈比先生一再推辞，芈弃疾先生义正词严曰："长幼之序，不可废也，我们是法治国家，依照宪法规定，理应由你继承王位，哪有老哥尚在，老弟就跨到头上之理？"

这一番鬼话，套句古老的赞语："掷地有金石声"，对芈弃疾先生的高贵态度，谁都得由衷敬服。然而，芈弃疾先生有芈弃疾先生的深谋远虑：当时局势还十分混乱，他不敢确定芈围先生的战斗潜力，芈围先生如果仍能统御他的大军——精锐的武装部队都在乾溪（安徽亳州），一旦愤怒反扑，以芈弃疾先生麾下的那股乌合之众（仓促组成的陈蔡联军），可能抵抗不住。届时，已登上宝座的芈比先生，绝无法幸免。而芈弃疾先生居于第二线，却有活命的可能性。如果芈围先生的力量瓦解，芈比先生不过是一个因人成事的光棍，收拾一个光棍，那可易如反掌。

总而言之，芈弃疾先生要老哥芈比先生挑起这个危险的担子，挑担子的只有一个结果——死。唯一不敢肯定的是，这死来得早或来得迟。

蔡国的故臣，同时也是芈弃疾先生的智囊蔡朝吴先生，对芈弃疾先生坚持把王位让给芈比先生大惑不解，秘密询问曰："你冒这么大的危险，首先发难，怎么如此安排乎耶？"芈弃疾先生说出心腹之话："你这个傻子，芈围仍在乾溪，情况不明，我们并没有必胜把握。而且，我们自称是正义之军，而三哥芈比和四哥芈晳，是我的兄长，超越他们而自己称王，恐怕招来抨击，那不是上策。我必须等到尘埃落定，顺序而上，才能保持人心不变，你懂了吧？"

这段真心话冠冕堂皇，但悟解力较高的人听啦，立刻醒悟到隐藏着杀机。蔡朝吴先生是干啥的，他完全了解。

●仓皇刎颈

蔡朝吴先生知道，要想蔡国复国，必须芈弃疾先生当王，所以他向芈弃疾先生建议曰："现在，必须先解决芈围。芈围先生劳师千里之外，已一年有余，官兵们谁不思返乡里？我们应派出专使，前往乾溪，号召官兵来归，预料那些久想摆脱枷锁的将士，会一哄而散，你再率联军出征，芈围难逃掌握。"芈弃疾先生采纳了这项建议，一面宣布新王芈比先生即位，太子王子已被诛杀，一面宣布芈比先生的命令："先起义的保护他的财产家人，最后才归降的，处以割鼻重刑。凡追随芈围的，或供应芈围粮食的，一律灭族。"

在这种强烈的号召之下，芈围先生的军队瓦解。前已言之，连宰相郑丹先生，也拔腿开溜。

芈弃疾先生接着率领联军北伐，直指乾溪。半途遇到郑丹先生一行逃亡客，知道芈围先生已成瓮中之鳖。芈围先生手下精兵瓦解得如此迅速，兼如此彻底，使芈弃疾先生大喜过望，下令作地毯式搜索，附近村落小民在沟渠旁拣到芈围先生所穿的国王帽子和衣服，持来军营献宝曰："三天之前，在河边柳堤上发现的。"可能是芈围先生死在申亥先生家之后，申亥先生把他剥了个光，但也有另一种可能，芈围先生饿倒在地之前，就自己先脱了蟒袍玉带，便利逃亡。

芈弃疾先生得到芈围先生的衣冠，大为欣慰，至少证明他走投无路，短期内已没有力量反击。不过，芈弃疾先生仍不能放心，星星之火，可以燎原，芈围先生不死，总是祸根，他必须看到他的尸体。献宝的村人们也不知道芈围先生的死活，芈弃疾先生决心加强搜捕。可是，蔡朝吴先生曰："芈围已落到抛弃穿戴的地步，凶焰气势，都告消失，多半倒毙田野。即令还活着，几个'警察'就可捉拿归案矣，不必劳动大军。贵阁下的灾难，已不在芈围而在郢都（湖北江陵）。现在芈比先生在位，他如果够聪明，趁你在外逗留，布置党羽，发号施令，巩固政权，收买民心，则大势即去，你纵有千钧之力，都无可奈何。"

一语惊醒梦中人，芈弃疾先生曰："我们怎么办？"蔡朝吴先生建议："芈围在外，下落不明，郢都人心一定非常浮动……"咬耳朵曰："如此如此，这般这般。"芈弃疾先生像斑鸠一样，既点头而又咕咕作声赞叹。就在这项密谋之中，芈比先生这个挑担工作，走到了尽头。

可怜的芈比先生，他最大的错误是，他不该坐上宝座。一句话全包：任何极权政治——无论是专制也好，独裁也好，都建立在枪杆上。而芈比先生的政权却建立在法统上，他并没有控制着枪杆，而是依靠控制枪杆的人拥护，这是一个致命伤。芈比先生的智囊观从先生密告曰："全国军权，都在芈弃疾之手，而政权又是他所夺取，他不是一个屈居下位的人。如果不杀掉他，你虽得到王位，同时也得到灾祸，愿你三思。"芈比先生曰："我不忍心。"观从先生曰："你不忍心，他却忍心。"芈比先生不能采纳。观从先生随即逃亡，他对将来的发展，已明察秋毫。

芈比先生每天在金銮殿上等候老弟芈弃疾先生活捉芈围先生的捷报，忽然间，芈弃疾先生几位最亲信的将领，带着几百个狼狈不堪、丢盔撂甲的败兵，溃散到郢都城下，惊恐甫定，透露前线悲惨情况：芈弃疾公爵战死，联军崩溃，芈围先生乘胜直进，正向郢都挺进。这消息使全城震动。芈比先生正惊疑间，副统帅斗成然先生也披头散发，仓促逃回，到金銮殿上哭曰："启禀大王，芈围怒不可遏，声称不能宽恕大王叛变行为，他要用对付蔡般、庆封的手段，对付大王。请大王保重御体，早做准备。从此辞别，微臣逃命去矣。"启奏已毕，因为心胆已碎之故，回头就跑。

芈比先生急召芈皙先生研究对策。呜呼，此时还有啥对策？兄弟二人唯一的对策是相抱痛哭。正在这时，又传来消息："芈围先遣军已经入城！"人心大乱，哭号奔走，喧声直达深宫。深宫中芈围先生留下的妃妾宫女，惊恐的、欣喜的，更嚷成一片。芈皙先生情知难逃此劫，与其被捉住受酷刑受污辱，不如自裁，于是拔出佩剑，照咽喉一抹，血喷如注，倒地身死。芈比先生垂下眼泪，只好也跟着自刎。他阁下这个国王，只干了两个月，挑担任务已毕，死在他最信赖的人之手。政治诡诈，到处都是钟妹妹危机。

后事用不着多叙述矣，当芈弃疾先生大驾返回郢都时，人们还以为来的是芈围先生，又是一番天翻地覆。等到发现竟是久怀野心的芈弃疾先生，才恍然大悟，原是他阁下一个人在那里翻云覆雨。

楚怀王

时代: 公元前四世纪八十年代

至公元前三世纪初

王朝: 楚王国第二十一任国王

姓名: 芈槐

在位: 三十一年 (前329—前299)

遭遇: 囚死异国

●合纵与连横

公元前五世纪二十年代，战国时代开始，周王国虽然堕落到跟一个普通封国一样大小，但仍然苟延残喘地据守洛阳，不过已再没有人瞧它一眼。大批弱小的封国被消灭——被强大的封国一口下肚。到了公元前四世纪，强大的封国追随楚王国之后，陆续改称王国，国君也改称国王，提高到跟周王国、楚王国平等地位。各王国之间，一面称兄道弟，一面互相厮打，出动的兵力，动则十万、十几万或几十万，甚至百万。这个庞大的数目，使从前的那些战役，简直比小儿科都不如，能活活羞死。孟轲先生在他的言论集《孟子》中，曾形容战国时代的特征："争城之战，杀人盈城。争野之战，杀人盈野。"战国时代后期，秦王国在西方崛起，所向无敌。东方各国，除了不断割地赔款外，束手无策。

楚怀王芈槐先生当楚王国第二十一任君王时，正是战国时代后期，战斗更惨烈，诡计更险恶，他的才能既不能应付复杂的国际关系，又无力改革已历时四百余年、早已暮气沉沉的楚王国内部根深蒂固的腐败政治，再加上他的贪心和愚昧，使他扮演的不仅是一个悲剧角色，更是一个令人失望的悲剧角色。

公元前四世纪是一个智慧世纪。在历时数千年严密的封建社会中，只有贵族才可以接受教育，也只有这些受过教育的贵族掌握政权。直到公元前四世纪，有两位小民，既十分贫穷，又没有一点权贵分子的血统。孤苦伶仃，像街头上流浪的、随时都会被人踩死的丑小鸭。可是，他们刻苦地追求知识，最后突然间跟火箭一样，射入太空，发出五光十色的彩虹，引起千万人头落地，促使国际局势改变。这两位智慧之星，任何一位对中国历史稍有兴趣的人，都有深刻印象。一位是周王国人苏秦先生，一位是魏王国人张仪先生。

苏秦先生说服了东方的六个大国：燕、赵、韩、魏、齐、楚，组成南北防御联盟——当时称为"合纵"，共同对抗西方秦王国侵略。秦王国对这项南北防御联盟（合纵）的组成，反应强烈，既大怒而且大恐。如果苏秦先生的外交政策被东方各国遵行不渝，秦王国的戏就没得唱的矣，不但没得唱的，如果南北防御联盟（合纵）固若金汤，秦王国简直还没得活的。所以，秦王国必须破坏这个联盟，它才能生存，才能继续像吃柿子一样，对东方诸国，捏一个下肚一个。

张仪先生应运升空。这位魏王国人，却担任秦王国宰相的谋士，提出另一个更有号召力的构想：东西和解战线——当时称为"连横"。

苏秦先生的道理很简单，国土终有割完之日，而秦王国的欲望则永远无穷，东方国家团结起来的力量，将超过秦王国力量的五倍，不要说防御对抗啦，一高兴或一不高兴，随时都可以把秦王国从地图上抹掉。针对苏秦先生千古不破的真理，张仪先生有他的反击手段，他利用人性的弱点，使出狗抢骨头战术。呜呼，贵阁下不见乎，饥饿的野狗群攻击你时，看起来啥办法都不能把它们打散，可是，只要投过去一根骨头，野狗老爷立刻就阵营大乱，自己先撕咬成一团。张仪先生先以"和解"作为政治号召，威胁说，你们如果要和平共存，避免毁灭性的现代化战争，绝不可以把秦王国当假想敌。然后，张仪先生再抛出一根骨头在列国之中，南北防御联盟终于瓦解。本篇的男主角芈槐先生，就是苏秦、张仪二位先生两大策略下的牺牲品之一。

苏秦先生和张仪先生支配世界的策略，虽然针锋相对，但他们却是同窗好友，而且有一段传奇的故事，活跃在历史书之上，使两千年之后的我们拜读时，仍怦然心动。尤其是小民出身，在楚王国受过无比屈辱的张仪先生，在得势后，把贵为国王的芈槐先生，像玩弄猢狲一样，玩弄于股掌之上，尤令人叹为奇观。

◉远因——一场冤狱

有一位鬼谷子先生，是公元前四世纪隐名埋姓的文武奇才。跟他学军事的学生中，庞涓先生后来担任魏王国的武装部队最高统帅，另一位孙膑先生则担任齐王国最高统帅部参谋总长（军师）。庞涓先生和孙膑先生二位是同学好友，当庞涓先生已经大贵之后，孙膑先生才拜别师父，前往投奔。庞涓先生把他介绍给魏王国的国王，在几次表现中，孙膑先生的才能，深受魏王国国王的赏识，这使心胸狭小的庞涓先生妒火中烧。他想总有一天孙膑先生会把他的元帅挤掉，于是，暗下毒手，飞起铁帽，砸到孙膑先生头上。该铁帽是传统铁帽——诬以谋反。结果判处刖刑，剜掉孙膑先生的两个膝盖骨。孙膑先生只好诈作疯狂，吃屎吃尿，语无伦次，每天在街头行乞。最后，他的祖国齐王国，秘密把他接回临淄，担任参谋总长，两次大破魏王国的野战军，而且在最后一次军事行动中，把负义的庞涓先生乱箭射死。

苏秦先生和张仪先生则跟鬼谷子学习政治，二人间的友情，跟庞涓先生与孙膑先生二人当年的友情一样，而且发展演变，也几乎相同。苏秦先生靠他的谋略，身兼六国宰相，名震国际，炙手可热时，张仪先生潦倒异乡，霉运正在当头。

《东周列国志》曰：

张仪自离鬼谷归魏，家贫，求事魏惠王不得。后见魏兵屡败，乃携其妻离魏游楚，楚相国昭阳，留之为门下客。昭阳率军伐魏，大败魏师，取襄陵（河南睢县南一公里）等七城。楚威王嘉其功，以和氏之璧赐之。……此璧乃无价之宝，只为昭阳灭越败魏，功劳最大，故以重宝赐之。昭阳随身携带，未尝稍离。一日，昭阳出游于赤山，四方宾客从行者百人。那赤山下有深潭，相传姜太公曾钓于此，潭边建有高楼，众人在楼上饮酒作乐，已及半酣。宾客慕和璧之美，请于昭阳，求借观之。昭阳命守藏竖于车箱中取出宝椟至前，亲自启钥，解开三重锦袱。玉光烁烁，照人颜面。宾客次第传观，无不极口称赞。正赏玩间，左右言："潭中有大鱼跃起。"昭阳起身凭栏而观，众宾客一齐出看。那大鱼又跃起来，足有丈余，群鱼从之跳跃。俄焉云兴东北，大雨将至。昭阳吩咐："收拾转程。"守藏竖欲收和璧置椟，已不知传递谁手，竟不见了。乱了一会，昭阳回府，教门下客搜查盗璧之人。门下客曰："张仪赤贫，素无行。要盗璧除非此人。"昭阳亦心疑之。使人执张仪笞掠之，要他招承。张仪实不曾盗，如何肯服。笞至数百，遍体俱伤，奄奄一息。昭阳见张仪垂死，只得释放。

呜呼，"赤贫"兼被指责"无行"，就必然地一定非干小偷不可，可见人是穷不得的也。但我佩服张仪先生，他被鞭打得"遍体俱伤，奄奄一息"，却仍拒绝招认。想当年，柏杨先生只不过被打断右膝，便哭爹叫娘，啥都招认啦。英雄好汉，当推张公。不过，柏杨先生招认之后，用不着证据，只凭口供，就立即定罪。而张仪先生招认之后，却哪里交出和氏璧哉？是他想招认也无法招认也。咦，如果向柏杨先生要的也是和氏璧，纵是再打断了左膝，我恐怕也会"坚不吐实"兼"不肯合作"，悲哉。

《东周列国志》曰：

旁有可怜张仪的，扶仪归家。其妻见张仪困顿模样，垂泪而言曰："子今日受辱，皆由读书游说所致，若安居务农，宁有此祸耶？"仪张口向妻，使视之，问曰："吾舌尚在乎？"妻笑曰："尚在。"张仪曰："舌在，便是本钱，不愁终困也。"于是将息半载，复还魏国。

张仪先生真是运气，贤妻还为他扶困养伤，柏老一入狱，柏杨夫人便"寒蝉曳声过别枝"矣。但代替贤妻进忠言的，则是朋友："老头，你今日弄到这种地步，皆由写文太多所致。若安分打工，宁有此祸耶？"柏老不能伸出舌头教朋友瞧瞧，只好找支圆珠笔亮亮相了。

●张仪传奇遭遇

战国时代的**魏**王国，位居中原，物产丰富，平民教育发达。国际上出类拔萃的人物，半数以上都是**魏**王国人。可是**魏**王国却把他们当成粪土，应验了《圣经·旧约》上的两句话："先知在本乡都是被轻视的。""他们抛弃掉的石头，当了殿角的石头。"所以，张仪先生回到**魏**王国首都大梁（河南开封）之后，照例得不到**魏**政府那些颟顸官员的重视，他虽然用出浑身解数，想晋见惠王魏莹先生，结果不但见不到国王，连宰相也见不到。谁肯用一个在外国犯了盗窃罪，受刑几死的无赖汉乎哉？张仪先生早已听说好友苏秦先生因倡导南北防御联盟跟秦王国对抗的大战略，在赵国（当时仍是封国）当了宰相。他想前往投奔，可是一方面自顾形惭，另一方面也没有盘缠旅费，只好困在家里，唉声叹息，干瞪大眼。

然而，一个偶然机会，张仪先生遇到一位刚从赵国首都邯郸来的商人贾舍人先生，二人一见如故，谈得颇为融洽。张仪先生向他打听苏秦先生的消息，当他确定苏秦先生果真是赵国宰相时，雄心再发。贾舍人先生正好做完生意，要打道回家，竭力鼓励张仪先生同行，张仪先生决定一试。

《东周列国志》曰：

既至赵郊，贾舍人曰："寒家在郊外，有事只得暂别。城内各门，俱有旅店，安歇远客，容卑人过几日相访。"张仪辞贾舍人下车，进城安歇。次日，修刺（名片）求谒苏秦，秦预诚门下人，不许为通。候至第五日，方得投进名刺。秦辞以事冗，改日请会。仪复候数日，终不得见，怒欲去。地方店主人拘留之，曰："子已投刺相府，未见发落，万一相国来召，何以应之？虽一年半载，亦不敢放去也。"张仪闷甚，访贾舍人何在，人亦无知者。

胃口吊足了之后，苏秦才见他，场面使人吐血。

又过数日，复书刺往辞相府（老子不见你啦，要走!）。苏秦传命："来日相见。"仪向店主人假借衣履停当（穷得连穿戴都没有像样的矣），次日，侵晨往候。苏秦预先排下威仪，阖其中门，命客从耳门（旁侧小门）而入。张仪欲登阶，左右止之曰："相国公谒未毕，客宜少待。"仪乃立于庑下，睨视堂前，官属拜谒者甚众。已而，禀事者又有多人。良久，日将昃，闻堂上呼曰："客今何在？"左右曰："相君召客。"仪整衣升阶，只望苏秦降坐相迎，谁知秦安坐不动。仪忍气进揖，秦起立，微举手答之，曰："余子（张仪别字）别来无恙？"仪怒气勃勃，竟不答言。左右禀进午餐，秦复曰："公事匆冗，烦余子久待，恐饿馁，且草率一饭，饭后有言。"命左右设坐于堂下，秦自饭于堂上，珍馐满案，仪前不过一肉一菜，粗粝之餐而已。张仪本待不吃，奈腹中饥甚，况店主人饭钱先已欠下许多，只指望今日见了苏秦，即便不肯荐用，也会有些金资费发，不想如此光景。正是：在他矮檐下，谁敢不低头。出于无奈，只得含羞举箸。遥望苏秦杯盘狼藉，以其余有分赏左右，比张仪所食，还盛许多，仪心中且羞且怒。

这已经够吐血的矣，更吐出血的还在苏秦先生的几句重话。

食毕，秦复传言："请客上堂。"张仪举目观看，秦仍旧高坐不起。张仪忍气不过，走上几步，大骂："季子（苏秦别字），我道你不忘故旧，远来相投，何竟辱我至此？同学之情何在？"苏秦徐徐答曰："以余子之才，只道先我而际遇了，不期穷困如此。吾岂不能荐于赵侯，使子富贵？但恐子志衰才退，不能有为，贻累荐举之人。"张仪曰："大丈夫自能取富贵，岂赖汝荐乎？"秦曰："你既能自取富贵，何必来谒？念同学情分，助汝黄金一笏，请自方便。"命左右以金授仪。仪一时性起，将金掷于地下，愤愤而出。苏秦亦不挽留。

◉针锋相对大战略

张仪先生虽穷，却仍保持正常的傲骨。苏秦先生加到他身上的羞辱，他宁可饿死，也不接受。这分明是庞涓先生昔日对老友孙膑先生的翻版，只差没有"诬以谋反"罢啦。张仪先生回到客栈，才发现陷于悲惨困局：第一，他无力偿还店钱；第二，他无力返回故乡；第三，更难堪的是，人们认为他厚颜高攀，被宰相赶出相府。

日暮途穷，英雄垂泪。正在进退维谷，多少日子找不到的贾舍人先生，适时前来拜访，对苏秦先生的无情无义，也感激愤。贾舍人先生表示抱歉，自责当初不该建议张仪先生贸然前来赵国，愿意代张仪先生清偿债务，并送他回魏王国。但张仪先生受的刺激太深，无颜再见故乡父老。他立志报复，可是一个穷苦小民要报复一国宰相，可比踢翻一座大山还难。只有一条路可走，那就是前往强大的秦王国，靠三寸不烂之舌，取得权柄，破坏苏秦先生赖以生存的南北防御联盟。问题是，秦王国太远，远在直线四百五十公里之外，山川崎岖，地面距离约有一千三百五十公里之遥，而他又身无一文。

《东周列国志》曰：

贾舍人曰："先生若往他国，小人不敢奉承。若欲往秦，小人正欲往彼探亲，依旧与小人同载，彼此得伴，岂不美哉？"张仪大喜曰："世间有此高义，足令苏秦愧死！"遂与贾舍人为八拜之交……⁽贾舍人⁾路间为张仪制衣裳、买仆从，凡仪所需，不惜财费。

及至秦国，复大出金帛，赂秦惠文王左右，为张仪延誉……⁽秦惠文王⁾闻左右之荐，即时召见，拜为客卿，与之谋诸侯之事。

事到如今，真相大白。

贾舍人乃辞去，张仪垂泪曰："始吾困厄至甚，赖子之力，得显用秦国。方图报德，何遽言去耶？"贾舍人笑曰："我非能知君者，知君者，乃苏相国也。"张仪愕然良久，问曰："子以资斧给我，何言苏相国耶？"贾舍人曰："相国方倡'合纵'之约，虑秦伐赵败其事，思可以得秦之柄者，非君不可。故先遣臣伪为贾人，招君至赵。又恐君安于小就，故意怠慢，以激怒君。君果萌游秦之志。相君乃大出金资付臣，吩咐恣君所用，必得秦柄而后已。今君已用于秦，臣请归报相君。"张仪叹曰："嗟乎，吾在季子术中，而吾不觉，吾不及季子远矣。烦君多谢季子，当季子之身，不敢言'伐赵'二字，以报季子玉成之德也。"

张仪先生不久⁽前328⁾就当了秦王国宰相，他的大战略是：各国不应跟秦王国对抗，而应跟秦王国和解，主张东西和平战线，跟苏秦先生的大战略针锋相对。不过，这个大战略要在苏秦先生逝世之后，才付诸实施。在张仪先生就任秦王国宰相的前一年⁽前329⁾，楚王国老王楚威王芈商先生逝世，我们的男主角芈槐先生继位。这两个历史上的冤家对头，同时登上政治舞台。

南北防御联盟，是一个松懈的组织，各国都为自己的利益打算，当初所估计超过秦王国五倍以上的力量，那是建立在团结无间的基础上。而国际上的团结，乃天下最困难的团结，国家领导人差不多都是近视眼，都贪图眼前的一块骨头，而忘了藏在骨头背后的牛耳刀。所以从南到北的六大强国，各有各的鬼胎。楚王国跟秦王国是当时世界两大超级强国，所以楚王国国王芈槐先生顺理成章地被推选为"纵约长"——南北防御联盟盟主。公元前318年，芈槐先生继承王位第十二年，他以"纵约长"身份，集结六国的军队，向秦王国发动一次史无前例的大规模攻击，这一次攻击如果取得胜利，中国历史将展开新页。

●无法使猪清醒

六国同盟联军，一开始就缺了一国——齐王国，盖张仪先生早对齐王国下了功夫，发动美女攻势，让秦王国皇女嫁给齐王国国王。皇女不是一个人提起小包袱走马上任，她的陪嫁团就是一个游说团，包括宫女和男性侍从，都能言善道，身拥巨金——用来作为贿赂。现在，正派上用场。齐宣王田辟强先生左右和政府大批高级官员，认为齐秦两国有姻亲之好，齐王国没有理由找秦王国的麻烦。酝酿到最后，身为贵族的田文先生（孟尝君），提出滑头办法，他曰："攻打则跟秦王国结怨，不攻打则触同盟国之怒。我的建议是，我们声称派出军队，而军队却在途中缓缓前进，用来观望。"

在这种情况下，芈槐先生所集结的不过五国军队，在秦王国边险要塞函谷关外会师，克期进攻。芈槐先生虽然身为盟主兼联军总司令，事实上他对谁都指挥不动。"怎么，教俺韩国打前锋呀，为啥你楚国不先动手？""攻城！俺赵国人不是人，燕国可全是北方大汉，你为啥不派他，他给你多少银子？"当秦王国函谷关守将嬴疾先生大开关门，陈兵挑战时，乌合之众面面相觑，谁都不肯、也不敢出马。僵持了几天之后，嬴疾先生派出奇兵，断绝楚军粮道，乘着军心慌恐，嬴疾先生对楚军阵地发动强攻，其他四国军队像看戏一样，站在旁边看热闹，漠不关心。等到楚军溃败，大家立即拔营，一哄而散。

秦王国虽然击败联军第一次攻击，但南北防御联盟（合纵）的存在，却是一个祸根，必须铲除。于是五年后的公元前313年，张仪先生到楚王国作一次划时代的访问，计划拆散楚王国跟齐王国的亲密关系。楚齐如果互相仇视，联盟便告瓦解。

张仪先生充分了解楚王国，政治腐败已到不可救药的程度，腐败的首脑人物芈槐先生最亲信的高级国务官（上官大夫）靳尚先生，正是张仪先生的王牌。他先用重贿结交靳尚，使这位楚王国最有权势的权要，成为毁灭楚王国最有力的工具。在以后故事的发展中，每一个节骨眼上，我们都可察觉到靳尚先生的辐射能，无微不至，控制一切，张仪先生是找对了角色。

芈槐先生以国王之尊，亲自到郢都（湖北江陵）郊外迎接张仪，盛大国宴后，二人在密室中对话。

《东周列国志》曰：

张仪曰："臣之此来，欲合秦楚之交耳。"怀王曰："寡人岂不愿纳交于秦哉？但秦侵伐不已，是以不敢求亲也。"张仪对曰：
"今天下之国虽七，然大者无过楚、齐，与秦共三耳。秦东合于齐
则齐重，南合于楚则楚重。然寡君之意，窃在楚而不在齐，何也？
以齐为婚姻之国，而负秦独深也。寡君欲事大王，虽仪亦愿为大
王门阑之厮。而大王与齐通好，犯寡君之所忌。大王诚能闭关而
绝齐，寡君愿以商君所取楚商於(河南内乡)之地六百里(三百公里)还归于
楚，使秦女为大王箕帚妾，秦、楚世为婚姻兄弟，以御诸侯之患。
惟大王纳之。"怀王大悦曰："秦肯还楚故地，寡人又何爱于齐？"

　　商於原是楚王国土地，被秦王国夺走。现在张仪先生抛出商
於，就跟抛出骨头一样，这么一点点利益，联盟主"纵约长"都
会变心，自甘拆伙，南北防御联盟(合纵)如果不消灭，还有天理乎
哉？当然，楚王国政府中不全是猪，也有人指出张仪先生的阴谋。
但张仪先生的金银财宝是会说话的，既然大多数重要官兵，包括
可敬的靳尚先生在内，一致真知灼见地认为跟秦王国和解是最聪
明的谋略，芈槐先生也别无选择。何况芈槐先生一听"商於之地
六百里"，先就春心大动，利令智昏，谁都无法使猪清醒。

◉天下第一大谎

《东周列国志》曰：

　　群臣皆以楚复得地，合词称贺。独一人挺然出奏曰："不可，
不可。以臣观之，此事宜吊不宜贺。"楚怀王视之，乃客卿陈轸
也。怀王曰："寡人不费一兵，坐而得地六百里，群臣贺，子独

吊，何故？"陈轸曰："王以张仪为可信乎？"怀王笑曰："何为不信？"陈轸曰："秦所以重楚者，以楚联齐敌也。今若绝齐，则楚孤矣，秦何重于孤国，而割六百里之地以奉之耶？此张仪之诡计也。倘绝齐而张仪负王，不与王地，齐又怨王，而反附于秦。齐、秦合而攻楚，楚亡可待矣。臣所谓宜吊者，为此也。王不如先遣一使随张仪往秦受地，地入楚而后绝齐未晚。"大夫(国务官)屈平(屈原)进曰："陈轸之言是也。张仪反复小人，决不可信。"嬖臣靳尚曰："不绝齐，秦肯与我地乎？"怀王点头曰："张仪不负寡人明矣。陈轸闭口勿言，请看寡人受地。"遂……命北关守将，勿通齐使。一面使逢侯丑，随张仪入秦受地。

张仪先生离间楚齐两国，人人皆知。然而，如果说在这种国际高阶层巨头会议上，张仪先生竟敢公然诈欺，恐怕很难使人相信。

张仪一路与逢侯丑饮酒谈心，欢若骨肉。将近咸阳(秦王国首都)张仪诈作酒醉，失足坠于车下，左右慌忙扶起，仪曰："吾足胫损伤，急欲就医。"先乘卧车入城……闭门养病，不入朝。逢侯丑求见秦王，不得，往候张仪，只推未愈。如此三月，丑乃上书秦王，述张仪许地之言，惠文王复书曰："仪如有约，寡人必当践之。但闻楚与齐尚未决绝，寡人恐受欺于楚，非得张仪病起，不可信也。"乃遣人以秦王之言，还报怀王。怀王曰："秦犹谓楚之绝齐未甚耶？"乃遣勇士宋遗，假道于宋，借宋符直造齐界，辱骂(齐)湣王。湣王大怒，遂遣使西入秦，愿与秦共攻楚国。

一块商於的骨头投下去——其实投下去的还不是骨头，不过骨头的影子，已使齐楚两国变友为仇。张仪先生的足疾，适时地痊愈，开始入朝。当然一下子就被逢侯丑先生拦住，张仪先生讶曰："老哥，你怎么不去接收土地，仍留在秦王国干啥？"逢侯丑先生曰："秦王专候相国面决，感谢耶稣基督，你终于康复，请入朝禀报大王，早定疆界，我好回国复命。"张仪曰："这件小事，何必禀报大王得知，我所说的是我的采邑六里，自愿献给你们贵国耳。"逢侯丑先生好容易才相信自己的耳朵，骇曰："我奉命前来，言明商於地区六百里，怎么忽然变成贵阁下的采邑六里啦？"张仪先生大惊曰："你说啥？六百里！秦王国国土，都是三军将士，血汗苦战，寸寸得来，怎么会平白割让给别人六百里乎？简直像场童话，谁能相信？我想，一定是贵国大王听错啦。"

这真是天下第一大谎。敢说天下第一大谎的人，固然很多，但竟然相信天下第一大谎的人，芈槐先生却是第一位君王。芈槐先生听到垂头丧气回国的逢侯丑先生报告后，像中了风的驴子一样，跳起来大声咆哮，下令动员武装部队，向秦王国攻击。这时那位睿智的陈轸先生又出面阻止——读者老爷注意，陈轸这家伙，总是在唱反调，专门说权贵分子听不进耳朵的话，这种人一旦被认为"二居心"，老命危矣。陈轸先生曰："大王已失去齐王国，今再攻秦王国，看不到有啥益处，因不见得能战胜也。依我之见，不如顺水推舟，索性割两城给秦王国，作为贿赂，跟秦王国结盟，联军攻齐。那么，虽然失去两城，还可以在齐王国方面，得到补偿。"芈槐先生曰："欺负我们楚王国的，是秦王国，跟齐王国有啥关系？如果照你所说，反而跟秦王国联合攻击齐王国，人们会笑掉大牙。"

◉大军两次溃败

芈槐先生在这件事上，立场严正，倒不像一个糊涂虫。如果真的照陈轸先生的话去做，张公饮酒李二麻子醉，找错对象，确实会引来更羞辱的嘲弄。问题是，楚王国战斗力已非昔比，以楚王国一国的力量，很难单独对付生气勃勃的秦王国。芈槐先生唯一可选择的是克制自己激愤的情绪，效法秦王国的办法，改革内政，变法图强。可是，芈槐先生选择了战争。军事是政治的延长，楚王国的军事已跟政治同样腐败，芈槐先生却不知道。

芈槐先生任命屈丐先生当总司令，命跟随张仪先生前往秦王国接受土地的逢侯丑先生当副总司令，率领十万远征军北伐。秦王国也动员十万大军应战，总司令魏章先生、副总司令甘茂先生，都是当代名将。两军在丹阳（河南淅川东南丹江北岸）会战，楚军崩溃，秦军缩小包围圈，展开无情屠杀，楚军八万余人丧生战场，只两万余人逃生。包括总司令屈丐先生、副总司令逢侯丑先生在内的高级将领（执圭）七十余人，全部死亡。秦军乘战胜之势，回军占领楚王国的汉中郡（陕西汉中南郑区）。

败讯传到郢都，芈槐先生既悲又怒，这次他可是真正发了疯，下令动员全国所有可以作战的男性，发动更大规模的攻击。这一次到底动员了多少人，由谁担任指挥官，史书上没有记载。《史记》只曰："乃悉国兵复袭秦。"《通鉴外纪》也只曰："悉发国内兵，以复袭秦。"既然倾全国之力，则定是一个使人震惊的庞大数目，楚王国大军这次锐不可当，进入秦王国国境，直指蓝田（陕西蓝田）。蓝田县距秦王国首都咸阳仅五十公里，而距本国根据地郢都，直线却有六百公里（地面距离当在一千八百公里左右），楚军已成强弩之末。这一战的结果比上一战的结果更惨，全军覆没。

一年之中，两次毁灭性的惨败，楚王国的弱点和缺点，全部暴露，从此一蹶不振。这跟1894年中国跟日本的甲午战争一样，一场凄凉的败仗下来，中国沦落到谷底。呜呼，张仪先生一句谎话，竟引起十数万人伏尸沙场和国际形势的转变，使人震惊。然而，芈槐先生所做的窝囊事，层出不穷，这只不过是一个开始。

当楚王国败报传出时，韩王国和魏王国食欲大动，为了不让秦王国一口下肚，他们决定把楚王国五马分尸。昔日信誓旦旦的南北防御联盟（合纵），一笔勾销，"纵约长"盟主也者，更不值一屁。两国分别出动大军，向楚王国突袭，魏王国的突袭军团，前锋已抵达邓县（河南邓州）。噩耗从四面八方传来，芈槐先生抵挡不住，他已没有坚持的本钱。一定要坚持的话，只有亡国。只好屈膝，派遣陈轸先生担任谢罪专使，前往齐王国谢罪。再派屈原先生，前往秦王国，献出两个城市求和。呜呼，既有今日，何必当初。

秦王国答应和解，并且愿归还汉中郡（陕西汉中南郑区）的一半土地，这是一个优厚的条件。

芈槐先生的答复是，他不要汉中郡一半土地，而只要张仪。盖芈槐先生把张仪先生恨入骨髓，他已忘了他是一个君王，应以国家利益为重。他不能忍受张仪先生的愚弄，要得之而甘心，他要用最残酷的刑罚，活活剥他的皮。

芈槐先生的反建议，在秦王国政府引起风波，妒火中烧的一些高级官员，认为这是铲除张仪先生最好的方法，他们一致认为，用一个人换取数百里土地，简直是一本万利。但秦王国国王秦惠文王嬴稷先生还有天良，他知道张仪一入楚境，必然惨死无疑，他不忍心这么做。可是，张仪先生自告奋勇，愿投罗网。

◉赃官是敌人的王牌

张仪先生跟柏杨先生不一样，柏杨先生千里孤骑，聋子不怕雷，瞎逞英雄，结果隆重入狱，几乎绑赴刑场，执行枪决。张仪先生敢于投身于蓄怒以待的虎穴，是谋定而后动。盖他手中握有一张救命王牌，该王牌就是楚王国赃官靳尚先生和他的贪污系统。

在意料中的，张仪先生一入楚境，立刻被捕，押送到郢都囚入天牢。芈槐先生下令择一个黄道吉日，祭告太庙，就在该项隆重大典之上，要把张仪先生带到大厅，像芈围（楚灵王）先生对付庆封先生那样，对付张仪。这是一个难解的危局，张仪先生命在旦夕。

就在这时候，靳尚先生向芈槐先生最宠爱的姬妾郑袖女士，提出警告曰："夫人听禀，你的好日子就要过去啦。"郑袖女士问他缘故。这一问，有分教，局势倒转。

《东周列国志》曰：

郑袖乃中夜涕泣，言于怀王曰："大王欲以地（汉中郡）易张仪，地未入于秦，而张仪先至，是秦之有礼于大王也。秦兵一举而席卷汉中，有吞楚之势，若杀张仪以怒之，必将益兵攻楚。我夫妇不能相保，妾心如刺，饮食不甘者累日矣。且人臣各为其主，张仪天下智士，其相秦国久，与秦偏厚，何怪其然？大王若厚待仪，仪之事楚，亦犹秦也。"怀王曰："卿勿忧，容寡人从长计议。"翌日，靳尚复乘间言曰："杀一张仪，何损于秦？而又失汉中数百里之地。不如留仪，以为和秦之地。"怀王意亦惜汉中之地，不肯与秦，于是出张仪，因厚礼之。张仪遂说怀王以事秦之利。芈槐即遣张仪归秦，通两国之好。

可是，为善不终，事情又出了变化。

屈平出使秦国而归，闻张仪已去，乃谏曰："前大王见欺于张仪，仪至，臣以为大王必烹食其肉。今赦之不诛，又欲听其邪说，率先事秦。夫匹夫犹不忘仇雠，况君乎？未得秦欢，而先触天下公愤，臣窃以为非计也。"怀王悔，使人驾轺车追之，张仪已星驰出郊二日矣……史臣有诗曰：张仪反复为嬴秦，朝作俘囚暮上宾。堪笑怀王如木偶，不从忠计听谗人。

芈槐先生不仅是一个木偶而已，简直像一个玩具。张仪先生，把芈槐先生玩弄于股掌之上，虎虎生风，全世界都掌声雷动。呜呼，第一次被张仪先生蒙住，还可说张仪先生王八蛋，第二次落入张仪先生的圈套，便不能怪张仪先生，而应检讨自己矣。惜哉，芈槐先生不过平庸之辈，他不但没有能力检讨自己，反而不久就又英勇地再一次跳进秦王国的陷阱，一个人一辈子都在上当中过日子，真是不可思议的奇观。

张仪先生回秦后不久，就转到魏王国（首都大梁，河南开封）担任魏王国宰相，随即逝世。秦王国国王嬴稷先生死后，儿子嬴荡（秦武王）继位，嬴荡先生是个粗汉，被周王国的鼎压死，我们将来会报道他。

嬴荡先生被压死后，弟弟嬴稷（秦昭王）先生继位。芈槐先生的对手，又换成这位心狠手辣的君王。

楚秦两国的关系，一直是不稳定的，从张仪先生事件（前312）到公元前三世纪第一年（前300），十二年间，两国之间战战和和、谈谈打打，好的时候两国国王会面，拥抱接吻，亲如密友。坏的时候兵戎相见，杀得鬼哭神号，血流成河。

◉武关之会

十二年间，楚秦两国之间，至少发生下列三件大事：

一、公元前304年，芈槐先生跟嬴稷先生，在黄棘（河南新野）举行高峰会议。

二、公元前303年，齐、魏、韩三国攻楚。秦遣军救楚。

三、公元前300年，秦大军攻楚，斩首三万，楚大败。

历史进入到公元前第三世纪，也就是秦军大败楚军、斩首三万的次年（前299），我们的男主角芈槐先生又遇上了难题。

《东周列国志》曰：

昭襄王乃遣使遗怀王书，略云："始寡人与王约为兄弟，结为婚姻，相亲久矣。王弃寡人而纳质于齐，寡人诚不胜其愤，是以侵王之边境，然非寡人之情也。今天下大国，惟秦与楚，吾两君不睦，何以令于诸侯？寡人愿与王会于武关（陕西商南境），面相订约，共修和好，结盟而散。还王之侵地，复逐前谊，惟王许之。王如不从，是明绝寡人也，寡人不能退兵也矣。"怀王览书，即召群臣计议曰："寡人欲勿往，恐激秦之怒。欲往，恐被秦之欺。二者孰善？"屈原进曰："秦，虎狼之国也。楚之见欺于秦，非一二次矣，大王往，必不归。"相国（宰相）昭睢曰："灵均（屈原字）乃忠言也！王其勿行，速发兵自守，以秦兵之至。"靳尚曰（柏老按：这次大概是赢樱先生的银子说话）："不然。楚惟不能敌秦，故兵败将死，舆地日削。今欢然结好而复拒之，倘秦王震怒，益兵伐楚，奈何？"怀王之少子兰，娶秦女为妇，以为婚姻可恃（柏老按：国家利益，高过任何利益，婚姻算老几，该死！），力劝王行，曰："秦、楚之女，互相嫁娶，亲莫过于此。彼以兵来，尚欲请和，况欢然求为好会乎？上官大夫（靳尚）所言甚当，王不可不听。"怀王因楚兵新败，心本畏秦，又被靳尚、子兰二人撺掇不过，遂许秦王赴会。择日起程，只有靳尚相随。

秦王国有悠久的历史，它的前身秦国，原是周王朝的封国之一，由一个遥远荒凉的野蛮部落组成，没有人瞧得起它。直到公元前四世纪，中原封国的文化已有高度水准，秦国还几乎是初民状态。中原封国好像今天的欧美，秦国则好像今日的新几内亚，悬隔天壤。可是，就在公元前四世纪四十年代，秦国国君秦孝公嬴渠梁先生请到了卫国一位贵族破落户公孙鞅先生当宰相，用雷霆万钧之力，改革政治，提高文化水准——好比：严厉禁止父亲跟成年的女儿或儿媳睡在同一个炕上。只十年左右，秦国骤然强大，强大到使东方那些老朽的封国一败再败，丑态毕露，一提起秦国，就既轻视又害怕。秦国蜕变为秦王国后，仍继承这种威力，但也继承固有的野蛮习性，这习性表现在两件大事上：第一，秦王国的刑罚，最为残酷，这是蛮族特征；第二，秦王国从不知道啥是国际信义，啥是国际承诺，只知道诈术和拳头，能骗就骗，能打就打。大国犹如大丈夫，"有所不为"。秦王国姓嬴的国王群，却跟在码头上的小瘪三一样，无所不为。怎么，俺老子两肋插刀，胳膊上走马，就是这么干啦。你不服，没关系，上来较量呀! 集无知与无耻的大成。而怀王先生，这位身怀巨款的老实脓包，正跟这样的强盗在黑巷子里握手言欢。

《东周列国志》曰:

(芈槐) 至武关 (陕西商南境) 之下。只见关门大开，秦使者复出迎曰: "寡君候大王于关内三日矣。不敢辱车从于草野，请至敝馆，成宾主之礼。"怀王已至秦国，势不容辞，遂随使者入关。怀王刚刚进了关门，一声炮响，关门已紧闭矣。怀王心疑，问使者曰: "闭关何太急也? "使者曰: "此秦法也。战争之世，不得不然。"怀王问: "尔王何在? "对曰: "先在公馆伺候车驾。"即叱御者速驰。约行二里许，望见秦王侍卫，排列公馆之前，使者吩咐停车。馆中一人出迎，怀王视之，虽然锦袍玉带，举动却不像秦王。

怀王心下踌躇，未肯下车，那人鞠躬致词曰: "大王勿疑，臣实非秦王，乃王弟泾阳君 (嬴市) 也。请大王至馆，自有话讲。"

●肉票逃亡

芈槐先生进了宾馆，屁股还没有坐稳，只听外面人喊马嘶，秦王国军队已四周布防，断绝内外交通。芈槐先生曰: "我来参加高峰会议，是你们国王邀请来的。派兵把我团团围住，这算干啥？"嬴芾先生曰："这怎么能叫团团围住？唯一抱歉的是，俺老哥敝国王嬴稷先生，不巧正好这几天害了点小病，不能长途跋涉。本要改期，又怕失信，所以派我前来迎接你阁下前往咸阳相见。这些军队，只是为了保护你，就跟你在国内时的皇家侍卫一样。你可千万莫推辞呀。"事到如今，想推辞也推辞不掉，如果推辞得掉，柏杨先生早推辞狱吏盛情，不去火烧岛啦。

最糟的还在后面，芈槐先生到了咸阳之后，嬴稷先生高坐金銮宝殿，文武百官和各国使节，分列两旁，却教芈槐先生像一个藩属一样，用觐谒主子的礼节参拜。芈槐先生气得发抖，曰："嬴稷先生，我相信两国之间婚姻关系，更相信秦王国的国际荣誉，所以，单身来和你见面。想不到你却假装生病，把我引诱到这里，又这么大模大样，连最低的礼貌都没有。请问，你用意何在？"嬴稷先生曰："我的用意很简单，秦王国想要楚王国的黔中郡（湖南沅陵——辖土包括贵州及湖南），只好委屈你御驾光临。贵阁下早上答应割让，晚上就送贵阁下返国。"芈槐先生曰："你们如果想要黔中郡，也得在谈判中解决，怎么想到用这种下流手段？"嬴稷先生曰："手段虽然下流，可是效果却是奇佳。试问老哥，如果不用这种下流手段，光靠谈判，你肯白白失掉几百里疆土乎？"芈槐先生只好自认倒霉曰："好吧，算你赢啦，我可以把黔中郡割给你。我愿跟你共同指天盟誓，请贵阁下派一个专使，跟我到楚王国接收，如何？"如何，当然不行，嬴稷先生曰："盟誓算屁，谁信那玩意儿？你回到楚王国之后，把尊脸一翻，地不割啦，专使也杀啦，我有啥办法？岂不跟你一样成了呆瓜？别耍花招，那一套连娃儿都唬不住。现在这么办，你先派人回到贵国，把黔中郡交割得清清楚楚，到时候，我会举办一项盛大的宴会，为老哥饯行，那可比现在光彩多啦。"

一场对话，彻底暴露秦王国嬴家班的邪恶。以超级强国国王之尊，竟然像绑匪一样，干出绑票勾当。秦王国没有一个官员敢指责这种行为不当，提出异议，反而一窝蜂包围芈槐先生，劝他接受这项宽大条件。芈槐先生虽然一辈子窝囊，但他却在这最后节骨眼上，坚决不屈，显示他高贵的一面。他回答得很干脆，曰："姓嬴的，你不是一个国王，不过一个鼠辈。我就是死在这里，也不屈服你的威胁。你以为天下人全像你一样，都是贪生怕死的无耻之徒呀，现在就教你瞧瞧有人跟你不同。"嬴稷先生下令把芈槐先生软禁在咸阳，他相信，芈槐先生受不了这种苦头，最后必然屈服。但是，这一次，嬴稷先生错估了他的对手。芈槐先生决定用自己的生命作武器，给嬴稷先生重重一击。

楚王国得到消息，宰相昭雎先生立刻反应，派人到齐王国把作为人质的太子芈横（楚顷襄王）先生，迎接回国，继承王位，然后通知秦王国："感谢祖宗在天之灵，楚王国已有了新王。"这是表示楚王国决心牺牲肉票，连分文赎金都不付。嬴稷先生霎时间发现，他丧尽天良、抛尽信义、千方百计的阴谋，全部落空。芈槐先生原是一只凤凰，现在却连乌鸦都不如，绑票案的唯一收获，不过招来全世界的鄙视和诅咒。嬴稷先生像一个输不起的赌徒一样，勒索不行，即行抢夺，派出十万大军向楚王国攻击，一连占领沿边十五个城镇。

然而，嬴稷先生仍不放芈槐。被囚后的第三年 (前297)，芈槐先生乘着看守他的卫兵不备，悄悄溜出咸阳。嬴稷先生下令封锁秦楚两国边界，派大兵搜捕。可怜的老汉，他不敢南奔，转向北跑，盼望投奔赵王国，可是赵王国恐惧秦王国报复，不敢收留。芈槐先生惶惶如丧家之犬，急急如漏网之鱼，再转向东，盼望投奔魏王国，而追兵已尾随而至，他阁下再度落到绑匪之手。芈槐先生怀着极大的愤怒，但他的日子已经过去，无可奈何，他开始大口吐血，而终于躺床不起。

◉诗人之死

芈槐先生的年纪，史书上没有记载，他爹芈商 (楚威王) 先生在位十二年，加上芈槐先生在位三十一年，无论如何，他应该老啦。经过三年的囚犯生活和逃亡辛苦，既吐血卧病，便无痊愈希望。尤其在卧病之中，美丽的郑袖女士既不在侧亲侍汤药，甜嘴巴的靳尚先生早逃回楚王国，也不在侧巴结奉承。芈槐先生举目凄凉，遂于卧病的次年 (前296)，命丧黄泉，结束他悲剧的一生。

秦王国把他的棺枢归还楚王国，通往郢都沿途的楚王国小民，拜棺痛哭，自是一场感人情景。就故事本身而论，芈槐先生轻如鹅毛，死不瞑目。可是从历史观点来看，他的死已使秦王国付出代价。近程的，秦王国的卑劣狰狞面貌，全部呈现。秦王国国格，嬴家班人格，全部扫地，激起东方诸国的醒悟，已经瓦解了的南北防御联盟 (合纵) 重新组织。秦王国惹上的，是一些不必要的麻烦。远程的，楚王国人民把秦王国恨入骨髓，兴起信念："楚虽三户，亡秦必楚。"而这在公元前世纪的末期，果然应验。

芈槐先生之死的副产品，是中国第一位大诗人屈原先生为中国留下最早的诗篇《楚辞》，并且为爱国而丧生。

芈横先生虽然继承了王位，但楚政府的成员不变，贪污领袖靳尚先生和少不更事的王弟芈兰先生，继续掌握权柄。《史记》曰："人君无愚智贤不肖，莫不欲求忠以自为，举贤以自佐。然亡国破家相随属，而圣君治国累世而不见者，其所谓忠者，不忠；其所谓贤者，不贤也。怀王以不知忠臣之分，故内惑于郑袖，外欺于张仪，疏屈平而信上官大夫（靳尚）、令尹子兰（芈兰）。兵挫地削，亡其六郡，身客死于秦，为天下笑，此不知人之祸也。"呜呼，知人谈何容易，楚王国的灾难在内部腐败，不在秦王国兵强马壮。屈原先生目睹残局，大家并没有从一连串失败中得到教训，反而沾沾自喜大祸没有落到自己头上。靳尚先生和芈兰先生权势已经茁壮，改革已不可能，但屈原先生盼望改革，他屡屡向新王芈横先生进言，要求振作，为老王芈槐先生复仇。

任何人都赞成改革，都赞成重振纪纲，建立法律秩序，任用贤能。问题是，你要排除谁？一个由君王发动的改革，还往往失败，像十八世纪巴西帝国的皇帝，倒是最先觉悟的，可是，贵族和地主掀起政变，改成了共和。等而下之，由官员发动的改革，更杀机重重，只会招来杀身之祸。何况屈原先生赤手空拳，凭的是一腔爱国热情，而他要求的却是要排除全国最有权势的靳尚和芈兰——芈横先生的王位甚至都靠他们的支持，结果当然在意料之中。

《东周列国志》曰:

(#兰)使靳尚言于顷襄王曰:"原自以同姓不得重用,心怀怨望,且每向人言大王忘秦仇为不孝,子兰等不主张伐秦为不忠。"顷襄王大怒,削屈原之职,放归田里。原有姊名媭,已远嫁,闻原被放,乃归家……见原披发垢面,形容枯槁,行吟于江畔,乃喻之曰:"楚王不听子言,子之心已尽矣,忧思何益?幸有田亩,何不力耕自食,以终余年乎?"原重违姊意,乃秉耒而耕,里人哀原之忠者,皆为助力。月余,姊去。原叹曰:"楚事至此,吾不忍见宗室之亡灭!"忽一日,晨起,抱石自投汨罗江(流经湖南汨罗、平江,注入洞庭湖)而死。其日乃五月五日。里人闻原自溺,争棹小舟,出江拯救,已无及矣。乃为角黍(粽子)投于江中以祭之,系以彩线,恐为蛟龙所攫食也。

这就是五月五日端午节吃粽子和龙舟竞渡的起源,为的是哀悼一位爱国诗人之死。最有趣的是,到了公元十一世纪八十年代,宋王朝政府,却追封屈原先生为公爵(清烈公),稍后,更追封他为王爵(忠烈王),距他投江之日,已一千四百年矣。后人有《过忠烈王庙》诗曰:

峨峨庙貌立江傍　香火争趋忠烈王
佞骨不知何处朽　龙舟岁岁吊沧浪

屈原先生死于公元前三世纪初,七十年后,楚王国在最后一战中,被秦王国击溃国亡。屈原先生之死,并没有唤醒国魂。

赵武灵王

时代: **公元前四世纪七十年代**

至公元前三世纪初

王朝: **赵王国第一任国王**

姓名: **赵雍**

在位: **二十八年** (前326—前299)

遭遇: **被围沙丘宫·饿死**

●一代人杰

在楚王国国王楚怀王芈槐先生翘辫子的翌年^(前295)，赵王国国王赵武灵王赵雍先生，被叛军围困在沙丘^(河北平乡)的行宫之中，活活饿死。

赵雍先生跟芈槐先生，是同时代人物，下场同样是一场悲剧。但芈槐先生，一辈子窝囊。而赵雍先生，却是万人崇拜的一代英雄。这要追溯到春秋时代的往事。

春秋时代于公元前481年结束，翌年，战国时代开始。中国历史上时代的划分，以"春秋""战国"最没有时代性和社会性根据，更没有政治性根据。当初不过几个儒家学派的文化人信口开河，后人不假思索地沿用下来。盖儒家学派开山老祖孔丘先生，曾整理鲁国的编年史——鲁国的编年史名《春秋》，起自公元前722年，止于前已言之的公元前481年，儒家学派把这三百年间的时间，称为"春秋时代"，也就是周王朝衰退成为周王国，独立封国林立时代。春秋时代完结，接着是战国时代。而战国时代应起于哪一年，史学家各说各话，各定日期，而且都持之有物，言之有理。其中最权威的一种说法是，应从公元前403年起。盖该年也，晋国分裂为韩国、赵国、魏国。而司马光先生的史学名著《资治通鉴》，就从该年开始。不过，春秋时代结束后^(前480)到前404年，七十七年间，算啥时代？这七十七年比春秋时代更糟，既不能另行成为一个独立时代，又不能算是周王国的复兴。硬用人为的力量丢掉它，既不公平，也不可能。按理应该使春秋时代延伸下去才对，然而，孔丘先生的力量太大，我们既无力使之延伸，只好使战国时代跟它衔接，应该是合理的也。

——司马光先生的人虽不可取，但他主编的《资治通鉴》却是中国最好的史书之一。本应上接《春秋》的，可是，他宣称他不敢衔接孔丘先生的屁股。一条鞭下来的编年史，遂中空七十七年（前480—前404）。柏杨先生以小人之心，度君子之腹，猜想他可能收集不到这七十七年间的史料，遂假装谦恭。如果我老人家猜错啦，那么，有件事准猜对啦，那就是，圣人可害人不浅。

言归正传。公元前403年，当初煊赫一时，屡当中国霸主的晋国政府，已衰弱不堪。赵、魏、韩三姓家族，遂开始分割。就在那一年，奄奄一息的周王国政府，发挥了剩余价值。国王姬午（周威烈王）先生，在接受三家贵重的贿赂后，分别封三大家族的族长为国君，建立韩、赵、魏三个封国。晋国国君只剩下一个城，反而像奴才一样，看三家的颜色，三十多年后的公元前369年，三家索性把晋国最后一位可怜的国君姬俱酒（晋静公）先生，逐出城堡，贬作小民，晋国灭亡。

三国分晋之后，赵国（首府河北邯郸）最强。

本篇男主角赵雍先生，是赵国第六任国君，他于公元前326年，继承他爹赵语（肃侯）先生的宝座，然后改建王国。所以他虽是赵国第六任国君，却是赵王国第一任国王，英气焕发，雄心万丈，他了解赵国所处的地缘位置，要想在激烈的战国时代生存，必须使他的军队成为现代化的军队。传统的战略战术以及传统的武器，必须淘汰。

◉货真价实的崇洋

现代化的意义，是指向最进步的其他国家，学习最进步的东西——包括生活方式和战争方式。这正是货真价实的“崇洋”，柏杨先生就是这种货真价实的崇洋分子之一。此生为崇洋而活，下世为崇洋而生。有些人僵固得像一粒干屎橛，总觉得一切都是自己的好，自己既不求长进，还唯恐别人长进（甚至唯恐民富国强），遂在“崇洋”之下，装上《西游记》哪吒先生的风火轮：“媚外”，而成了“崇洋媚外”。只要把这件法宝念念有词地祭出来，当者无不脑浆迸裂。呜呼，“崇洋”跟“媚外”没有必然的因果关系，这一点如果弄不清，或者故意弄不清，中国就永远死气沉沉，人民也将永远受不尽苦难。

赵雍先生是中国历史上主动采取现代化行动，也就是主动采取崇洋行动的第一位君王。大多数君王都是固步自封，把政权看成玻璃罐，捧到手里，连姿势都不敢改变，唯恐玻璃罐掉到地上跌个粉碎。结果酱在那里，捧得筋疲力尽，最后来一个倒栽葱，还是稀里哗啦。赵雍先生不然，他盖世英姿，具有超越时代的构想。《东周列国志》形容他：“身长八尺四寸（柏老按：里的长度变化很少，而尺的长度，随着时代而有不同，这跟赋税有关，所以必须是专家才能算出八尺四寸折合多少公分），龙颜鸟喙（鸟喙不知是啥模样，大概有点前噘），广鬓虬髯，面黑有光。胸开三尺，气雄万夫，志吞四海。”他阁下跟普通君王有异，普通君王都喜欢躲在皇宫里跟女人混在一起，赵雍先生不然，他的足迹几乎走遍他的王国，体验风俗民情，观察山川形势。他北到过中山王国（河北定州），东到

过黄河 (山东境)，西到过黄华山 (河南林州西十公里太行山一峰)，发现他的国家处于四面作战的危险之境，必须改弦易辙，发奋图强。

《史记》曰：

(赵雍) 召楼缓谋曰："我先王因世之变，以长南藩之地，属阻漳 (漳河，经河南林州) 滏 (滏阳河，经河北邯郸) 之险，立长城，又取蔺 (山西吕梁离石区)、郭 (郭水，经山西阳城)、狼 (狼山，河北保定境)。败林 (蛮族林夷部落) 人于荏 (荏山，山东聊城荏平区境)，而功未遂。今中山 (河北定州) 在我腹心，北有燕 (燕王国)，东有胡 (蛮族东胡部落，内蒙古及辽宁南部)，西有林胡 (蛮族部落，内蒙古河套地区)、楼烦 (蛮族部落，山西北部)、秦 (秦王国)、韩 (韩王国) 之边。而无强兵之救，是亡社稷，奈何？夫有高世之名，必有遗俗之累。吾欲胡服。"楼缓曰："善。"群臣皆不欲。于是肥义侍，王曰："简 (赵鞅) 襄 (赵无恤) 主之烈，计胡、翟 (翟国，山西中部) 之利。为人臣者，宠有孝弟长幼顺明之节，通有补民益主之业。此两者，臣之分也。今吾欲继襄主之迹，开于胡、翟之乡，而卒世不见也，为敌弱，用力少而功多。可以毋尽百姓之劳，而序往古之勋。夫有高世之功者，负遗俗之累；有独智之虑者，任骜民之怨。今吾将胡服骑射，以教百姓，而世必议寡人，奈何？"肥义曰："臣闻，疑事无功，疑行无名。王既定负遗俗之虑，殆无顾天下之议矣。夫论至德者，不和于俗；成大功者，不谋于众。……愚者暗成事，智者睹未形，则王何疑焉。"王曰："吾不疑胡服也，吾恐天下笑我也。狂夫之乐，智者哀焉。愚者所笑，贤者察焉。世有顺我者，胡服之功，未可知也。虽驱世以笑我，胡地中山，吾必有之。"于是遂胡服矣。

译成白话：

"_(赵雍)召楼缓先生谋曰：'我那些贤明祖先，因时势世情的运转，掌握晋国最重要的疆土，雄踞漳河、滏阳河险要，建立长城，又占领蔺城、郭水、狼山，也曾在荏山击败过林夷部落，但仍未能彻底把它摧毁。'……"

◉建立新军

赵雍先生继续他的说服工作。

"'而今中山王国逼我腹心，北方有燕王国，东北方有蛮族东胡部落，西方有林胡部落、楼烦部落、秦王国、韩王国。四周都是敌人，我们如果没有强大的战斗力来保护自己，只有灭亡。我认为，历史上有高度的美名，必然受到当时世俗的谴责。我准备做一件大事，那就是，为了增加我们的战斗能力，第一步，先改变衣冠，穿胡人的衣服！'楼缓先生曰：'我赞成。'可是，高级官员和贵族群，强烈反对。当时元老重臣肥义先生和赵雍先生在一起，赵雍先生曰：'先祖赵鞅、赵无恤创下功业，于胡、翟之地开展事业。做臣子的，对知礼达情，遵守孝悌长幼顺序的人，给予褒奖；对努力工作，在经济建设上有贡献的人，加以升迁。这是待部属的本分。现在，我打算继续先祖赵无恤先生的路线，向北发展到胡、翟之地。世人不会重视这种功勋，盖胡、翟部落太弱，我们只要用很少的力量便可达到目的。其实不使小民过度负担，正是祖先们的一贯政策。具有突破性创意的人，必然引起顽劣分子的怨怒。而今，我要下令全国国民，一律抛弃传统衣冠，改穿胡人服装，加强骑马射箭教育。一旦这么做，看他们全体哗然，鸡猫子喊叫吧，老哥，你说怎么办？'肥义曰：'我听说过一句话：对所做的事，如果心抱怀疑，就不可能成功。对自己的行为，如果心抱怀疑，也不可能成名。你既然决心要移风易俗，就不必考虑别人议论。呜呼，建最高事业的，从不跟世俗和稀泥。成最大功勋的，从不跟成群结队的人磋商。愚昧的人总是安于现实，智慧的人才能瞻望前程。你主意既定，还犹豫啥？'赵雍先生曰：'我绝不怀疑胡服骑射的功能，只怕人们讥笑。狂妄之辈快乐的时候，智慧的人感到悲哀。愚昧之辈笑得合不住嘴的时候，聪明的人应该警惕。最大的困惑是，赞成我的朋友，对胡服骑射的效果，并不敢肯定。不过，没有关系，就是全世界都笑我，蛮族的诸胡部落和中山王国的土地，我一定夺取到手。'于是，下令全国国民，一律改穿胡服，学习骑射。"

从赵雍先生跟他两位智囊的这番对话，可看出赵雍先生洞察力之强和气魄的雄伟。春秋时代各封国间的战争，以"战车"为主，彼时的"战车"，既不是今天的"坦克"，也不是罗马帝国的两轮一马式的"驰车"，而是四个轮子，用一匹马或两匹马，一头牛或两头牛拉的方舟型的玩意儿。这玩意儿直到二十世纪中叶，广大的中国北方乡村，仍然使用。柏杨先生小时候，就曾爬到上面撒过尿，以示普天同庆。上面站立两排兵老爷，大概左三右三，驾驶朋友居于当中稍前。攻击时万车俱动，黄沙滚滚，马嘶人叫（或牛哞人叫），势如排山倒海，敌人不死于刀下，便死于轮下，好不得意。防御时，"战车"就成为一个营垒，远者箭射，近者枪扎。不过，很显然地，面对洋大人现代化的骑兵部队，严重缺点就完全暴露。它的笨重使它运转困难，追击时像一群老乌龟，心里急如星火，却硬是跑不快，还没追三步，敌人已跑得他妈的无形无踪。退却时老乌龟如故，除了身陷重围，被杀净光外，别无他途。盖箭可用尽，而敌无穷。而且，必须选择平坦地区作为战场，才容易发挥威力。一旦敌人掘下壕沟，便全盘结束。

"战车"已是落伍的武器，必须更新装备，彻底改组武装部队，建立新军。跟十九世纪清王朝末叶，建立新军一样，赵雍先生决定组织骑兵，抛弃战车，使用马匹。而使用马匹必须抛弃宽袍大袖，改穿洋大人军队的制服。

◉大辩论（上）

人类是有惰性的，赵雍先生一语击中要害："愚昧的人总是安于现实。"他早就料到，即以专制君王的权力，一下子要全国改变生活方式和战争方式，也会遇到阻力。事实上反对的情绪比他想象的还要强烈。盖反对最坚决的不是小民，而是一位德高望重的皇族前辈——赵雍先生的叔父赵成先生。顽固派奉赵成先生为首领，积极抵制。赵雍先生于是把箭头对准这位王叔，使出恩威兼施、软硬夹攻手段。

《战国策》曰：

使王孙告公子成曰："寡人胡服，且将以朝，亦欲叔之服之也。家听于亲，国听于君，古今之公行也。子不反亲，臣不逆主，先王之通谊也。今寡人作教易服，而叔不服，吾恐天下议之也。夫制国有常，而利民为本。从政有经，而令行为上。故明德在于论贱，行政在于信贵。今胡服之意，非以养欲而乐志也。事有所出，功有所止。事成功立，然后德且见也。今寡人恐叔逆从政之经，以辅公叔之议。且寡人闻之，事利国者行无邪，因贵戚者名不累。故寡人愿慕公叔之义，以成胡服之功。使谒叔，请服焉。"公子成再拜曰："臣固闻王之胡服也，不佞寝疾，不能趋走，是以不先进。王今命之，臣固敢谒其愚忠。臣闻之：中国者，聪明睿智之所居也，万物财用之所聚也，贤圣之所教也，仁义之所施也，诗书礼乐之所用也，异敏技艺之所试也，远方之所观赴也，蛮夷之所义行也。今王释此，而袭远方之服，变古之教，易古之道，逆人之心，叛学者，离中国。臣愿大王图之。"使者报王，王曰："吾固闻叔之病也。"即之公叔成家，自请之曰："夫服者，所以便用也。礼者，所以便事也。是以圣人观其乡而顺宜，因其事而制礼，所以利其民而厚其国也。被发文身，错臂左衽，瓯^{（福建）}越^{（广东）}之民也。黑齿雕题，鳀冠秫缝，大吴^{（吴王国）}之国也。礼服不同，其便一也。是以乡异而用变，事异而礼易。是故圣人苟可以利其民，不一其中；果可以便其事，不同其礼。儒者一师而礼异，中国同俗而教离。又况山谷之便乎？故去就之变，智者不能一。远近之服，贤圣不能同。穷乡多异，曲学多辨，不知而不疑，异于己而不非者，公于求善也。今卿之所言者，俗也。吾之所言者，所以制俗也。今吾国东有河^{（黄河）}、薄洛^{（漳河）}之水，与齐^{（齐王国）}中山^{（中山王国，首都河北定州）}同之，而无舟楫之用。自常山^{（恒山，山西大同境）}以至代^{（河北蔚县）}、上党^{（山西长治）}，东有燕、东胡之境，西有楼烦、秦、韩之边，而无骑射之备。故寡人且聚舟楫之用，求水居之民，以守河、薄洛之水。变服骑射，以备燕，参胡、楼烦、秦、韩之边。且昔者简主^{（赵鞅）}不塞晋阳^{（山西太原）}，以及上党。而襄王^{（赵无恤）}兼戎取代，以攘诸胡，此愚智之所明也。先时，中山负齐之强兵，侵掠吾地，系累吾民，引水围鄗^{（河北柏乡）}，非社稷之神灵，即鄗几不守。先王忿之，其怨未能报也。今骑射之服，近可以备上党之形，远可以报中山之怨。而叔也顺中国之俗，以逆简、襄之意。恶变服之名，而忘国事之耻，非寡人所望于子。”

公子成再拜稽首曰："臣愚，不达于王之议，敢道世俗之间。今欲继简、襄之意，以顺先王之志，臣敢不听令。"再拜。乃赐胡服。

译成白话：

"（赵雍）派侄儿赵钺，去晋见王叔赵成先生曰：'我已穿上胡服，准备公开接见官员宾客，多么盼望叔父大人也穿上胡服。在家当然听命尊长，可是在国则必须听命君王，此乃古今一贯的道理。子女不能违背父母，部属不能违背君王，更是历史上大家共守的规则。现在，我已经改穿胡服矣，只叔父大人不肯更换，因之我恐怕天下人对你提出指责。治国有常法，总以人民福利为第一优先。政治有常规，而以贯彻命令为成功要件。所以，宣明道德规范根本在于让大众接受；行使政令根本在于居高位的人态度坚定。'……"

◉大辩论（下）

《战国策》续曰：

"'我们改穿胡服，并不是为了放纵情欲，拼命享乐，而是为了迎接艰苦的战斗，建立救国救民的不世功业。功业完成，自有歌颂赞美。如今，我生怕叔父大人抵制这项决策，特地派人向你解释。我曾听说：任何一件事情，只要对国家有利，就是好行为。任何一桩事业，有皇亲国戚的帮助，就不会没有好名声。我想仰仗叔父大人的领导，来完成胡服骑射的伟大变革。因此派赵钺晋见，请你务必支持。'赵成先生曰：'我已经知道君王改穿了胡服，恰好我有病在身，不能行动，因之没有前往朝拜。现在国王既派你前来，愿借此机会，尽一点愚忠。我听说过：中国是聪明才智人士居住的地方，金银财宝万物聚集的地方，教育最普及的地方，仁义道德最好的地方，诗书礼乐最讲究的地方，科学技术最发达的地方，远方外国最向往的地方，蛮族部落最羡慕的地方。而今君王突然抛弃一切，却效法蛮族，穿他们的衣服，习他们的战法，改变传统文化，违背固有的善良风俗，取消古代遗留下来的习惯，改变古代遗留下来的道路，已激起广大人民反感。这是一种叛逆根本、远离中国的行为。愿君王三思。'赵铖先生回报赵雍先生，赵雍先生曰：'我早就知道叔父大人害的是政治病。'于是亲自去赵成先生家拜访，面对面讨论。赵雍曰：'穿衣服的目的是为了保护身体和实用，行礼仪的目的是为了有利于事业的成功。所以有智慧的人，考察乡情，使之顺应风俗，根据工作效果而定礼节，目的在于使人民享福，国家强大。剪短头发，在身上刺上花纹，在胳膊上刺上彩色图案，把衣服的大襟开在左边(柏老按：中国传统服装，大襟可是开在右边的)，这是南越蛮族人民的风俗。把牙齿染黑，用颜色涂抹额头，用鱼皮做帽子，用粗针粗线缝纫，这是吴王国人民的风俗。他们的风俗衣服虽然不同，但他们穿衣服的目的——为了保护自己和做事利落，却是相同的也。从这可以看出：背景不一样，使用的工具也不一样。面对的困难不一样，制度自然也会跟着差异。因此政治家才认为：只求有利于国、有利于民，就要去做，绝不僵固执着，拒绝改革。只要可以富民强国，就不去坚持非用传统方法不可。像儒家学派的经典相同，所建立的制度却不相同。中国的风俗相同，教育的方式却各地不一样。更何况又隔着交通不便的山谷峻岭乎哉？所以对传统文化而言，再智慧的人都不能纳入一成不变的规格，而不同区域的服装，纵是圣人，也不能使他们完全统一。穷乡僻壤，多奇风异俗。邪辟的学问，多诡谲神秘的辩论。自己不知道的东西，不轻易怀疑它的存在，与自己不同而不持非议的态度，是以善为评判的标准。而今叔父大人所说的，是固守传统。而我所主张的，却恰恰是另行创造传统。我们赵国，东有黄河、漳河，虽然跟齐王国、中山王国同在其流域，却不擅长航行船舶舟船之战。从恒山直到代郡、上党，东是燕王国和东胡部落的边界，西是楼烦部落、秦王国和韩王国的边界。这些边界地带的武装部队，使用的仍是传统武器，缺乏现代化骑射装备。所以我采取两项重要措施：第一，发展海军，建立水上舰队，训练滨水居民，严密防守黄河和薄洛河。第二，改组陆军，穿蛮族那种利于作战的紧身服装，练习最有攻击力的骑马射箭战术，在燕王国、诸胡部落、楼烦部落、秦王国、韩王国接壤处，构筑防御工程。从前我们的先祖赵鞅先生，不镇守晋阳、上党，而赵无恤先生却要吞并代国(河北蔚县)，都只是为了防御北方蛮族诸胡部落，无论聪明的人和糊涂蛋，都会看出二者是明智的决定。当时，中山王国仗恃后台老板齐王国撑腰，侵略我们土地，捕捉我国人民，决河水灌鄗城(河北柏乡)，如果没有上帝保佑，鄗城可能失守。先祖们又气又恨，这个仇迄今未报。如今我们胡服骑射，近可以保卫上党，远可以报中山王国的深仇。叔父大人却坚决维持我国固有传统，违背赵鞅、赵无恤两位先祖的遗志，反对改穿胡服骑射的进步措施，忘了国家累世的奇耻大辱。我不认为叔父大人会这样做。'……"

●深入秦廷虎穴

叔父大人赵成先生，接受国王侄儿赵雍先生的决定，穿上胡服。然而反对的浪潮并未平息，贵族赵文先生、赵造先生，古书上没有介绍他们的身份，只介绍他们的抗争，不再抄录他们的言论矣，盖总是绕着一个酱漩涡打转，该酱漩涡就是"传统文化"，这文化博大精深，绝不可改变，即令改变，也只可小改，不可大改。赵雍先生一一为他们解释，最后有点不耐烦，大吼一声，曰：

"传统那玩意儿，已不能适应目前的世界，你们可要开窍！"

《战国策》原文：

法古之学，不足以制今，子其勿反也。

在赵雍先生严厉的警告下，酱缸蛆阵线崩溃。两千五百年后的二十世纪初叶，在遥远的西方小亚细亚，奥斯曼帝国中，凯末尔先生崛起，建立土耳其共和国，推行"胡服骑射"——淘汰传统衣冠，改穿西装。淘汰古老武器，重组军队。废除专制，建立共和。更辉煌的是，废除艰难的阿拉伯文字，改用罗马拼音。虽然时隔古今，地别东西，但两位英雄人物，却同为国家民族的救星。论勋业，凯末尔先生更伟大，因为他连文字都加以改革。然而，赵雍先生却是历史上第一位没有被传统吞没，反而向传统挑战的君王。

——赵雍先生如果智慧更高，把当时流行的方块字改革掉，改用拼音字母，中国受益将是万世的，惜哉。柏杨先生说这些，绝不是责备他，而是一种不争气的自怨自艾，我们后生小子没有能力突破，却盼望祖先们有此能力。

赵王国在改革成功之后，国势迅速膨胀。

《东周列国志》曰：

(赵雍)身自胡服，革带皮靴，使民皆效胡俗，窄袖左衽（大襟开在左边），以便骑射。国中无贵贱，莫不胡服者。废车乘马，日逐射猎，兵以益强。

赵雍先生率领新建的现代化部队，向北出击。效果是惊人的，中山王国首当其冲，亡在赵王国铁蹄之下，然后占领恒山。再向西出击，深入首都邯郸北方航空距离五百五十公里外的云中（内蒙古托克托），征服楼烦部落（内蒙古中部），更征服航空距离八百公里外的林胡部落（九原——内蒙古五原），国土扩张两倍。

——站在使国家强大的立场，革新变法的效果，立竿见影。赵雍先生之前，秦王国经公孙鞅先生革新变法，使那个半开化、野蛮而又落后、没人瞧得起的国度，十年之间，旱地拔葱，突然间冒出来，成为一等一级的超级强国，横冲直撞，天下无敌。而今，赵雍先生再度作为见证。可是，从此之后，改革变法之举，在中国却成了绝响。我们真搞不懂，当权老爷为啥不走这条立竿见影的路，却坚持着僵化了的传统。坚持的结果是，逼出革命，玉石俱焚，身败名裂，政权覆亡。偏偏当权老爷宁可身败名裂，政权覆亡，也不肯改革变法，使自己强壮如牛。这是中国的传统悲剧，嗟夫。

赵雍先生征服了云中之后，雄心更炽，他要以云中为根据地，率大军南下，穿过戒备松懈的义渠部落（陕西北部），征服秦王国。为了亲自考察秦王国关隘山川形势和了解秦王国国王跟政府官员的能力，他施出诡计。于是，他派特使赵招先生前往秦王国报聘，却自己冒充赵招，而由赵招先生作为助理。物色几位测量师，以随员名义，随他前往秦王国首都咸阳。这时候，他已把王位传给儿子赵何（赵惠文王），所以，当秦国王嬴稷（秦昭王）先生接见他时，有下列对话。

《东周列国志》曰：

昭襄王问曰："汝王（赵雍）年齿几何？"对曰："尚壮。"又问："既在壮年，何以传位于子？"对曰："寡君以嗣位之人，多不谙事，欲及其身，使娴习之。……然国事未尝不主裁也。"昭襄王曰："汝国亦畏秦乎？"对曰："寡君不畏秦，不胡服习骑射矣。今驰马控弦之士，十倍于昔，以此待秦，或者可终邀盟好。"昭襄王见其应对凿凿，甚相敬重。

●梦中美女——吴娃

然而，行迹仍然败露，《东周列国志》曰：

昭襄王睡至中夜，忽思赵使者形貌轩伟，不似人臣之相。事有可疑，辗转不寐。天明，传旨宣赵招晋见，其从人答曰："使人患病，不能入朝，请缓之。"过三日，使者尚不出。昭襄王怒，遣吏迫之。吏直入舍中，不见使者，只获从人，自称真赵招，乃解到昭襄王面前。王问："汝既是真赵招，使者却系何人？"对曰："实吾王主父也。主父欲睹大王威容，故诈称使者而来，今已出咸阳三日矣，特命臣招，待罪于此。"昭襄王大惊，顿足曰："主父大欺吾也。"即令泾阳君（嬴芾），同大将白起，领精兵三千，星夜追之。至函谷关，守关将士言："赵国使者，于三日前已出关矣。"泾阳君等回复秦王，秦王心跳不宁者数日，乃以礼遣赵招回国。

这是一次最可怕的冒险，赵雍先生如果不溜得快，结果可是非常明显。他将先楚怀王芈槐先生一步，成为秦王国的囚犯，而且还得不到同情。盖赵雍先生这种做法，不但是严重的失礼，而且是严重的冒犯。假如秦王国立即派人搜查，当场搜查出地图，赵雍先生以国王之尊，兼干"死牌"勾当，纵是五花大绑，刑场斩首示众，各国也没啥说的。这正是赵雍先生的性格，永远发动挑战。

然而，他的雄心壮志，却因为他自己的一项错误决策，全付流水，不但事业全付流水，还断送残生。这项错误的决策，在秦国王嬴稷先生的问话中，可得到信息。嬴稷先生问他：赵雍既在壮年，为啥把王位早早地传给儿子？呜呼，早早传位给儿子，是赵雍先生又一项突破性的构想。盖传统上，当老君王在位时，王储不准过问政治，不准跟大臣们结交，他阁下只好整天躲在巢穴（东宫）里跟女人睡大觉。主要的目的是防范儿子反叛。专制政治下，包括君王在内，都缺少安全感，连父子都互相猜忌，更别说对其他人等矣。可是，一旦老君王死了他娘的，王储登极，对他面对的庞大政权，就像一个文科学生突然间接管一个核子反应炉一样，自然危机重重。赵雍先生的创见是，早一点使儿子面对困难，老爹则站在背后指导，有朝一日撒手人寰，儿子已成了熟练工人矣。

构想是突破性构想，原则也是极正确的原则。可是，在实践的节骨眼上，却出了岔。他早日传子的制度很好，他传子的方法却不对。

赵雍先生原配妻子，原是韩王国皇族女儿，生子赵章，名实俱符的嫡长子，赵雍先生宣布他当合法的王位继承人——太子。十六年后，也就是说，太子赵章先生已十五岁时，有一天，老爹赵雍先生视察到大陵(山西文水)，做了一个梦，梦见一位貌美如花的姑娘，鼓琴而歌。词曰：

美女轻轻盈盈啊

娇脸儿像花瓣上的粉绒

命中注定的啊

谁欣赏我的颜容

《史记》原文：

他日，王(赵雍)梦见处女，鼓琴而歌。诗曰：美人荧荧兮，颜若苕之荣。命乎命乎，曾无我嬴。

赵雍先生对梦中的美女，念念不忘，不但不忘，还对他的大臣们宣传他的梦中艳遇。于是，大臣之一吴广先生说：他有一个女儿，似乎正符合梦中美女的条件。赵雍先生大为兴奋，就在大陵行宫(大陵之台)召见。这位吴家千金——吴孟姚女士，羞羞答答，袅袅婷婷，上得台来，杏脸含春，仪态万方，长相跟梦中那位美女，竟然一模一样。请她弹琴，悠扬清澈，是第一等造诣。赵雍先生魂不守舍，立即迎进皇宫，作为小老婆之一。

中国人一向早婚，吴孟姚女士既然还没有嫁出去，年龄总不会超过十六七岁。赵雍先生爱这位小妻子爱得发紧，昵称她"吴娃"，黄河流域一带，小民口中之"娃"，即"小孩子"之意，亲热之词也。第二年，她阁下生下一个儿子，赵何。好运气接踵而至，正宫娘娘韩女士恰好一命归天，吴孟姚女士遂成了王后。

◉权力使人糊涂

吴娃女士既当了王后，而且又有了儿子，宫廷中的夺嫡斗争就不可能避免。是吴娃女士先起此意乎欤？（她老爹吴广先生可能就是主谋。）或是赵雍先生爱小妻子爱得昏了尊头，用以取悦乎欤？史书没有记载，反正两者必居其一。于是，有一天，赵雍先生撤销长子赵章的太子封号，宣布尚不过一个顽童的赵何小子接任太子。并于公元前299年，传位给赵何小子。赵雍先生当然成了太上皇，可是他拒绝这个富贵的头衔，改称"主父"。

这真是"天下本无事，庸人自扰之"，赵雍先生一连串强有力的顺利勋业，使他逐渐眼花。呜呼，权力使人糊涂，绝对权力使人绝对糊涂，他认为只要他愿意，想做什么，都铁定地可以达到目的。然而传位给赵何小子五年后，公元前295年，事情发生变化。

《东周列国志》曰：

主父出巡云中，回至邯郸（赵王国首都），论功行赏，赐通国百姓酒五日。是日，群臣毕集称贺。主父使惠王听朝，自己设便坐于傍，观其行礼。见何年幼，服衮冕南面为王。长子章魁然丈夫，反北面拜舞于下，兄屈于弟，意甚怜之。朝既散，主父见公子(老弟)胜(平原君)在侧，私谓曰："汝见安阳君(赵章)乎？虽随班拜舞，似有不甘之色。吾欲分赵地为二，使章为代王(柏老按：建都代郡，河北蔚县)，与赵并立，汝以为如何？"胜对曰："王昔日已误矣，今君臣之分已定，复生事端，恐有争变。"主父曰："事权在我，又何虑哉？"主父回宫，夫人吴娃见其色变，问曰："今日朝中有何事？"主父曰："吾见故太子章，以兄朝弟，于理不顺，欲立为代王。胜又言其不便，吾是以踌躇而未决也。"吴娃曰："昔晋穆侯(姬弗生)，生有二子，长曰仇、弟曰成师。穆侯薨，子仇嗣立，都于翼(山西翼城)，封其弟成师于曲沃(山西闻喜)。其后曲沃益强，遂尽灭仇之子孙，并吞翼国。成师为弟，尚能戕兄。况以兄而临弟，以长而临少乎？吾母子且为鱼肉矣！"(柏老按：吴娃女士年纪不过二十余岁，通古博今，条理分明，是位了不起的女性，不仅会弹琴而已。)主父惑其言，遂止。有侍人旧曾服事故太子章于东宫者，闻知主父商议之事，乃私告于章。章与田不礼计之，不礼曰："主父分王二子，出自公心，特为妇人所阻耳。王(赵何)年幼，不谙事，诚乘间以计图之，主父亦无可如何也。"章曰："此事惟君留意，富贵共之。"

读者老爷一定还记得楚王国芈商臣先生的故事，一个宫廷流血政变，迫在眉睫。

《东周列国志》曰：

太傅李兑与肥义相善，密告曰："安阳君强壮而骄，其党甚众，且有怨望之心。田不礼刚愎自用，知进而不知退。二人为党，行险侥幸，其事不远。子任重而势尊，祸必先及，何不称病，传政与公子成(赵雍的叔父大人)，可以自免。"肥义曰："主父以王属义，尊为相国，谓义可托安危也。今未见祸形，而先自避，不为苟息所笑乎？"李兑叹曰："子今为忠臣，不得复为智士矣。"因泣下，久之，别去。肥义思李兑之言，夜不能寐，食不下咽，辗转踌躇，未得良策，乃谓近侍高信曰："今后若有召吾王者，必先告我。"高信曰："诺。"

时候终于来到，公元前295年，赵雍先生率领全体皇族和政府高级官员，前往首都邯郸东北直线距离六十公里的沙丘（河北平乡）度假。商王朝最末一位君王子受辛（商纣王）先生时代，沙丘不叫沙丘，而叫"钜桥"，在那里建有世界上最大的粮食仓库和一座高台、两座离宫。身为太上皇（主父）的赵雍先生，跟身为国王的赵何先生，各居一宫，相距三公里，被罢黜的前任太子赵章先生的行营，就设立在两宫之间。

◉饿死沙丘宫

阴谋在赵章先生行营中进行，他和他的智囊田不礼先生认为，这是天赐良机，再不发动，以后可能后悔。田不礼先生尤其积极，他曰："赵何那小子，远离首都，离宫守卫的力量，十分薄弱，不堪一击。"然而，虽然警卫不堪一击，但赵章先生考虑到自己的进攻力量，也没有成功把握，如果霸王硬上弓，以硬碰硬，万一攻不陷离宫，一击不中，就没有第二击的机会矣。田不礼先生曰："我们可假传太上皇（主父）的命令，声称有紧急事故，召唤赵何小子晋见，赵何小子必然经过我们营地，我们就伏兵截击，一刀杀掉。"赵章先生曰:"杀掉国王,怎么善后?"田不礼先生曰:"只要杀掉赵何小子,再多的问题都迎刃而解。届时再假传太上皇旨意,号召军队。那时候你是王位的唯一继承人,谁敢违抗?"

这是一个具有百分之百成功可能的安排,却想不到肥义先生事先吩咐过一句话,任何宣召国王赵何小子的命令,都要先报他知道。

一个伪装的太上皇赵雍先生的特使,深夜前往离宫通报曰:"太上皇忽然得了急病,要面见吾王,请火速驾往!"侍卫官高信先生记起肥义先生的警告,立即转报肥义先生裁夺。这是生死关头,一个错误的决定,将使历史改变。肥义先生有点怀疑,他曰:"太上皇御体,一向健康,怎么恰恰深更半夜就发了病?这件事有点蹊跷,必须慎重。"于是共同晋见赵何小子,肥义先生曰:"我想到一个办法,由我带着大王的护卫,先行前往,如果有变,我首当其冲,你们可有充足的时间准备。如果平安,大王再去,也是一样。"嘱咐高信先生曰:"你和侍卫军要加强戒备,紧闭宫门,除非特殊情况,千万不可打开。"

忠心耿耿的肥义先生和他所带的皇家护卫,在意料中地,全体死于伏兵。可是等到田不礼先生燃起火把,清查战果时,才大吃一惊。跟赵章先生曰:"消息已经走漏,后患莫测。我们唯一的生路是,在事情没有爆发前,火速进攻离宫,能攻破离宫,杀掉赵何,结果相同。"呜呼,前已言之,在离宫没有戒备情形之下攻击,还不能期其必胜,何况此时。

《东周列国志》曰:

> 田不礼攻王宫不能入。至天明,高信使众军乘屋发矢,贼多

伤死者。矢尽,乃飞瓦下掷之。田不礼命取巨石系于木,以撞宫门,哗声如雷。

离宫正在危急,救兵杀到,原来是赵雍先生的叔父大人赵成先生,跟皇家教习(太傅)李兑先生,在首都邯郸坐卧不宁,唯恐赵章先生有什么变化,分别各率一支军队,赶来沙丘保驾。想不到来得早不如来得巧,正好赶上恶战。赵章先生的军队大败,四下溃散,他这时才慌了手脚。田不礼先生曰:"你先投奔太上皇,涕泣哀求,他可能庇护你。事已至此,由我率残兵抵抗他们的追击,使你有脱身的时间。"

李兑先生击斩田不礼先生后,判断赵章先生别无他路可以逃生,只有投奔太上皇一途。于是,就在赵雍所住的另一离宫的四周严密布防,然后唤开宫门。李兑先生和赵成先生入见赵雍先生,要求赵雍先生交出赵章。赵雍先生一口否认赵章先生来过,李兑先生再三再四警告说:凶手必须归案。赵雍先生就来个没嘴葫芦,闭口不言。李兑先生曰:"事已至此,不得不发,我们只好搜查,搜查不出,再叩头请罪。"赵成先生赞成这个意见,大势急转直下。

《东周列国志》曰:

(李兑)乃呼集亲兵数百人,遍搜宫中,于复壁中得安阳君(赵章),牵之以出。李兑遽拔剑击断其头。公子成曰:"何急也?"兑曰:"若遇主父,万一见夺,抗之则非臣礼,从之则为失贼,不如杀之。"公子成乃服。李兑提安阳君之首,自宫内出,闻主父泣声,复谓公子成曰:"主父开宫纳章,心已怜之矣。吾等以章故,围主父之宫,搜章而杀之,无乃伤主父之心?事平之后,主父以围宫

加罪，吾辈族灭矣。王年幼不足与计，吾等当自决也。"乃吩咐
军士："不许解围。"使人诈传惠王之令曰："在宫人等，先出者
免罪，后出者即系贼党，夷其族。"从官及内侍等，闻王令，争
先出宫，单单剩得主父一人。

赵雍先生现在遇到他此生第一次无法克服的困难，没有人
帮助他，当他也打算出宫时，宫门已在外面反锁矣。李兑先生
大军把离宫包围得水泄不漏，插翅难飞。几天之后，宫中粮食
吃尽，赵雍先生开始挨饿。在饥饿难忍时，他爬到宫墙上向外
哀号，许诺他从此降为平民，不问国事。他呼唤李兑先生和他
的叔父大人赵成先生，合围的军士们都流下眼泪。可是李兑、
赵成二位，为了保护自己，仍然无动于衷。政治无情，变局发展
到这种地步，谁也无法解开这个结。最后，赵雍先生爬到树上
搜索一些鸟蛋充饥，又支持了一月有余，终于饿死在寂无一人
的空屋之中。一代英雄，如此长逝，千载之下，我们仍为他痛
哭。他为国家做了太多的事，也为他错误的决策，付出可怕的
代价。

李兑先生之流的叛徒，直到三个月后，才敢开锁进宫探视，
可怜的太上皇赵雍先生，肌肉已被鼠蚁啃了个净光，只剩下一
具枯骨。就把他安葬在代郡（河北蔚县）西南五十公里地方。现在，
山西灵丘，就因赵雍先生的陵墓而得名。到过灵丘的骚人墨客，
徘徊瞻望，依稀看到叱咤风云时和倒卧在空屋中活活饿死时，
两副对比的形象，娇妻爱儿，以及彪炳勋业，不过一场幻梦，都
会低头叹息，不能自已。

宋康王

时代：公元前四世纪七十年代

至公元前三世纪初

王朝：桀宋王国第一任国王

姓名：宋偃

在位：四十四年（前329—前286）

遭遇：兵败被捕斩首·国亡

●希特勒前身

希特勒先生是二十世纪最大的恶棍之一，日耳曼民族自称为世界上顶尖优秀的民族，却冒出希特勒先生这种动物，实在脸上无光。当然有它的原因，写出来可装满一火车，但任何原因都不是必然的。同样原因，可能产生凯末尔先生，也可能产生俾斯麦先生，没有理由非产生混世魔王不可。结果竟然产生了混世魔王。唯一的解释是，希特勒先生身上有一种恶棍根性，在奋斗的初期他跟凯末尔先生、俾斯麦先生一样，英勇而稳定地，向前发展。可是，发展到某种程度，就开始分岔。凯末尔、俾斯麦走他的阳关道，希特勒走他的独木桥。

在中国古代，我们发现了希特勒先生的前身，那就是本文的男主角宋康王宋偃先生，虽不能说希特勒先生是宋偃先生转世投胎的（他们之间，相隔两千三百年。——但也可能是宋偃先生被阎罗王打入十八层地狱后，坐了两千三百年黑牢，刚刚期满释放，他就往德国作怪），可是，他们二人之间相似之处，却两个巴掌数不完。诸如：

——他们都是国家的领袖。

——他们的国家都有悠久而光荣的历史。

——他们都是用非法阴谋取得合法政权。

——他们的国家都被列强密密包围，动弹不得。

——他们都搞个人崇拜，迫害自己的国民，无恶不作。

——他们都灭掉一些较小的国家，使自己的声望，达到巅峰。

——他们都同样横挑强邻，并把他们击败，领土大幅膨胀。

——他们都大言不惭，没有自我克制的能力。

——他们发疯的时间都不太长。（感谢玉皇大帝，幸亏不太长。）

——他们都把国家驱入灾难，受到大包围反击。千万人死亡。

——最后，他们都在敌前丧生。

——他们都留下万世恶名，为人不齿。

桀宋王国原是周王朝的一个封国——宋国，国君是商王朝皇族后裔。这要追溯到公元前十二世纪，当商王朝最后一位君王纣王子受辛先生，在首都朝歌（河南淇县）活活烧死于摘星楼，商王朝覆亡，周王朝建立时，周王朝政府把商王朝皇族，以及他们所属的部落，逐回他们的原始根据地亳邑（河南商丘），不过当时亳邑已改了名字，不叫亳邑而叫宋邑，也叫商丘。这一群亡国残余所在地，因之称为宋国。而由周王朝政府指定子受辛先生的儿子子武庚，做他们的国君，并把他封为公爵，恰恰比其他封国国君的侯爵高上一级。在楚王国国王楚成王芈熊恽先生的篇幅里，宋国国君宋襄公子滋甫先生，就亮出"公爵"招牌，要当霸主，被当场捉住，丢人砸锅。

——在宋国建立之后，国土不断扩张，城市林立。宋邑这个名字逐渐消失，改称睢阳。盖"宋"已成为国名，首都必须另有名称，才不致混淆不清。睢阳者，城在睢水之阳（北）者也。

第一任宋国国君武庚先生，如果是一个像柏杨先生这样的草民，一旦坐在那么高的宝座，简直能天天唱歌。然而，武庚先生却是商王朝的太子，如果老爹子受辛先生不把政权搞垮，他阁下已是一统天下全国性的君王矣。而今却落得一个封国的小小局面，感怀伤景，他心里既不快乐，又不舒服，而终于气冲牛斗。

●嬴偃后身

就在武庚先生气冲牛斗时，建都镐京（陕西西安）的周王朝政府，进入瓶颈状态，第一任国王周武王姬发先生一命呜呼。年才十二岁，不过小学堂五年级娃儿的姬诵（周成王），继承王位。十二岁的娃儿面对着初建的庞大王国，跟面对着一座庞大工厂一样，丝毫无能为力。叔父大人姬旦先生义不容辞地出面摄政。

姬旦（周公旦）先生也是一位公爵，他以叔父大人之尊，正式站在台上。有些史书记载他仅是"摄政王"而已，真王姬诵小子，仍坐在金銮宝殿上没有动。但有些史书却记载，他不仅"摄政"，而且还接管政府。反正不管哪种形式，结果都是一样：他大权在握。

《中国人史纲》曰：

姬旦摄政后，把十二岁的侄儿（姬诵）挤到一旁，而自己以国王自居，这自然引起贵族的猜疑，认为他终于会把侄儿杀掉。远在东方新被征服的土地上，有四个最强大的封国，联合起来反对他。

这四个强大的封国是：

一、管国（河南荥阳），国君姬鲜

二、蔡国（河南上蔡），国君姬度

三、霍国（山西霍州），国君姬处

四、殷国（河南商丘），国君武庚。

——殷国，宋国最初的别号。

前三个封国的国君，都是姬旦先生的弟弟（柏老可打保票，他们跟姬旦老哥，准不同一个娘），他们反对姬旦先生，最反对姬旦先生篡夺政权。而武庚先生反对姬旦先生，却是趁火打劫，希望借着周王朝内乱，促使政府瓦解，他就可以恢复已覆亡了的商王朝天下，大阔特阔。

武庚先生的运气不好。

公元前1115年，姬旦先生率领政府军由镐京(陕西西安)出发东征，于次年(前1114)击败四国，大获全胜。把蔡国国君姬度先生，放逐到蛮荒边区。剥夺霍国国君姬处先生身份，贬为普通小民。管国国君姬鲜先生则被处决。武庚先生，这位商王朝遗民的首领，斩首。

武庚先生的叛变，为他庞大的遗民部落，带来惩罚，大批贵族被周政府军俘虏，当作奴隶，押到洛阳筑城。剩下来的老弱女孺之辈，周政府把他们分割：

一、一半被驱逐到朝歌(河南淇县)，跟原来散布在那里的一些商王朝遗民会合。当时朝歌已改称衡邑，遂建立卫国，由姬旦先生另一位弟弟姬封先生出任他们的国君。

二、一半留在宋邑(河南商丘)，仍保留原状。但排斥子受辛先生后裔(可能子受辛先生的后裔，全被杀掉)，而由子受辛的老哥，以贤明闻名于当世的子启先生，担任第一任国君。

——商王朝的皇家姓"子"，这个姓听起来有点怪不可言。宋国建立之后，不知道经过多少年代，才开始以国名来当作他们的姓氏，最初"子""宋"并称，后来索性只姓"宋"，不姓"子"，"子"姓遂完全消失。这是"宋"姓的来源，也正好证明宋姓的祖先是子启先生，跟希特勒的前身子受辛可没有关系。

宋偃先生——本文男主角，是宋国第三十五任国君。他本来不是国君的，而且也没有当国君的希望，因为他是庶子。但他生有异禀，当他怀在妈妈肚子里时，妈妈梦见两百年前已经灭亡了的徐国（安徽泗县）国君徐偃王嬴偃先生。老娘怎么知道那个梦中拜访她的家伙就是嬴偃，史书没有交代。嬴偃先生在世时，对小民有很多照顾，以致被称颂为仁君。他曰："阿母呀，我奉上帝之命，前来投胎。"一语未毕，娃儿呱呱坠地，老爹宋辟公宋辟兵先生（宋国第三十三任国君）就命名"宋偃"，希望他能像嬴偃先生一样，流芳千古。

《东周列国志》曰：

（宋偃）生有异相，身长九尺四寸，面阔一尺三寸，目如巨星，面有神光，力能屈伸铁钩。

——二十世纪八十年代的度量衡制度，一米等于三尺。宋偃先生势将身高三米，面阔三十厘米。不但身材奇高（有你阁下两倍高，只好爬着进房门矣），而且脸也奇大（简直像小汽车上的轮胎）。现代差古代远矣，好像中国人越来越缩水啦，想起来教人泄气。直到1981年，柏杨先生在波士顿参观最近在陕西省出土的"秦俑"——陶制的秦王朝时代的老爷兵塑像，才不由得舒了一口气。公元前二世纪时中国人固然强壮（秦俑个个肌肉结实），但身材可跟现代中国人差不多。所以说九尺四寸也好，一尺三寸也好，应是当时的尺，当时的寸也。依我们现代普通人的体躯推测，当时的一尺，大概等于现代的六分之一米——近二十厘米，比现代的长度，几乎小了一半。

尺寸的长度，显然是越来越大，这跟不绝如缕的暴政有关。从前不是每年征收你小民十尺布，作为所得税乎？俺也只征收十尺，甚至，为了表示"仁政"，俺只征收九尺，你还有啥可说的。只不过俺的尺比较长一点罢啦。宋偃先生的长相，堂堂一表，"力能屈伸铁钩"，更属勇冠三军，使人想起他的旁系血亲，尊亲属的子受辛先生，也是这么气壮山河的也。

公元前四世纪三十年代，公元前370年，老爹宋辟兵（宋辟公）先生逝世，国君位置由嫡长子宋剔成继承。四十一年后的七十年代公元前329年，宋偃先生发动政变，老哥宋剔成先生逃亡到齐王国，宋偃先生嗣位。史书上没有记载他的年龄，但他在老哥当了四十一年国君之后才发动政变，而他自己又在位四十四年，看情形他可能是老爹的遗腹子。

宋偃先生嗣位国君后的最初十年，还算安分，如果他不折腾的话，他的国家在列强的均势中，可能继续生存。可是，他却开始折腾，起因于一个荒唐的使命感。原来，有一年，首都睢阳（河南商丘）城墙拐角，一只麻雀在那里筑巢，小孩子攀到城墙上淘气，在雀巢里发现一只刚孵出来的雏鹰。咦，麻雀蛋孵出了鹰，真是怪事怪事，兼怪事加三级，一时传得人人皆知。马屁精官员认为是一件千古未有的祥瑞，就把该嗷嗷待哺的雏鹰，呈献给宋偃先生，宋偃先生把巫师（太史）叫来，教他占卜吉凶。巫师老爷摆开摊子，念念有词，得到过往神仙指示之后，报告宋偃先生曰：

"大王呀，这可是上上等之卦。雀何其小也，苍鹰何其大也。小麻雀竟然生下大苍鹰，乃反弱为强，成为霸主之兆，可喜呀可贺，可贺呀可喜。"摇尾系统事实上就是顺调分子，他们知道头目的耳朵喜欢听啥，就拼命说啥。像对付一头毛驴一样，顺着毛驴的毛抚摸，毛驴一舒服，顺调分子就有得官做啦。现在，宋偃先生开始舒服，他果然赏赐了巫师老爷。

——如果巫师先生像柏杨先生一样，口吐真言："老爷容禀，这可是下下之卦，麻雀何其小也，苍鹰何其大也，以小生大，看着它尊肚膨胀，好不精彩，等到作孽作够，砰的一声，尊肚爆炸，就一命归天。这就跟打牌一样，不按牌理出牌，结果准砸，可悲呀可哀，可哀呀可悲。"恐怕他阁下的命运也会跟柏杨先生一样，成了早起的虫儿，文斗武斗，难保残生。

宋偃先生大悦之余，就在公元前四世纪八十年代，公元前318年，把封国改称王国，自己也从封国国君和公爵的地位，一跃而成国王——宋王国第一任国王。

◉"万岁"这玩意儿

请读者老爷看一下地图，就可了解这个古老的封国和新兴的王国所处的形势，它在三个强大的邻居密密的包围之中。北方是齐王国，西方是魏王国，南方是楚王国，像三把铁钳一样，紧紧钳住咽喉。要想挣扎，不能纯靠军事，还要靠政治、外交上的最高谋略。宋偃先生的头脑不足以悟此。呜呼，两千三百年后十九世纪的清王朝，一些维新分子，都以为只要"船坚炮利"，便可以拯救中国，我们实在不忍心责备宋偃先生四肢发达和头脑简单。

宋偃先生的目标只有一个，建立一支强大的野战军，他曰："我们国家衰弱得太久啦，而且病入膏肓，我如果不使它崛起，更靠何人乎耶？"使命感是一种能源，于是他征召全国年轻丁壮，训练出十万人的劲旅。接着像希特勒先生一样，一旦手里有张王牌，就迫不及待地立刻打出，向强邻发动攻击。

《东周列国志》曰：

> 东伐齐，取五城。南败楚，拓地三百余里。西败魏军。取二城，灭滕（山东滕州），有其地。

一连串惊人的军事胜利，宋偃先生已把他的国家带入"三面作战"的危境。他阁下也知道这种孤立，就跟西方航空距离七百公里外的秦王国，缔结友好的条约。秦王国也乐得在西方列强心脏地带，出现这把牛耳刀，特别派遣庞大的使节团，前往宋王国首都睢阳报聘。两国来往密切，十分热闹。不过，在地图上就可看出，宋秦之间，还横隔着韩、魏两大强权，实质上很难发生作用。

然而，这已经够宋偃先生满意矣，他已把宋王国的国际地位提升到跟楚、齐、韩、赵、魏、秦同等地位。而且这还是刚刚开始，大好光景，就在眼前。唯一的烦恼是，先向谁开刀？最好是一举把齐王国并吞，那将使他无后顾之忧。然而，魏王国的吸引力也很大，中原地带是富庶之乡，可使国力倍增。宋偃先生每天面对地图踌躇时，他都构想使自己的盖世英名远播之法。于是，摇尾系统遂替他安排他所盼望的景观。每天临朝，主持金銮宝殿御前会议时，高级官员们会猛地跳起来，高喊"万岁"。金銮殿上一喊，金銮殿外的小官僚群，跟着也"万岁"不误。官门外早已埋伏好的侍卫和临时演员（被传唤的小民），就如疯如狂地跟着猛叫，直叫得天摇地动兼地动山摇。

——"万岁"这玩意儿，可能就是宋偃先生发明的，从前似乎没有听说过这种节目。这一发明不打紧，两千三百年下来，把我们小民喊得舌头都长出老茧，坑人不浅。

宋偃先生发明了"万岁"之后，接着发明"射天"。他把牛血装到皮袋里，挂到高竿之上，一箭射去，牛血四溅，摇尾系统立刻向全国军民宣称："我们国王射天得胜，连玉皇大帝的血都射出来啦。如果不信，你去瞧瞧，战绩还在那里哩。"（如果再不信，可就成了反调分子，事情就大啦。）

这种荒唐行径可不是我老人家乱编的，请看《战国策》原文：

> **宋康王之时，有雀生䳊**（苍鹰）**于城之陬**（城墙拐角处），**使史**（巫师）**占之，曰："小而生巨，必霸天下。"康王大喜。于是灭滕，伐薛**（薛国，山东滕州），**取淮北**（淮河以北）**之地，乃愈自信。欲霸之亟**（急）**成，故射天笞地，斩社稷而焚灭之，曰："威服天下鬼神。"**

◉青陵台上

宋偃先生除了发明"万岁""射天"外，还肉麻当有趣，继续发明了"不醉"和"不泄"。

《东周列国志》曰：

"（宋偃）又为长夜之饮，以酒强灌群臣，而阴使左右以热水代酒自饮。群臣量素洪者，皆潦倒大醉，不能成礼，惟康王惺然。左右献谀者，皆曰：'君王酒量如海，饮千石不醉也。'又多取妇人为淫乐，一夜御数十女，使人传言：'宋王精神兼数百人，从不倦怠。'以此自炫。"

不久就发生夺人之妻的暴行。君王们夺人之妻，以及夺人之女，是暴行中最轻微的一级，根本算不了啥（如果算了啥，百分之九十的帝王都砍头矣），但在宋偃先生这场暴行中，却为民间留下一桩可歌可泣的佳话。

有一天，宋偃先生北渡黄河，前往他新征服的魏国土地上观察。走到封丘（河南封丘）时，忽然看见一位正在采桑的少妇，杏脸含春，貌如天仙。他阁下阅人多矣，竟被这位民间妇女，搞得神魂飘荡，可证明该老奶确实不凡。咦，能跟这么一位美女睡上一觉，那才是真正的人生。可是，不知道怎么搞的，正瞧得两眼发花之际，那漂亮的妇人却忽然不见。岂神仙变化的乎哉？岂妖怪变化的乎哉？老家伙偏不信这个邪，就在桑林附近，建筑一个堂皇富丽的高台，天天爬到高台上，希望再望到她。偏偏那老奶大概受了惊恐之故，再也没有出现。宋偃先生大发雷霆，下令地方官员，三天之内，查明具报。一位连君王都被她迷倒了的美女，在地方上的艳名当然叮当有声。一下子就查得一清二楚，原来她阁下姓息名露，幸运的兼倒霉的丈夫姓韩名凭，在封丘县政府当一名科员（舍人）。宋偃先生一听，大喜曰："不过小小舍人之妻！她逃不掉啦。"下一步是，地方官员前往韩宅拜访，除了送一份重礼（大概包括五十克拉钻戒一只，纽约房地契一张，绿卡一张，黄金五百两），五十克拉钻戒作为美女的见面礼，其他的作为韩凭先生让妻代价。宋偃先生之意，这么厚的礼物，任何美女看啦都会浑身发软。而那么优厚的让妻条件，任何臭男人也都会高兴得地上打滚。想不到，息露女士一口拒绝，写了一首诗，作为回答。诗曰：

南山有鸟　　北山张罗

鸟自高飞　　罗当奈何

不写这首诗还好，写这首诗更使老家伙心痒难抓。咦，她不但是个美女，还是个才女哩。文明的不行，咱们就来野蛮的，派出御林军，前往韩宅霸王硬上弓。韩家人正在庆幸君王到底跟盗匪不同，只不过派人说服，说服失败，也就罢手。想不到忽然间门口人马喧哗，领头一位官员，向息露女士鞠躬曰："俺在国王手下当差，迎接娘子前往共享荣华富贵，是你自动自发自己上轿呀，或是由俺随身带的宫女帮助你上轿呀？"息露女士希望丈夫救她，但丈夫有啥力量？韩凭先生目睹娇妻踉跄而去，自惭连妻子都不能保护，钢刀一举，自杀在院前。

——有美貌娇妻的臭男人注意，可得小心。一旦霉运从天而降，娇妻被有钱有势的大爷看上啦，那就要糟。

变起肘腋，息露女士霎时间家破人亡，一对恩爱夫妻，生生拆散，她哭了又哭，也要一死了之，但在严密看守下，她当然死不成。宋偃先生把她请到"青陵台"上，恩威并用，慰之曰："打铃，你知道俺是谁？俺可是宋王国的国王呀，能使人富贵，也能使人贫贱。能使人活命，也能把人一刀两断。何况你那个死心眼丈夫，已经了账，没福气的东西，想他干啥。亲爱的，你要是回心转意，俺就封你当宋王国的皇后，娘子意下如何？"

◉相思树起源

史书上说，息露女士，回答了一首四言绝句，诗曰：

鸟有雌雄　　不逐凤凰

妾是庶人　　不乐宋王

宋偃先生一瞧，天下竟然有不为金钱权势所动的美人，简直见所未见，闻所未闻，勃然大怒曰："话说得漂亮没有用，你已经落到俺的手心，要想不听俺的，可是做白日梦！"老家伙要硬碰硬啦。息露女士心生一计，嗲曰："亲爱的大王哥，丈夫刚死，总不能一点情义都没有，马上跟你欢乐吧？可不可以让我沐浴更衣，拜辞故夫幽魂，使他平平安安，西赴极乐世界，我再侍候你。大王哥，你意下又是如何？"宋偃先生心里想，沐浴更衣，洗得白白净净，可是上等享受，当然满口答应。息露女士果然堆下笑容，沐浴已过，穿上新衣，向空中遥拜那为她自杀的故夫，然后猛地冲向栏杆，在卫士措手不及，大声惊呼中，她已翻了过去，一头栽下。宋偃先生急喊："拉住她！"已来不及，接着听到地面一声惨叫，已香消玉殒矣。搜查尸体，裙带中得到息露女士在沐浴时仓促写下的遗书，书曰：

死后，乞赐遗骨与韩凭合葬一冢，黄泉感德。

对着血肉模糊的息露女士尸体，宋偃先生没有一点悲恻，反而暴跳如雷。他把息露女士恨到极点，他要报复，下令建造两个坟墓，一个埋韩凭先生，一个埋息露女士，故意使他们分开，东西相望，"你不是想埋在一处乎？俺偏把你们埋在两处！"

夫妻安葬之后，宋偃先生大扫其兴地返回首都睢阳。过了数月，两座坟墓上，忽然各长出一棵小树，当它们逐渐成长时，两棵树枝互相向对方伸展，终于缠在一起，相攀相附，结成连理。有一对鸳鸯，飞到树上，交颈悲鸣。人们奔走相告，哀之曰："韩凭夫妇一点灵心，至死不分，魂魄化树，永留人间。"遂称之为"相思树"。这就是相思树的来源，直到今天，相思树种族繁衍，已遍全世界矣。后人有诗叹曰：

相思树上两鸳鸯　千古情魂事可伤

莫道威强能夺志　妇人执性抗君王

——千古以下，我们为这对恩爱夫妻，流下眼泪。夫不负妻，妻不负夫。

宋偃先生征服美女失败，使他更为暴戾。他下令活生生解剖驼背朋友，看他的脊梁为啥挺不直。又下令敲断冬天涉水过河朋友的脚，看他为啥不怕冷。（《战国策》原文："剖伛之背，锲朝涉之胫。"这种子受辛先生干过的勾当，史学家再度写到宋偃先生的账单上，柏老颇怀疑是不是真的。）一连串怪诞暴政，使忠心的官员们心中忧虑，难免一些具有子干（比干）先生气节的人，恳切规劝。不过，在暴君心目中，任何规劝都是逆耳之言，而逆耳之言就是反叛。对付反叛分子，宋偃先生比他的祖宗之一的子受辛先生，可痛快多啦。宋偃先生在他御座两旁，排列神射手。任何人，只要开口，宋偃先生一听不顺耳，御手一挥，乱箭齐发，忠臣义士立刻倒地身死。第一天就"正法"了两位高级官员景成先生、戴乌先生，和一位贵族宋勃先生。三个人惨死箭下之后，宋王国遂一派升平，上自宰相，下至小民，没有一个人敢再说一句话。宋偃先生对这种举国一致拥戴的现象，大为满意。

然而，国际上却把宋偃先生当成像希特勒先生之类的疯子。在宋王国国名上，加上一个"桀"字，称为"桀宋"，形容它已变成一个暴虐的国度。夏王朝最末一任君王夏桀姒履癸先生，就是被后人称为"桀帝"的，柏杨先生曾肯定"桀"已成了一个死亡的名字，想不到一千四百年后，重新出现一次。以后可是再没人用它矣。（没有人再用这个字，可不是说再没有过这种人，这种人比河沟里的螃蟹都多。）

●灭国大战

宋偃先生横冲直撞的结果，跟希特勒先生横冲直撞的结果一样，引起国际上联合反击，公元前286年（前文赵雍先生饿死沙丘后九年），齐王国派出使节到楚王国和魏王国，要求联合向宋王国进攻，报复它擅开边衅，侵略友邦。约定亡宋之后，三国瓜分它的疆土。楚、魏欣然同意，各自派出武装部队，克期在宋王国首都睢阳城下集结。

各国统帅是：

齐王国总司令　韩聂

楚王国总司令　唐眜

魏王国总司令　芒卯

三国大军还未出发，秦王国已得到情报，国王嬴稷（秦昭王）先生（十三年前，用诈欺手段囚禁芈槐先生的国际巨骗）大不高兴，曰："普天之下，谁不知道宋王国是俺秦王国最亲密的兄弟之邦，齐王国怎敢冒犯？

人生以信义为本，我们除了参战外，没有第二条路。"于是下令动员。齐国王田地（齐湣王）先生吓了一跳，攻击宋王国，他有把握，如果超级强国秦王国也卷了进去，他就没把握啦。智囊苏代先生（他是苏秦先生的老弟）自告奋勇前往秦王国说服嬴稷先生改变主意。

《东周列国志》曰：

（苏代）乃西见秦王曰："齐今伐宋矣，臣敢为大王贺。"秦王曰："齐伐宋，先生何以贺寡人乎？"苏代曰："齐王之暴虐，无异于宋。今约楚、魏而攻宋，其势必欺楚、魏。楚、魏受其欺，必向西而事秦。是秦损一宋以饵齐，而坐收楚、魏二国也。王何不利焉，敢不贺乎？"秦王曰："寡人欲救宋何如？"代答曰："桀宋犯天下公怒，天下皆幸其亡。而秦独救之，众怒且移于秦矣。"秦王乃罢兵不救宋。

断绝了外援，宋王国完全孤立。齐、楚、魏三国联军统帅部，发出文告，宣布宋偃先生十大罪状：

一、逐兄篡位，得国不正。二、灭滕兼地，恃强凌弱。三、好攻乐战，侵犯大国。四、革囊射天，得罪上帝。五、长夜酣饮，不恤国政。六、夺人妻女，淫荡无耻。七、射杀谏臣，忠良结舌。八、僭拟王号，妄自尊大。（柏老按：齐、楚、魏哪一国不是"僭拟王号"？秃子骂和尚，竟也理直气壮地骂得出口。）九、独媚强秦，结怨邻国。十、慢神虐民，全无君道。

强有力的政治号召和强有力的军事力量，使宋王国人心大乱，尤其齐、楚、魏三国所失土地（包括韩凭夫妇坟墓所在的封丘）上居民们纷纷起义，逐走宋王国的官吏，登城自守，各自等待祖国大军。联军势如破竹，进逼首都睢阳。

《东周列国志》曰：

宋偃大阅车徒，亲领中军，离城十里结营，以防攻突。（齐军总司令）韩聂先遣部下间丘俭，以五千人挑战。宋兵不出，间丘俭使军士声洪者数人，登辇车朗诵桀宋十罪。宋王偃大怒，命将军卢曼出敌。略战数合，间丘俭败走，卢曼追之，俭尽弃其车马器械，狼狈而奔。宋王偃登垒，望见齐师已败，喜曰："败齐一军，则楚、魏俱丧气矣。"乃悉师出战，直逼齐营。韩聂又败一阵，退二十里下寨。却教（楚军总司令）唐昧、（魏军总司令）芒卯二军，左右取路，抄出宋军大营之后。

次日，宋王偃只道齐兵已不能战，拔寨都进，直攻齐营。间丘俭打着（总司令）韩聂旗号，列阵相持。自辰至午，合战三十余次。宋王果然英勇，手斩齐将二十余员，兵士死者百余人。宋将卢曼亦死于阵。间丘俭复大败而奔，委弃车仗器械无数，宋兵争先掠取。

◉御头悬挂高竿

正在战胜高潮，楚、魏二军已抵达首都睢阳城下。宋偃先生得到报告，鸣金收兵，急急折回，中途遇到齐军埋伏，大将屈志高先生战死，另一位大将戴直先生保护着宋偃先生，且战且走，好容易到了睢阳，守城大将公孙拔先生，开城门接入。此时联军已经合围，飞石如雨，展开猛攻，日夜不息。几天之后，又有生力军加入。

《东周列国志》曰：

忽见尘头起处，又有大军到来，乃是齐潜王恐韩聂不能成功，亲帅大将王蠋、太史敫等，引军三万前来，军势益壮。宋军知齐国王亲自领兵，人人丧胆，个个灰心。又兼宋偃不恤士卒，昼夜驱使男女守城，绝无恩赏，怨声籍籍。

以一个孤城对抗三强联军，大势已定，戴直先生向宋偃先生说出泄气的话，曰："敌势猖狂，而我们的人心已变。趁着城还未破，大王呀，你还来得及逃命，以后再图发展。"事情到此，宋偃这个老浑蛋，才感觉到往事如烟。白天他还誓言"与城共存亡"的，到了夜晚，他和戴直先生，带领二三亲信，悄悄跳城逃走。守将公孙拔先生遂即竖起降旗，开城迎接联军。这个新建立的桀宋王国，只有四十四年寿命，霎时灭亡。

宋偃先生出奔，遇到一个最大难题，那就是，他往哪里逃。所有邻国都被他得罪净光，投奔他们等于自投罗网。他想投奔秦王国，可是当中却隔着魏韩两国，插翅难飞。这是他自己断绝自己的生路。唯一的希望是，投奔当时还苟延残喘，几乎被人遗忘了的周王国。可怜的周王国，这时只剩下洛阳一小片土地。但无论如何，它还是个独立王国，如果能在那里得到政治庇护，以后可能还有机会寻觅复兴。

宋偃先生决定投奔洛阳。可是，问题又来啦，那也要穿过魏王国的土地，他阁下又遇到必须插翅才能飞渡的难题。最后，他化装成一个小贩，为了混淆敌人视听，也为了躲避重要的关隘重镇，他先向北逃走，再折向西。不过，化装后的小贩到底不是小贩，一行人等特殊的气质，很容易暴露身份。当他们逃到温邑（河南温县），眼看南渡黄河，就可到达周王国时，联军的追兵已到。宋偃先生一小撮人一哄而散，戴直先生逃得太慢，被一刀砍为两段。宋偃先生沿着神农涧山径跑了一段路，上气不接下气，而马蹄声分由前后逼到。只听一片呐喊："莫教暴君逃掉。"吓得魂不附体，把心一横，往神农涧悬崖纵身跳下，企图自杀。

他阁下这一跳，比不得息露女士一跳，息露女士求德得仁，名垂千古。宋偃先生求死却不能死，一棵突出的树枝挡住他的御体，追兵把他牵上来。一代英雄，这时变成狗熊，这个年已八十高龄的皓首匹夫，双膝下跪，低着头，任凭士兵吆喝鞭打，然后，大刀一扬，尊贵的御头落地。这只御头被送到睢阳，由联军悬挂高竿，示众三天。

——呜呼，如果换一个方式，把宋偃先生这个活宝，悬挂高竿，示众三天，教他亲自尝到国民的唾骂，当更有意义。

燕王哙·子之

时代：公元前四世纪八十年代

王朝：燕王国第二·第三任国王

姓名：姬姓

在位：姬哙六年（前321—前316）

子之三年（前316—前314）

遭遇：燕王哙死于乱军·子之被剁

为肉酱

◉糊涂蛋也可改变世界

桀宋王国灭亡之前，宋偃先生仍在位的时候，公元前四世纪八十年代，远在北方一个平静得如同死水，国际社会上默默无闻的燕王国，爆发内战。经过情形，听起来像是一场自导自演的儿童剧，但引起的反应和后遗症，却可怕非凡，计：三个国王惨死，几十万军人和小民刀下丧生。

三个惨死国王的最后一个国王齐湣王田地先生，我们将在下文报道。现在，只报道最先惨死的两个国王——本文的男主角姬哙先生和子之先生，他们像姒相先生和后羿先生一样，缠在一起，无法分开。

燕王国跟桀宋王国一样，是最古老的一个封国。想当年公元前十二世纪，周王朝建立，第一任国王武王姬发先生把他的叔父大人姬奭先生，封为侯爵，派他到蓟邑 (若干世代下来筑城之后，则称为"蓟城"，北京) 建立他的封国。蓟城距首都镐京 (陕西西安) 航空距离九百公里，当时尚是一片荒漠，各式各样的蛮族和各式各样的部落，遍布各地。姬奭先生留在中央政府做官 (他阁下就是有名的"召公"，跟老哥"周公"姬旦先生，同为政府的两大支柱)，而由他的儿子，率领名下的家族和部属，越过千山万水，通过无数次渺无人迹的旷野丛林，最后到达目的地。

燕国距政治心脏地带首都镐京，既那么遥远，而又位于穷苦边陲，等于被遗弃的婴儿，在那里自生自灭，所以一直居于一个非常不重要，甚至被忘掉了的地位。然而，时间累积，燕国也逐渐强壮。公元前四世纪六十年代——距建立封国已八百年，燕国第三十七任国君姬易王先生，眼看到别的封国纷纷升格为王国，心里发痒，怎么，我的土地不够大呀，我的人不够聪明呀，也就紧跟在各国屁股之后，改称为燕王国，而自己改称国王。

——姬易王先生在史书上没有留下名字，"易王"是他的尊号。我们行文中不习惯叫人的官衔，所以依照老规矩，称他为姬易王先生。燕王国即令在升格为王国之后，在国际上也没身价，所以在他们先后八个国王中，包括姬易王先生在内的三个国王，连司马迁先生都考查不出他们的名字，盖太远啦，也太小啦，没人注意他们。

公元前四世纪七十年代，公元前321年，姬易王先生跟周王国国王姬扁（周显王）先生，同时逝世。姬易王先生的儿子姬哙先生，本文第一男主角，继承宝位，成为燕王国第二任国王。而任命本文第二男主角子之先生，做他的宰相。呜呼，这两个糊涂蛋，可是姓名俱全。而一个人如果做出糊涂蛋之事，在史书上想不留下名字都不可能（连燕王国开山老祖第一任国王的名字，都没留下来）。不过，他们做出了糊涂蛋之事，闹得燕齐两国，天翻地覆，为历史提供了一页一页又一页的史实。知道他们名字的人，仍寥寥无几。人生太奥秘，也太微妙。聪明的人和智慧的人，固然可以改变世界，想不到，笨瓜和其蠢如猪的货色，只要他有足够的权柄，照样可以改变世界，不过改变得更糟。

我们对本文两位主角，除了他们玩的那场儿戏般的闹剧外，其他一无所知。从儿戏闹剧内容上，可以描绘出他们的轮廓：姬哙先生善良，懦弱，书读得很多，全没有消化，也没有判断能力。

而子之先生则野心勃勃，不懂政治，却非搞政治不可——我们所熟知的王莽先生，就是他的后身。

◉跟太后上了床

姬哙先生和子之先生所以做出糊涂蛋之事，跟苏代先生有关，苏代是苏秦先生的弟弟。苏秦先生以主张南北联盟，跟秦王国对抗的大战略，身兼六个强国的宰相，闻名世界。他的两个弟弟苏代和苏厉，步上他的后尘，也成为战国时代国际政坛上主要角色。

公元前四世纪六十年代，苏秦先生正在赵国（那时赵国还没有建立王国），秦王国为了破坏苏秦先生的大战略，用出外交手段，于公元前332年，向魏王国表示，愿意归还从前所夺取的襄陵（山西临汾市东南二十公里）等七个城市，要求和解。襄陵距魏王国故都安邑（山西夏县），直线距离一百公里，驻屯在那里的秦王国军队，朝发可以夕至，对魏王国边界，构成绝大威胁。秦王国就抛出这种对方非吞下不可的香饵，要魏王国脱离南北联盟。魏王国果然大为惊喜，派出亲善使节团到秦王国，表示邦交敦睦。而就在此时传出消息，燕王国也可能跟进，向秦王国靠拢。赵国国君赵肃侯赵语先生质问苏秦先生曰："南北联盟，互相结为亲戚，共同抵制凶暴的秦王国，这是一个崇高的构想。可是，联盟缔结还不到一年，魏燕两国已在背后下手，跟秦王国勾搭上啦，联盟条约，还有啥用乎哉？一旦秦军向我们发动攻击，那两个国家能来相救乎哉？老哥，你说，应该怎么办才好？"

——杜牧之先生《阿房宫赋》曰："灭六国者，六国也，非秦也。"国家灭亡，谈何容易，而竟亡啦，责任只在自己。南北联盟刚刚缔结，秦王国随便抛出一根骨头，团结便告瓦解。呜呼，这能怪秦王国乎？谁不明白团结的道理，只是利令智昏而已。站在魏国立场，襄陵可是大事，联盟算屁。

苏秦先生被赵语先生问得发毛，团结建立在一种长期利害的共识上，魏王国一定要近视眼，苏秦先生的大战略危矣，不但大战略危矣，连他阁下的老命也危矣。魏王国既已行动，阻拦不易，苏秦先生建议由他亲自去燕王国一趟，稳住阵脚，赵语先生同意。于是，苏秦先生到了蓟城（北京）。现在的苏秦先生可是太空梭上点灯，名照宇寰。燕王国国王姬易王先生，隆重地接待他，并任命他担任宰相。苏秦先生很容易地使燕王国跟赵王国保持友谊。为了巩固自己的地位和权势，他跟另一位宰相子之先生——本文第二男主角，结为婚姻之好（不知道谁家的女儿嫁给谁家的儿子）。又教老弟苏代、苏厉，跟子之先生结拜为义兄义弟。

然而，苏秦先生有了麻烦，姬易王先生的娘——文夫人，看上了这位平地一声雷，从卑微地位迅速爬到高位上，创造奇迹的青年才俊。呜呼，只要手握大权，男人看上女人，女人固然难逃，女人看上男人，男人同样无法招架。息露女士拒绝宋偃先生，自杀身死，千古留名。杜伯先生拒抗女鸠女士，结果被斗臭后处决，苏秦先生知道，如果拒绝文夫人，下场准惨不忍睹。文夫人召他进宫，他不敢不进宫；文夫人教他上床，他不敢不上床。咦，文夫人不是普通民女，她可是国王的娘，换了老圣人孔丘先生，也得如此这般。

然而，皇宫之中，人多嘴杂，春光不久外泄，姬易王先生也得到情报。离奇的是，当他知道苏秦先生跟他娘通奸之后，却没有任何反应。是他深刻了解老娘风流成性，说不定闹过多少丑事，赶走苏秦，还有别人补缺，不如从一而终，免得换来换去，越换越难听欤？或是他深爱苏秦先生奇才，为了国家，宁可赔上老娘欤？又或是他故意不动声色——为了跟老娘通奸而杀人，丑闻可大啦，等他犯了别的法条，届时再翻脸动手，就名正言顺了欤？

◉银子说话

我们在两千年之后揣想，姬易王先生所以不作反应，可能是前两种原因。但苏秦先生的心情，可是认为必属第三种无疑。他心里想曰："一代英名，如果被一个女人断送，那才真是天绝我也。"于是，他拒绝再到皇宫里去，如果皇宫侍卫把他捉住，用刺客的罪名斩首，全族都覆没矣。可是，那位春心荡漾的文夫人，却不断派人叫他。最初他东扯西拉，说谎搪塞。后来他发现，一旦文夫人恼羞成怒，"约瑟模式"可要再度出现，想到这里，这位一肚子诡计的家伙，吓得发抖。

最后，苏秦先生终于想到自救之道，只有釜底抽薪，离开燕王国一途。

《东周列国志》曰：

燕夫人（文夫人）屡召苏秦，秦益惧，不敢往。乃说姬易王曰："燕、齐之势，终当相并。臣愿为大王行反间于齐。"易王曰："反间如何？"苏秦对曰："臣伪为得罪于燕，而出奔齐国。齐王必重用臣，臣因败齐之政，以为燕地。"易王许之，乃收苏秦相印，苏秦遂奔齐。齐宣王（田辟强）重其名，用为客卿。……宣王薨，子湣王（田地）立……苏秦客卿用事如故。

——《东周列国志》把齐王国的国王似乎弄错，苏秦先生投奔齐王国时，国王是田因齐（威王）先生，不是田辟强（宣王），柏老特此说明。

齐国王田因齐先生翘辫子的前一年（前321），燕国王姬易王先生也一命归天，儿子姬哙先生继位。

公元前317年，苏秦先生在齐王国政府激烈的夺权斗争中，被政敌暗杀。留在燕王国的老弟苏代先生，遂接替老哥的位置，成为燕王国的重臣，而他的结拜兄弟子之，仍继续当新国王姬哙先生的宰相。

从没有一本史书介绍过姬哙先生，却有史书介绍子之先生。

《东周列国志》曰：

燕王国宰相子之，身长八尺，腰大十围，肌肥肉重，面阔口方（柏老按：这就对啦，脑满肠肥）。手绰飞禽，走及奔马。自燕易王时，已执国柄。及燕王哙嗣位，荒于酒色，但贪逸乐，不肯临朝听政，子之遂有篡燕之意。

——子之先生的来路不明，似乎是燕王国的贵族，则应是"姬之"才对，盖古时喜用"子"字作尊称也。但也可能他是商王朝皇族的苗裔，所以姓"子"。古史书对姓名官称，往往说不清楚，使人生气。

既然起意，就开始行动。《战国策》曰：

"子之先生当了燕王国的宰相，威望蒸蒸日上，掌握权柄，独断独行。苏代先生出使齐王国回来，姬哙先生问曰：'田辟强先生那人怎么样？'苏代先生曰：'您放心，他一辈子也当不上霸主，称霸不了天下。'姬哙先生曰：'为啥？'苏代先生曰：'那家伙自以为聪明，不重用他的干部。'苏代先生这些话，不是批评田辟强先生，而是说给姬哙先生听的，用以刺激他。于是，姬哙先生遂全心全意地信任子之先生。子之先生也真大方，立刻送给苏代先生黄金两千四百两（柏老按：这么重的贿赂，足以收买一个人的灵魂），任凭苏代先生支配。于是不久，银子说话，高级官员鹿毛寿先生向姬哙先生建议：'大王呀，我知道您忧国忧民，希望国家强大。使国家强大之法，莫如把中央政府权力，全部让给子之先生。您可知道，想当初，尧帝伊放勋先生曾把政权让给许由先生，许由先生拒绝接受。使伊放勋先生有"禅让"的美名，却仍照样保持政权。而今，您把政权让给子之先生，子之先生准也不会接受，您的贤名可就大啦。'姬哙先生龙心大悦，向子之先生表示要把政权让给他。谁晓得，这么一让，子之先生欣然同意，虽没有马上行动，但子之先生立刻成了全国最重要人物。"

●太子起兵反抗

然而，子之先生仍不满意，因为：第一，他的屁股还没有坐上宝座。第二，姬哙先生的儿子姬平（燕昭王）——太子——的势力，仍未完全排除。于是，银子再度开口。

《战国策》曰：

"有一位同样重要的高级官员，向姬哙先生进言曰：'大王容禀，您真是天下第一等君王，竟让出政权。呜呼，想当年，（夏禹）先生把政权禅让给一位叫"益"的人，而教自己的儿子姒启当一个小职员，认为姒启先生没有治理国家的能力，定要禅让给"益"。后来，姒启先生起事，跟他的党羽攻击"益"，而夺回政权。是姒文命先生名义上"禅让"，事实上却教自己的儿子姒启霸占回来也。而今，大王您对外宣传说把政权禅让给子之先生，可是，官员们却都是太子姬平的部属。外表上子之当家，实质上姬平当家。这叫啥禅让？大王怎能跟古圣先贤齐名乎哉？'姬哙先生恍然大悟，下令中级以上的官员，一律免职，再由子之先生另行委任。子之先生正式坐到王位上，姬哙先生因年老之故，索性向子之先生叩拜，作为臣傃。"

原文：

子之相燕，贵重主断。苏代为齐使于燕，燕王（姬哙）问之曰："齐宣王何如？"对曰："必不霸。"燕王（姬哙）曰："何也？"对曰："不信其臣。"苏代欲以激燕王以厚任子之也。于是燕王大信子之。子之因遗苏代百金，听其所使。鹿毛寿谓燕王曰："不如以国让子之。人谓尧贤者，以其让天下于许由，由必不受。有让天下之名，实不失天下。今，王以国让相子之，子之必不敢受，是王与尧同行也。"燕

王因举国属子之，子之大重。或曰："禹授益而以启为吏，及老，而以启为不足任天下，传之益也。启与友党攻益而夺之天下，是禹名传天下于益，其实令启自取之。今王言属国子之，而吏无非太子（姬平）人者，是名属子之，而太子用事。"王因收印自三百石吏而效之子之。子之南面行王事，而哙老不听政，顾为臣，国事皆决子之。

呜呼，第一次银子说话，要姬哙先生用诈欺手段，扬言送人一种必不敢要的东西，对方既不敢要，东西仍是自己的，却博得慷慨大方的美名。谁晓得刚一出口，对方就张嘴吞下。第二次银子说话，批评姬哙先生送得不够彻底——竟没有建议把太子姬平杀掉，实在使人惊奇。但那一群活宝，恐怕不可能没有这种想法。

姬哙先生真是天下第一蒙眬，他竟把儒家学派政治挂帅大纛下杜撰的良辰美景，当成真的。自从儒家学派把伊放勋先生和姚重华（舜）先生美化成可爱的小绵羊以后，姬哙先生这位忠实的信徒，是第一个受害最大的人。再重复上文说过的一句话：糊涂虫也可改变历史，姬哙先生就是这种庸才。尤其可讶的是鹿毛寿先生之类的说辞，任凭谁都不会接受，而姬哙先生竟照单全收。我们敢肯定，他准是个智力不足的白痴，盖只有智力不足的白痴和智力太高的野心家，才相信"禅让"那一套。

子之先生是第二个受害人，在封建专制的政治体制下，只有流血才能取得政权，根本不允许用和平手段。子之先生相信只要上层交易就行啦，他犯了可怕的错误，盖他不能控制夺取王位后的局势。高级将领市被先生首先反抗，跟太子姬平先生结合，号召武装部队起义，围攻皇宫，昼夜血战。子之先生以国王名义，号召武装部队勤王。双方兵戎相见，但皇宫一时难破。

◉上吊和凌迟

皇宫攻防战连续几个月，不能决定胜负，就在大战正酣时，攻击阵营分裂，市被先生率领他的部队，忽然倒戈，反攻太子姬平先生。《战国策》仅曰："将军市被及百姓，乃反攻太子平。"他阁下为啥改变立场，史书上没有交代。是被子之先生的黄金收买？还是姬平先生不成才，把他逼反？看情形不像是姬平先生不成才，在以后的表现上，姬平先生显然是一位英明领袖。市被先生最先发难，也最先倒戈，政治上的无情变化，使人心战胆寒。然而，市被先生的倒戈给他自己带来死亡，他在战场上被姬平先生的太子兵团，一刀砍下马鞍，送掉性命。但残兵犹在，子之先生挥军出宫，在蓟城（北京）展开一场中国历史上空前的大规模的巷战，达数月之久。"构难数月，死者数万众，燕人恫恐，百姓离意"。

天下本无事，庸人自扰之，史书上血迹斑斑。可是，直到今天，仍不断有人英勇地重蹈覆辙，使人忍不住发问：为啥如此？

燕王国小民正在水深火热之际，齐王国决定吞并这个混账辈出的邻居。齐国王田辟强先生唯恐太子姬平先生丧失斗志，姬平先生一旦投降子之，或撤出首都蓟城，燕王国社会秩序恢复，齐王国的灭国戏就唱不成矣。田辟强先生派人通知姬平先生曰:"我深知,你之所以起兵抗暴,目的至大至公,只为了'饬君臣之义,正父子之位'。我的国家虽小,没有力量,但是,我却愿支持你,如果有需要我效劳的地方,请你随时吩咐。"

姬平先生得到外援,精神大振,巷战更为惨烈,一面向齐王国致谢,一面请求武装支援。而这时候,被儒家系统尊为"亚圣"(第二级圣人——第一级圣人当然是孔丘先生)的孟轲先生,正在齐王国推销他的儒家政治主张。这位不断严厉谴责战争的和平之鸽,鼓励田辟强先生发动侵略,他曰:"这真天赐良机,现在如果对燕王国用兵,那可是又回到了姬昌(文王)姬发(武王)时代。千万不可错过,一旦错过,以后就再没有这种良机矣。"

恰好传来消息,姬平先生兵败逃亡。使田辟强认为,此时不下手,更待何时。

《东周列国志》曰:

"(田辟强)乃使匡章为大将,率军十万,从渤海进兵。燕人恨子之入骨,皆箪食壶浆,以迎齐师,无有持寸兵拒战者。匡章出兵,凡五十日,兵不留行,直达燕都,百姓开门纳之。子之之党见齐兵盛众,长驱而入,亦皆耸惧奔窜。子之自恃其勇,与鹿毛寿率军拒战于大衢。兵士渐散,鹿毛寿战死,子之身负重伤,犹格杀百余人,力竭被擒。

子之先生被擒,闹剧结束。从中穿针引线的苏代先生,仓皇逃走,逃回南方他的故乡周王国。可怜的姬哙先生,只好悬梁上吊,他到死恐怕都不明白怎么会落得这种下场。子之先生却没有这种幸运，一辆特制的囚车，把他押解到齐王国首都临淄（山东淄博临淄区）。临淄、蓟城之间，航空距离四百公里，匡章先生以战时行军的速度，还走了五十天。囚禁子之先生的庞大囚车（子之先生虎背熊腰，四肢发达，可是大个儿，小号囚车准装不下），恐怕要走六十天。这两个月的日子，可不好受。人间再也没有比从国王变成死囚更戏剧化的矣，子之先生躬逢其盛，而又荣膺主角，实在难得。一路上辛苦之余，想起他多年来的折腾，恐怕感慨万千。

最后，到了临淄。田辟强先生高坐金銮殿受俘，宣布子之先生罪状，下令"凌迟"——拖到刑场上，先砍断四肢，等他阁下只剩下躯干，哀号求死不得之后，再照咽喉一刀。

——姬哙先生之自缢，子之先生之凌迟，是《东周列国志》的说法，其他史书上都很简单，《战国策》曰："燕王哙死，齐大胜燕，子之亡。"《资治通鉴》曰："齐人取子之醢之，遂杀燕王哙。"是则，子之先生终于被剁成肉酱，而姬哙先生又是死于齐军之手。反正，无论如何，写到这里，既笑又悲。——他们都同样横挑强邻，并把他们击败，领土大幅膨胀。

齐湣王

时代： 公元前三世纪初

王朝： 齐王国第三任国王

姓名： 田地

在位： 十八年（前301—前284）

遭遇： 剥皮·抽筋·惨叫三日始绝

●千里马骨

在上文中，曾提到燕王国国内变化的反应和后遗症，引起三个国王的惨死。前两位国王燕王姬哙先生和子之先生，已报道之矣。现在，我们报道第三位国王——齐湣王田地先生，他跟姬哙、子之，根本拉不上线，可是他老爹田辟强先生却拉得上线。

齐王国远征军攻陷燕王国首都蓟城（北京）后，齐宣王田辟强先生决心灭掉燕王国，把领土纳入自己的版图。所以远征军司令官匡章先生一进入蓟城，就做长久打算，先把燕王国历代君主的太庙，全部摧毁，表示姬姓贵族已被连根拔除。再把燕王国的国库，搜刮一空，全部运回临淄（山东淄博临淄区）。接着收集燕王国政府所有的档案——包括全部人事资料、土地田亩赋税资料、山河要隘关卡资料，以及武装部队军事机密资料。派出军队，夺取其他城市。匡章先生对燕王国人民欢迎的场面，记忆犹新，认为燕王国民心已变，攻城略地，将不费吹灰之力。燕王国这才恍然大悟，他们最初以为齐军是来解救他们脱离苦难的，可是现在却成了一支趁火打劫的侵略强盗，大家遂起而反抗，并派人到无终山（雾灵山），迎接逃亡的太子姬平先生继任燕王国第四任国王（燕昭王）。这时，赵王国第一任国王赵武灵王赵雍先生在位，对齐王国这么轻轻松松地并吞了大块土地，既害怕又生气，于是寻找到另一位逃亡的王子姬职先生，迎接到首都邯郸（河北邯郸），准备尊奉他当燕王国的国王。后来听到姬平先生已在故土登上宝殿的消息，才打消原意，并承诺给姬平先生大量援助。姬平先生得到外援后，声势一振。那些已经屈服于齐王国的城市，纷纷起义，把齐王国的占领官和占领军赶走，重回祖国怀抱。

远征军司令官匡章先生无法招架，只好撤退，当然把所有可以搜刮的金银财宝，全部带走。

姬平先生还都蓟城，发现他的国家一贫如洗，不仅国库一贫如洗，连小民也一贫如洗。连年战争，全国青年已死伤多半，简直无法着手重建。他徘徊半颓的宫垣城堡之间，看到家家户户在办丧事，哭声震动山岳，不禁为老爹姬哙先生的愚蠢，捶胸叹息。对子之先生的愚昧凶恶，对齐王国之乘人之危，更是悲愤。子之先生已受到惩罚，至于齐王国，他誓言有生之年，必定报复。然而，以目前的残破程度，那可是一段遥远的历程。

在善后工作告一段落时，姬平先生免税减赋，使人民富庶，奖励生育，使兵源充足。又用最谦恭的态度，招请英才。在逃亡无终山时一直陪伴他，在即位后被任命担任宰相的郭隗先生，是他最重要的助手。

《东周列国志》曰：

昭王乃归燕都，修理宗庙，志复齐仇。乃卑身厚币，欲以招徕贤士，谓相国郭隗曰："先王（姬哙）之耻，孤日夜在心。若得贤士，可与共图齐事者，孤愿以身事之，惟先生为孤择其人。"郭隗曰："古之人君，有以千金使涓人（侍从官）求千里之马。途遇死马，旁人皆环而叹息，涓人问其故，答曰：'此马生时，日行千里，今死，是以惜之。'涓人乃以五百金买其骨，囊负而归。君大怒曰：'此死骨何用，而废弃吾多金耶？'涓人答曰：'所以费五百金者，为千里马之骨故也。此奇事，人将竞传，必曰："死马且得重价，况活马乎？"马今至矣。'不期年，得千里之马三匹。今王欲致天下贤士，请以隗为马骨，况贤于隗者，谁不求价而至哉？"

●黄金台

郭隗先生不仅是智囊而已，他愿以死马骨自居，更是一代政治家风范。

《东周列国志》曰：

于是昭王特为郭隗筑宫，执弟子之礼，北面听教，亲供饮食，极其恭敬。复于易水之旁，筑起高台，积黄金于台上，以奉四方贤士，名曰招贤台，亦曰黄金台。于是燕王好士，传布远近。剧辛自赵往，苏代自周往(他阁下脸皮也真够厚——搞政治的，脸皮可是非厚不行)，邹衍自齐往，屈景自卫往(柏老按：这四位都是历史著名人物)。昭王悉拜为客卿，与谋国事。元刘因有《黄金台》诗云：燕山不改色，易水无剩声。谁知数尺台，中有万古情。区区后世人，犹爱黄金名。黄金亦何物，能为贤重轻。周道日东渐，二老皆西行。养民以致贤，王业自此成。(二老之一是被尊为"老子"的李耳先生，道家学派的开山老祖。另一位"老"，不知道是谁矣。)

最后，姬平先生隆重接待一位默默无闻的青年乐毅。他是一百年前——公元前五世纪九十年代——名将乐羊先生的后裔，家住赵国所属的灵寿县(河北灵寿)。赵国"沙丘之乱"时，全国大乱，乐毅和他的家人逃难到大梁(河南开封)，魏国王魏嗣(魏襄王)先生当然瞧不起这个流浪客。他正彷徨无依，听到黄金台故事，就从大梁前来蓟城。姬平先生跟他一席深谈，从国际外交到富国强兵，不禁额手称庆，知道已遇到他心目中的王佐之才，就以客卿中最尊贵的礼数优待他。乐毅先生要求准许他当燕王国的公民，姬平先生表示不敢当他的君王，但最后仍勉强接受，任命他当副宰相（亚卿），位在所有客卿之上。盖客卿者，外国籍的顾问，尊而不亲。而乐毅先生则已成为燕王国的公民，既尊而又亲者也。

乐毅先生是一代奇才，他在历史上创下奇迹。但任何奇迹都不是一首诗，而是一堆辛苦的血汗，而是一段漫长的历程。复兴一个衰弱得濒于覆亡的国家，是天下最困难的大事。乐毅先生的方法是：使人民休养富裕，然后加强军事训练。

自姬平先生即位（前312）到大复仇之日（前284），凡二十九年。二十九年之间，国际上发生很多变化：

一、赵王国"沙丘之乱"，第一任国王赵武灵王赵雍先生饿死行宫。

二、楚王国第二十一任国王楚怀王芈槐先生被骗到秦王国，死在咸阳。

三、齐王国第二任国王（齐宣王）田辟强先生（是他几乎把燕王国灭掉，结下世仇）逝世。儿子齐湣王田地先生（本文男主角）登场。

四、宋王国覆亡，第一任也是最末一任国王宋康王宋偃先生丧生。

五、秦王国以几何级数的速度，跃居世界超级强国，各国普遍害"恐秦病"。

田地先生坐上王位后，他所面对的世界，比老爹田辟强先生所面对的世界，更为险恶，而最险恶的当然是燕王国的复仇迫在眉睫。可是，田地先生却优哉游哉，满不在乎，史书上没有具体地一条一条列出他的暴行，大概条数太多，列也列不完，但从以后发生的若干事实，可反映出他的性格和行为，至为恶劣。

公元前288年，秦国王嬴稷（秦昭王）先生忽然觉得"王"不够过瘾，于是改称"西帝"，派遣使节到临淄（山东淄博临淄区），请田地先生称"东帝"。这一项突变，引起一连串国际战争。

《资治通鉴》曰：

> **十月，秦王（嬴稷）称西帝，遣使立齐王（田地）为东帝，欲约与共伐赵。**

◉英明领导之下

田地先生接到这个请求，龙心大痒，咦，秦王国把俺跟他看得一般高呀，虽灭燕不成，那是没有人帮拳之故，现在把赵王国瓜分，疆土大增，可真美不可言。但他想到自己的实力，又不禁有点犹豫。

《资治通鉴》曰：

> **苏代自燕来，齐王曰："秦使魏冉致帝，子以为何如？"对曰："愿王受之而勿称也。秦称之，天下安之，王乃称之，无后也（未晚也）。秦称之，天下恶之，王因勿称以收天下，此大资也。且伐赵，孰与伐桀宋利？今王不如释帝以收天下之望，发兵以伐桀宋。宋举，则楚、赵、魏、卫皆惧矣。是我以名尊秦，而今天下憎之。"**

苏代先生果然不凡，他把烫山芋扔还给秦王国。田地先生当了两天"东帝"之后，就对"帝"这玩意儿闭口不提。嬴稷先生一瞧，"东帝"既没有啦，他这"西帝"就"西"不起来，只好打马虎眼，仍称他的国王。田地先生在这场外交接触中，打了一个胜仗，马上跟魏王国、楚王国结盟，攻击桀宋王国。

桀宋王国就在三国联军围困下灭亡，经过情形，在"宋康王"文中，已叙述之矣。但要特别指出一点，苏代先生奉田地先生之命，前往咸阳，劝阻秦王国援军，竟凭三寸不烂之舌，使秦王国背弃盟邦。冬烘之辈常抨击苏秦、张仪没有真才实学，翻云覆雨，全靠一张嘴。呜呼，正因为他们全靠一张嘴，才必须拥有真才实学。在官场之中，只要精于拍马，就可爬到高位。游说家像坐在炸弹上，几乎每一分钟都有爆炸的可能，没有真才实学支持，早被"烹之"矣。苏秦先生那种南北结盟，共抗强秦的大战略，直到今天，二十世纪矣，在国际上仍占主导地位。冬烘之辈既没有这种眼光，也没有这种抱负。苏代先生不过二流角色，他之能劝阻秦王国背盟，并不靠他的一番话，而靠他对世局的洞察。注意他的分析："田地之强暴，无异于宋偃。今约楚、魏而攻宋，其势必欺楚、魏。楚、魏受其欺，必西向而事秦。"一针见血，料事如神。

果然，三国联军在攻占了桀宋王国之后，依照原来盟约，齐王国、魏王国、楚王国，共同瓜分疆土，各得一份。田地先生左思右想，忽然大怒曰："这场战役，几乎全是齐王国打的，而俺，以国王之尊，还御驾亲征，如果不御驾亲征，运筹帷幄之中，决胜于疆场之上，靠你们几个毛头小伙，能大获全胜呀？楚、魏那一小撤军队，一阵风都刮得无影无踪，怎么有脸要地？"于是，使用诡计，声言欢送楚军，然后在屁股后突然攻击，在措手不及下，楚军大败而逃。田地接着对魏王国如法炮制，把桀宋王国领土，全部下肚。国际上固然没有信义，但没有信义到这种程度，也实在离谱。楚、魏二国气得双目昏花，分别向秦王国靠拢。

田地先生把所有的邻国都制造成不共戴天之仇，已走上宋偃先生的覆辙，但他却以为他比宋偃先生棋高一着。他对国境内的两个小封国鲁国（山东曲阜）和邹国（山东邹城），以及邻境的一个小封国卫国（河南濮阳），发出通牒，要他们的国君做他的臣属，向齐王国进贡。三国国君无可奈何，只好把田地先生那个混蛋当作周王朝的国王，向他朝觐。田地先生对自己的伟大勋业和在历史上的崇高地位，大为满意，向他的高级官员宣称："齐王国在俺英明的领导之下，击破燕王国，使它永不能复兴。灭掉桀宋王国，使它再不能翻身。开拓的疆土，有千里之远。先后给楚王国跟魏王国以重创，威震天下。鲁国、卫国、邹国，都自动自发归附称臣。沿边地区，无不震恐。等俺哪一天，心血来潮，亲率堂堂大军，灭掉那个残存的周王国，把它的国宝九鼎，搬到临淄（山东淄博临淄区），然后正式称号'天子'，号令各国，谁敢不买俺的账？"

●五国联军

田地先生这番肤浅的言论，使他的堂弟、担任宰相的田文先生，大吃一惊，建议曰："宋偃先生正因为一味虚骄，我们才抓住机会把他干掉。大王呀，愿你以他为戒。周王国虽然只剩下洛阳城和附近一星点土地，然而，他们的国王，仍是传统名义上的'共主'。列国之间，互相攻伐，战火从来没有燃烧到洛阳，不愿冒天下之大不韪也。你阁下前些时，曾坚决拒绝'帝'的称号，国际上对你倍加尊敬。而今忽然要消灭周王国，自当天子，恐怕不是国家之福。"用不着到卦摊上算六爻课，就可知道暴君的反应，田地先生曰："子天乙（商汤）放逐姒履癸（夏桀），姬发（周武王）攻打子受辛（商纣王）。姒履癸不是子天乙的君王乎？子受辛不是姬发先生的君王乎？有啥可说的，俺难道比不上子天乙、姬发？可惜你不是伊尹、姜子牙耳。你既然看我不顺眼，就请另投明主。"下令免除田文先生的宰相。

——田文先生，就是历史上著名的战国时代"四大公子"之一孟尝君。公元前三世纪之前春秋时代，封国国君多半都是"侯爵"（所以有"诸侯"名称出现），对手下有功勋的贵族或部属，不能再封侯爵，就改封"君爵"。等到各国国君，蹿升为国王，这种称谓，一直保持下去。所以事实上，"君"就是"侯"，"侯"就是"君"。到了公元前二世纪，西汉王朝建立，才开始大批封侯。只在对女人宠荣时，才封为"君"。男人封侯，女人封君，爵位相等矣。

田地先生把田文先生赶走后，耳朵里再也听不到反调言论，而只听到顺调声音——雷动的鼓掌和万岁的嘶喊，田地先生乃心旷神怡，精神抖擞。

《东周列国志》曰：

齐湣王自孟尝君去后，益自骄矜，日夜谋代周为天子。时齐境多怪异，天雨血，方数百里，沾人衣，腥臭难当。又地坼数丈，泉水涌出。又有人当阙而哭，但闻其声，不见其形。由是百姓惶惶，朝不保夕。大夫狐咺、陈举，先后进谏，且请召还孟尝君。湣王怒而杀之，陈尸通衢，以杜谏者。于是王蠋、太史敫等，皆谢病弃职，归隐乡里。

谚云："天作孽，犹可违，自作孽，不可活。"田地先生勇不可当地为自己挖掘坟墓，谁都不能使他住手。再也料不到，就在这时候，燕王国大复仇行动，已经准备完成。

《东周列国志》曰：

（田地）恣行狂暴，百姓弗堪。而燕国休养多年，国富民稠，士卒乐战。于是昭王进乐毅而问曰："寡人衔先人之恨，二十八年于兹矣！常恐一旦溘先朝露，不及刃齐王之腹，以报国耻，终夜痛心。今齐王骄暴自恃，中外离心，此天亡之时。寡人欲起倾国之兵，与齐争一旦之命，先生何以教之？"乐毅对曰："齐国地大人众，士卒习战，未可独攻也。王必欲伐之，必与天下共图之。今燕之比邻，莫密于赵，大王宜首与赵合，则韩必从。而孟尝君相魏，方恨齐，宜无不听。如是，而齐可攻也。"燕王曰："善。"

姬平先生派遣乐毅先生出使各国，不但各国欣然同意，连远在西方的秦王国，"忌齐之盛，惧诸侯背秦而事齐"，也愿派出武装部队。五国联军，迅速组成：

秦军司令官　白起

赵军司令官　廉颇

韩军司令官　暴鸢

魏军司令官　　晋鄙

燕军司令官　　乐毅（兼任联军最高统帅）

除了暴鸢先生外，其他四位，都是公元前三世纪的名将。

公元前284年，桀宋王国覆亡后两年，五国联军分别在齐王国边境集结，燕王国动员全国所可以动员的男子，悉数投入战场，任命乐毅先生当上将军，五国同时进攻，目标"济西"。

◉架子奇大

"济西"，济水之西，现在地图上已找不到济水矣。济水为古中国的"四渎"之一，发源于太行山，和黄河平行，但河床却终于被黄河侵占，济水遂成为历史名词。济水之西的地理位置，山东高唐应为中心。

田地先生接到五国联军入境报告，亲率齐王国精锐兵团，任命韩聂先生担任先锋官，誓言要把入侵的敌人歼灭在边境之外。然而，济西一场会战，齐兵团霎时崩溃，韩聂先生战死。史书上说，"尸横原野，血流成河"。田地先生一看大事不好，拨转马头，抛下残兵败将，一溜烟逃回临淄。环顾四周，只有楚王国没有动手，这是一线希望。平时不烧香，临时抱佛脚（呜呼，田地先生岂止平时不烧香而已，平时还凿佛头哩）。连夜派遣使节，向楚王国求救，承诺说，愿以齐王国南部疆土（淮河以北）作为酬谢。五国联军济西大捷之后，乐毅先生了解，齐王国野战军主力已经消灭，不能再作有效的抵抗，就请秦、韩两军先行回国，而由魏军扫荡桀宋王国之地，赵军扫荡河间（河北献县）附近之地，使他们扩张疆土。乐毅先生则率领燕王国的复仇大军，长驱直入，向临淄进发。这是一个危险的军事行动。有人主张乘机占领沿边一些城市就够啦，万不可深入，而乐毅先生坚持要全部吞并。

《资治通鉴》曰：

剧辛曰：“齐大而燕小，赖诸侯之助，以破其军，宜及时攻取其边城以自益，此长久之利也。令过而不攻，以深入为名，无损于齐，无益于燕，而结深怨。后必悔之。”乐毅曰：“齐王伐功矜能，谋不逮下，废黜贤良，信任谄谀，政令戾虐，百姓怨恕。今军皆破亡，若因而乘之，其民必叛，祸乱内作，则齐可图也。若不遂乘之，待彼悔前之非，改过恤下，而抚其民，则难虑也。”

乐毅先生的判断，完全正确。他采取穿心战术，不管两翼，而直指临淄，一路势如破竹。田地先生发现敌人尾追不舍，心里乱成一团，首都也不敢守啦，带领仍效忠他的数十位臣僚，包括最最信任的维夷先生，偷偷打开城门，脚底抹油。想不到他阁下逃亡途中，又闹出花样，他的行为把他一步一步带到绝境。

田地先生一群，间道西行，投奔位于帝丘（河南濮阳）的卫国。卫国国君震于田地先生余威，倒是毕恭毕敬，率领他的僚属，亲自到边境上迎接，招待他住进宫廷正殿，仍把他当作有权势的君王。

田地先生虽然已成了丧家之犬兼漏网之鱼，因为头脑并没有清醒，架子奇大，派头也不小，对卫国国君，就像对一个奴隶，吆喝来吆喝去，忘了自己是谁。卫国国君还能忍耐，但卫国臣僚却义愤填膺："这家伙是什么东西，国都不保，老命危在旦夕，还到我们这里摆谱，这得教训教训他。"于是乘着黑夜，把田地先生逃亡时带的一些行李和珠宝，抢劫一空。这对田地先生的尊严，不但是一项严重的冒犯，而且简直断绝他阁下的生路，那股怒火使他更加愚蠢，决定等卫国国君晋见他时，严令他克日破案。卫国国君这时却改变态度，不但不再晋见他，还断绝一切供应。田地先生苦候了一天，又饥又渴，又怕卫国国君用军队捉住他送给燕王国，心惊胆战而又毫无办法，唯一的办法只有再次开溜。在月夜朦胧下，仓皇逃走。

好容易逃到鲁国（山东曲阜），就在边关，守关的朋友飞报鲁国国君姬贾（鲁文公）先生，姬贾先生大概已听到田地先生在卫国的闹剧，于是先派一个使节前往观察风向。维夷先生问曰："你们的国君，怎样接待我国王老爷？"使节曰："我们将用最尊贵的礼数——十个太牢（祭祀时并用牛、羊、猪三牲叫太牢）——来表示我们的敬意。"维夷先生曰："你说啥？仅只十个太牢？我们的国王，可是天子。你听说过天子巡狩没有？夫天子巡狩，派头可大啦，封国国君要搬出宫殿，请天子进住，国君早晚都要到宫内问安，并且亲自到厨房料理饮食，等候天子吃过，才能退出办理封国的事，岂止十个太牢而已。"使节回报姬贾先生，姬贾先生曰："放他娘的屁！"下令闭关。

●冥顽不灵

田地先生冥顽不灵的程度，使人吃惊。卫鲁两国的教训，仍不能使他醒悟，他下一步逃亡到邹国（儒家学派"亚圣"孟轲先生的祖国——山东邹城），邹国国君刚刚逝世。就在边境上，田地先生传话说，他要亲自祭吊邹国国君之丧。维夷先生告诉边境上邹国官员曰："你们可懂得天子吊丧之礼乎？夫天子吊丧，跟普通人可大不相同。新任国君要背对棺材，跪在西侧位置，向北俯首痛哭。天子老爷，则端坐高台之上，面朝南方，表示悼念。我们是礼仪之邦，一切按礼行事，你们不能说啥吧。"邹国新任国君听了之后，嗤之以鼻，也传话曰："我们是一个小国，不敢麻烦什么天子这玩意儿，请往别的地方吊，如何？"

——呜呼，有些朋友认为，凡是人，都可以沟通。柏杨先生相信绝大多数如此，但也相信少数人，像田地先生之类，无法沟通。灵性层面太低，而又忘了他是谁，遂刀枪不入，水火不进。你有千条计，他有老主意。

田地先生连续投奔了三个封国，以里程计，已耗去了将近一个月的时间，这时，齐王国已全部沦入燕王国之手。田地先生面临着有国难奔，有家难投的末路。他阁下如果这时候就一头撞死该多好，偏偏得到消息，还有两个城市，仍在齐王国手中，一个是莒城（山东莒县），一个是即墨（山东平度）。即墨太远，而且听说燕军正在围攻。莒城既近，战火还没有波及，田地先生大喜曰："早知如此，不去受那三个蚂蚁的气矣。想当年，夏王朝君王少康，以一方之地（五平方公里），一旅之众（五百人），就把敌人消灭，恢复国土。而今莒城何止一方，驻军又何止一旅？哼哼哼，等敝寡人报了仇，雪了恨，教那三个小国吃不了兜着走。"于是，星夜赶往，守将迎接他入城。田地先生如鱼得水，一面招抚难民，练军守卫，一面再派出使节，催促楚王国救援。他认为，楚援一到，即可反攻。

乐毅先生在田地先生逃走后，挥军进入齐王国首都临淄。临淄是当时世界上最著名的巨城，繁华盖世，晏婴先生曾形容它"呵气成云，挥汗如雨"。自从姜子牙先生于公元前十二世纪建为首府以来，一千年之久，从没有被外人侵入过。而现在，国库宝藏，以及民间富庶的仓廪，全成为燕军劫掠的对象。临淄全部金银财宝，包括二十八年前从蓟城（北京）抢回来的燕王国故物，装上运输车队，浩浩荡荡，运回燕王国。燕国王姬平先生成了历史上最快乐最兴奋的君王，这项大复仇的千古盛业，终于完成。他御驾亲临济西，犒赏三军，封乐毅为昌国君。昌国，今山东淄川（今山东淄博淄川区——编者注）东北十八公里。乐毅先生占领临淄后，分兵进击，齐王国全部陷落，只剩下即墨（山东平度）、莒城（山东莒县）。莒城边远，而且情报显示，楚王国援军旦夕可达，所以，乐毅先生先击即墨。

莒城就在这种情势下，暂时苟安。田地先生也了解，一旦即墨陷落，燕王国大军汹涌南下，莒城孤堡，绝不能抵挡。正在心如火焚，楚王国援军适时而至。楚国王芈横（楚顷襄王）先生〔国际巨骗案被害人芈槐（楚怀王）先生的儿子〕，派遣大将淖齿先生，率领精兵二十万赴援。大军出发时，芈横先生吩咐淖齿先生曰："田地这家伙，反复无常，根本不知道啥叫信义。两年前攻打桀宋王国，信誓旦旦，三国共同瓜分，结果他却背后下毒手。这次又来啦，说要把齐王国南部淮河以北地区割给我们，他以为俺老子是傻瓜，还信他那一套呀。你到了那里，要相机行事，别死心眼，只要有利于我们国家，想干啥就干啥!"

●从座位上被摔下来

田地先生一瞧楚王国援军有二十万之众，而又个个英雄，人人好汉，武器精良，战志高昂，大喜过望，立即任命淖齿先生担任宰相。田地先生现在是个空头国王，他要用楚王国军人的血，送他回到首都临淄宝座。淖齿先生知道对手的想法，但他仍接受宰相的职位，必须如此，在这块残存的齐王国土地上，才能合法掌握大权。

淖齿先生掌握了大权之后，发现他手中二十万人的兵团，无法跟燕王国远征军对抗，如果兵戎相见，打胜啦当然妙不可言，可是，万一打败啦，不但宰相取消，在齐王国无法立足，纵是回到楚王国，丧权辱国，恐怕也要绑赴刑场，执行枪决。想来想去，想出奇计，他决定出卖田地先生。田地先生出卖过盟友，现在以其人之道，还治其人之身，淖齿先生连一点内疚都没有。于是派出密使，跟乐毅先生取得联系，提出条件是：他杀掉田地先生，然后中分齐王国，北部属燕，南部属楚。乐毅先生完全接受，回报曰："你如果宰掉田地，不过宰掉一个无道暴君，你的义名，将传播天下。至于楚燕平分齐王国，当然毫无问题，一切以你的意见为准。"

淖齿先生得到乐毅先生的保证后，决定行动。那是公元前284年的一天（史上没有记载确实月日），淖齿先生宣称出发作战，在鼓里（山东莒县附近地名）集结部队，请田地先生亲临阅兵。田地先生喜上眉梢，御驾亲临。等到上了阅兵台，屁股刚刚坐稳，只听金鼓齐鸣，旌旗招展，战士们弓上弦刀出鞘，一支精锐的镇暴队伍，发动突袭，把田地先生的禁卫军和侍从人员缴械，而另一队人马，则把阅兵台团团包围。田地先生觉得不对劲，急忙向淖齿先生探问。淖齿先生曰："大事没有，小事只有一件，你阁下作恶多端，祸国殃民，今天就要验明正身，明正典刑啦。"忽然喝曰："拿下。"一声呐喊，座上客变成阶下囚，田地先生从座位上被武士摔下来，绳捆索绑，跪在地上。

现在轮到淖齿先生发威，他向田地先生曰："千乘（山东高青）、博昌（山东博兴）之间，几百里之大，天降血雨，弄到衣服上都洗不净，你知道乎？"田地先生瞪眼曰："不知道。"淖齿先生曰："嬴县（山东济南莱芜区）、博县（山东泰安）之间，土地下陷，冒出泉水，你可知道乎？"田地先生瞪眼曰："不知道。"淖齿先生曰："有人在宫门放声大哭，找人找不到，只听见声音，你可知道乎？"田地先生瞪眼曰："不知道。"淖齿先生曰："天下血雨，是天老爷警告你。土地下陷，是地藏王菩萨警告你。宫门哭泣，是人民警告你。天地人都警告了你，而你仍一意孤行，你这个冥顽不灵的杂种，怎么还能活命？"

《战国策》原文：

王（田地）奔莒（山东莒县），淖齿数之曰："夫千乘、博昌之间，方数百里，雨血沾衣，王知之乎？"王曰："不知。""嬴、博之间，地坼至泉，王知之乎？"王曰："不知。""人有当阙而哭者，求之则不得，去之则闻其声，王知之乎？"王曰："不知。"淖齿曰："天雨血沾衣者，天以告也。地坼至泉者，地以告也。人有当阙而哭者，人以告也。天地人皆以告矣，而王不知戒焉，何得无诛乎？"

◉剥皮·抽筋·惨叫三日

《战国策》中，淖齿先生问话，田地先生都来一个一推六二五，一律"不知"。而在《资治通鉴》，田地先生却恰恰相反，一律"知之"。

《资治通鉴》曰：

（淖齿）执湣王而数之，曰："千乘、博昌之间，方数百里，雨血沾衣，王知之乎？"曰："知之。""嬴、博之间，地坼及泉，王知之乎？"曰："知之。""有人当阙而哭者，求之不得。去则闻其声，王知之乎？"曰："知之。"淖齿曰："天雨血沾衣者，天以告也。地坼及泉者，地以告也。有人当阙而哭者，人以告也。天地人皆告矣，而王不知诫

焉，何得无诛？"

　　这一桩史实，《资治通鉴》照按《战国策》原文，可是却在最生动的节骨眼上，动了手脚，做出恰恰相反的更改。田地先生遂由"不知"，成了"知之"。可能司马光先生之意，"不知"不过浑蛋加三级，昏庸而已。既"知之"而不悔改，才是典型的颠顸，似乎正适合田地先生的身份。但一味回答"不知"，也可显示出田地先生的骄慢：一问三摇头，随你的便。我们对这些没有兴趣，有兴趣的是：一个史学家引用原文，是不是有权把原文改得恰恰相反？司马光先生并没有证据支持"知之"，则只是想当然耳，为后世史学家，开了一个恶例。

　　淖齿先生在数落侮辱了个够之后，把田地先生宰掉。至于怎么宰的，史书记载不一。《战国策》曰："于是杀湣王于鼓里。"《资治通鉴》曰："遂弑王于鼓里。"《史记》更为笼统，曰："遂杀湣王而与燕共分齐之侵地卤器（宝器）。"

　　《东周列国志》却有详细报道。田地先生被淖齿先生咄咄逼问，只有瞪眼的份儿，大概惊恐过度，竟回答不出一句完整的话。淖齿先生宣布要为民除害，那个小帮凶维夷先生发现情势不妙，扑上去抱着田地先生，痛哭失声。淖齿先生早已了解维夷先生的地位，使出眼色，刽子手一刀下去，就把维夷先生劈个脑浆迸裂，到地下去为他的"天子"安排住处去啦。然后，淖齿先生把田地先生悬挂到阅兵台的屋梁上，并不一刀两断，却教人活生生地剥他的皮，抽他的筋。可怜田地先生这个蠢货，享尽荣华富贵，叱咤国际，此时唯有发出凄厉的惨叫，哀求他的宰相淖齿先生，无论是照脖子，或是照心窝，赏给他一刀。淖齿先生当然不会赏给他一刀。于是，这位威震列国的"东帝"，整整惨叫了三天，等到最后一块皮被剥、最后一根筋被抽之后，才告气绝。

《中国人史纲》曰：

中国历史上总共有五百五十九个帝王，其中的三分之一，即一百八十三个帝王，死于非命。而以田地死得最惨。

嗟夫。

◉祸根在于傲慢

田地先生终于报销，但有一问题，却悬疑两千余年。那就是，淖齿先生跟田地先生，从前既不相识，相识之后更没有私人恩怨，淖齿先生的目的不过是宰掉他罢啦。最简单的方法莫过于像处置维夷先生一样，教刽子手大刀一挥，立刻了账，何必大张旗鼓，劳师动众，把田地先生悬挂起来，剥其皮而抽其筋乎？似乎只有杀父夺妻之仇，谋财害命之恨，才刺激出这样毒手。然而，田地先生跟淖齿先生之间，固没有任何仇、任何恨也，没有入骨的伤害，不可能有入骨伤害的反应。其中一定有一种我们所不知道的原因，才采取这种酷刑。

那么，这种不为我们所知的原因是啥？柏杨先生胡思乱想，认为可能跟田地先生的傲慢态度有关。田地先生危急之秋，还在卫、鲁、邹三国摆出架子，三国国君都不能忍受。回到自己绝对可以控制的莒城，对于屈身为宰相的淖齿先生，他阁下摆出的架子，恐怕更使人难堪。淖齿先生这么恶毒地对待他，可能是太多屈辱累积下来的反击。你阁下不是猛端嘴脸乎，俺就看看你被剥皮时的容貌。你阁下不是架子十足乎，俺就看看你抽筋时伟大的姿态。人际关系复杂，小小的怨毒，常能招来滔天大祸，田地先生为他的颟顸傲慢，付出可怕代价。

我老人家并不敢肯定我的推测，但在连一个字的资料都没有的情形下，用这种假设去解释淖齿先生反常的残忍，应是一个比较合理的答案。

——淖齿先生稍后被齐王国一位叫王孙贾先生的国务官 (大夫)，在一场突袭中刺死。

至于乐毅先生，他围困即墨三年之久，而燕王国老王姬平先生逝世，少不更事的儿子姬乐资 (燕惠王) 先生，继任国王，中了即墨守将田单先生的反间之计，派遣国务官 (大夫) 骑劫先生接替乐毅先生的远征军司令官。乐毅先生不敢返回充满倾轧流言的蓟城 (北京)，逃亡到赵王国，就在赵王国——也是他的祖国，终其天年。

骑劫先生是一位靠马屁功擢升到高位的官场能手，但他不是战场能手。就在即墨，被田单先生的"火牛阵"击败，他阁下阵亡，燕军崩溃，霎时间，齐王国所有城市，纷纷起事，把占领军赶走，世界又恢复大复仇战役前原状。这一些复活，不在本文范围，但却是家喻户晓，人人皆知，我们简单地写出来，为的是写出完整的故事和我们的叹息。

齐王建

时代：公元前三世纪三十

至七十年代

王朝：齐王国第五任国王

在位：四十五年（前265—前221）

遭遇：国亡被俘·饿死

●花园私订终身

齐湣王田地先生被悬梁抽筋之后，儿子田法章 (齐襄王) 继位，就在田法章先生身上，发生一件使人动容的艳遇，成为千古佳话，并直接和间接影响本文男主角和齐王国的命运。

这就要追溯到阅兵台上的突变。当淖齿先生大发凶威时，田法章先生在莒城 (山东莒县) 得到消息，他没有力量拯救老爹，只好逃窜保命。他急忙脱下太子衣冠，换上小民穷汉的装束，自称是从首都临淄 (山东淄博临淄区) 逃亡出来的难民王立，向民间寻觅一份工作糊口。莒城这时正兵荒马乱，难民遍地，谋一份工作谈何容易。但他终于被莒城最富有最尊贵的一个家庭雇用，当一名种花锄草的园丁。在小民看来，那是一个轻松的位置，可是对一个生长在皇宫中的王储来说，可是一项苦差。但田法章先生比他老爹高明，他知道他是谁——目前，他是一个劳工，就专心干他的劳工。

这个莒城最富有、最尊贵的家庭，家长太史敫先生。在上文中，读者老爷可能还记得，田地先生权威最高潮时，曾杀掉那些向他进忠言的狐咺先生和陈举先生。当时身为宰相的王蠋先生，跟太史敫先生，一看苗头不对，先后请求退休，告老还乡。

太史敫先生还的乡，就是莒城。

田法章先生如果是二十世纪的王储，天天上报上电视，人人都会认识他的尊容。他却是公元前三世纪的王储，就没人认得他矣。所以，太史敫先生并不知道他的奴仆群中，有一位竟是当今太子。可是，偶尔一个机会，太史敫先生一位漂亮女儿，到花园闲逛，看见该园丁的相貌，大吃一惊，琢磨曰："这小子不像是一个普通苦力，却怎的把自己搞成这种模样？"咦，太史小姐的吃惊并没啥稀奇。稍微有点脑筋的人，都会发现该园丁不同凡品：普通工人又黑又壮，该园丁又白又胖；普通工人粗粗犷犷，该园丁斯斯文文；普通工人心情开朗，该园丁则忧惧交加，心事重重。太史小姐回到闺房后，教她的婢女去秘密盘问他的来历。田法章先生当然不敢说，他一口咬定他就是王立，家住临淄，是个做杂货店小生意的。燕军入城，父母被杀，他就只身逃命。太史小姐不相信他的说辞，但又无法证明他说谎，自忖曰："我不知道他是谁，但我知道他贫贱不过一时。来日前途，不可限量。"于是，不时地差遣婢女照顾他，平时送他点衣服或营养食物，病时送药送汤，嘘寒问暖。田法章先生在苦难之中，获得红粉佳人的知遇，充满感激之情。又过了一段时日，双方来往更加密切，太史小姐常到工寮看他，有时胆大包天，也教婢女唤他来卿卿我我。于是，就有这么一天，不知道经过情形如何，反正是二人眉来眼去，就上了牙床，发下重誓，他非她不娶，她非他不嫁。

淖齿先生宰掉田地先生后，就搬到田地先生的行宫之中，花天酒地，乐不可支。齐王国国务官（大夫）王孙贾先生，率领一支四百余人的突击队，攻入行宫，把淖齿先生刺死，楚王国远征军屯驻城外，听到消息，二十余万人哗然崩溃，一半四散逃命，一半投降燕王国占领军。

——楚王国远征军在主帅丧生后，竟一哄而散，可看出楚王国已非当年，这种组织松懈、纪律腐烂的军队，不过一群乌合之众，但他们却是楚王国的精锐，怎能作战？又怎能抵抗秦王国的强大兵团？呜呼。

●君王后解玉连环

王孙贾先生控制了莒城（山东莒县），到处寻找失踪了的太子，但田法章先生不敢露面。战乱之世，人情诡秘难测。田法章先生不知道王孙贾先生心里真正的想法是啥，也可能是诱敌之计，把他斩草除根。血淋淋的史迹，使他不能不防。这样等了一年余的时间，看出王孙贾先生确实忠心耿耿，一片诚意，这才向太史敫先生表明身份。接着上演一场戏剧性的镜头，王孙贾先生用国王专用的最尊贵的仪式，隆重地把太史家的园丁王立，迎回行宫。这时太史敫先生还不知道女儿的艳事，直到田法章先生派遣钦差大臣到太史府迎接他女儿——新任王后，太史敫先生才如雷轰顶，大跳其脚。呜呼，自由恋爱是两千年后二十世纪二十年代，才从欧美进口的新花样。中国五千年传统文化，可绝不允许男女婚姻自主，而是绝对由老爹老娘支配的也。太史小姐慧眼识英雄，该穷苦小子不但英雄而已，简直更是一个他妈的君王。如果发生在现代，恐怕连太平洋都会发出欢呼，偏偏发生在古老的公元前三世纪，老爹太史敫先生一听女儿自己找了女婿，虽然女婿是个国王，他也羞惭满面，对这种伤风败俗的行为，气得一佛出世，二佛升天。他顽固得像一个干屎橛，宣布跟女儿断绝父女关系，终身不再相见。

——太史敫先生虽然是个老顽固，但生长在那个时代，反应并不是不正常。事实上，我们对他老爹坚持原则的立场，充满敬意，这事如果发生在无耻之徒家庭，《儒林外史》上胡屠户的嘴脸，准立刻出笼。

这位美丽而智慧的年轻王后，史书上称为"君王后"。稍后生下一个儿子，就是本文男主角田建。

公元前三世纪四十年代，公元前265年，田法章先生逝世，田建小子继位。田法章先生在位十九年，田建小子最大也不过十八岁，《资治通鉴》曰："（田）建年少，国事皆决于君王后。"可能太史女士生儿很晚，但更可能的是她太精明，虽然儿子已十八岁，仍坚称他"年少"，紧抓住权柄不放。追溯到太史女士当年跟田法章先生私订终身，老公死时，她阁下也不过三十五六岁，经历过国破民残大灾大难，又亲自协助过丈夫重兴家邦，心智比同年龄的其他老奶，当然成熟。加上传奇性婚姻，使她的治理国家的能力，受到高度的评估。秦王国国王嬴稷先生，就曾向太史女士作过考试性试探。

《战国策》：

"田法章死后，子田建继任齐王国国王（老娘太史女士摄政），对强大的秦王国毕恭毕敬，对其他各王国，也毕信毕义，所以田建在位四十余年，从没有过战争。秦王国嬴稷（秦昭王）曾派遣使节，送来一串'玉连环'，致意曰：'贵国有很多智力极高的人，不知道能解开它乎哉？'太史女士请高级官员察看，大家都伸脖摇头。太史女士拿起一个榔头，砰的一声，把它砸得粉碎，告秦王国使节曰：'好啦，解开啦。'"

原文是：

襄王卒，子建立为齐王。君王后事秦谨，与诸侯信，以故建立四十有余年不受兵。秦昭王尝使使者遗君王后玉连环，曰："齐多智，而解此环否？"君王后以示群臣，群臣不知解。君王后引椎椎破之。谢秦使曰："谨以解矣。"

◉聪明和智慧是两回事

"玉连环"是啥，因为早被太史女士砸了个稀烂，已无从查考，大概是一种益智性的玩意儿，一串珠宝玉石缠在一起，要想把它解开，需要有很大耐心。太史女士索性彻底解决，可看出她的决断力。问题是，聪明和智慧是两回事，太史女士当然聪明——呜呼，除了白痴，人们的聪明都差不多。但她处理国家事务的态度和导航方向及重大决策，却也只是聪明而已，距智慧还差十万八千里。这不能怪她，一生都封闭在闺房和宫廷之中，要领导一个国家，只有信赖她的亲属。她任命她的弟弟太史胜先生担任宰相。太史胜先生最大的本领是接受秦王国的贿赂。为了保护贿赂来源，他提出跟秦王国"和平共存"的政治号召，这就是《战国策》赞扬的："事秦谨，与诸侯信。"

公元前三世纪五十年代，公元前249年，太史女士逝世。逝世之前，她可能已发现老弟太史胜先生正在把齐王国驶上沉船漩涡，图谋挽救。

《资治通鉴》曰：

> **君王后且死，戒王建曰："群臣之可用者某。"
> 王曰："请书之。"君王后曰："善。"王取笔牍受
> 言，君王后曰："老妇已忘矣。"**

——太史女士死时，不过五十岁，竟如此昏耄，耽误了最重要的一句遗言。古人为啥这么迅速衰老耶乎？柏杨先生今年(1983)六十有四，如按西洋大人算法，也六十有三，仍活蹦乱跳，声如洪钟，"君王后"在我尊眼里，不过一个小娃，而她却自称"老妇"矣。此非柏老猛学少年，只是"老不起"罢啦，我要有"君王后"那点家底，也会躺到床上腰酸背痛。

太史女士既死，太史胜先生以国王舅父之尊，再兼任宰相，真正皇亲国戚，权倾中外。公元前三世纪五十年代到七十年代，三十年之间，战国时代的大混乱和大屠杀，达到疯狂的高潮。秦王国自从商鞅先生变法之后，国势突然跃升。呜呼，每一个国家都知道秦王国所以突然跃升的原因，是政治和司法的彻底革新，任何一个国家这样做，都会同样地突然跃升。可是，那伤害到太多既得利益阶级的既得利益，他们用种种理由保持现状，各国唯一的办法是，在现存的腐败结构和腐败的体制上，再行结盟——南北合纵同盟，用以对抗秦王国的侵略。可是，即令这种病夫阵线，齐王国都拒绝参加。

《中国人史纲》曰：

秦王国的外交政策，发生剧烈而重要的转变。秦王嬴稷(秦昭王)采用宰相范雎"远交近攻"的建议，对一些距离遥远的或较远的国

家，如齐王国、燕王国，和新被击败，正在萎缩中的楚王国，一律
笑脸相迎。而对跟自己接壤的魏、韩、赵三国，则断然诉诸武力。

在秦王国新的外交政策下，远东三国因此得到暂时的安定，
近邻三国却厄运当头。它们只有接受不断的痛击而呼救无门，既
没有霸主可以申诉，又没有另一个超级强国可以跟秦王国制衡。

◉千古榜样

秦王国灭国的大风暴横扫当时的世界，而只有齐王国，在
"英明的领导之下"，坚持追求和平的最高国策。利益是眼睛可看
得见的，齐王国工商业蒸蒸日上，社会空前繁荣。

《中国人史纲》曰：

"范睢的远交近攻政策，在齐王国身上发挥最高效果。足足
五十余年的时间，齐秦两国的邦交，极为敦睦，政府使节和民间
商旅，络绎于途，十分密切。齐王田建，曾于公元前三世纪的六十
年代，前237年，前往秦王国访问，嬴政（秦始皇）用极尊贵的礼节欢
迎他。在首都咸阳设置盛大筵席，秦王国的高级官员和各国使节，
匍匐在田建脚下，诚惶诚恐，不敢抬头。田建深为感动，跟嬴政结
拜为异姓兄弟，两个王国自然也成为最亲密的兄弟之邦。齐王国
派到咸阳的使节，每个人都得到亲切的招待和可观的贵重礼物，
无不心花怒放，对秦王国的坚强友情，赞不绝口。秦王国也不断
派遣各种使节，包括其他各国国籍的客卿在内，携带大量黄金珠
宝，前往齐王国首都临淄（山东淄博临淄区），一面游说统治阶层不要改

变外交政策，一面诱使他们堕落，跳入贪污腐败的陷阱。因此，齐王国对任何形式的合纵对抗行动，一概拒绝参加。而且每逢秦王国征服一国，田建就派遣特使前往咸阳道贺。当全世界都在为保卫祖国血战之际，只齐王国隔岸观火，置身事外，连享半个世纪以上的繁荣与和平。

而其他王国本身的战斗力，在腐败的政治下，也都消磨殆尽。就在公元前三世纪七十年代——那是一个灭国的年代，六国全被秦王国并吞：

韩王国　亡于前230年　立国一百零四年

魏王国　亡于前225年　立国一百四十五年

楚王国　亡于前223年　立国五百一十九年

燕王国　亡于前222年　立国一百一十一年

赵王国　亡于前221年　立国一百零五年

这真是一个大地震时代，以田建先生为首的齐王国，全国上下，对各国的沦亡，无动于衷，愚昧颟顸的程度，使我们无法了解。

当然会有清醒之士，提出警告，但不能发生作用。

《资治通鉴》曰：

（灭赵王国后）齐王（田建）将入朝（秦王国），雍门司马（首都城防司令官）前曰："所为立王者，为社稷耶？为王（田建）耶？"王曰："为社稷（祖国）。"司马曰："为社稷（祖国）立王，王何以去社稷而入秦？"齐王还车而反。即墨（山东平度）大夫闻之，见齐王曰："齐地方数千里，带

甲数百万，夫三晋(韩王国、魏王国、赵王国)**大夫皆不便秦，而在阿**(阿井，山东阳谷)**鄄**(鄄邑，山东鄄城)**之间者百数。王收而与之百万人之众，使收三晋**(韩、赵、魏)**之故地，即临晋之关**(陕西大荔朝邑镇东)**可以入矣。鄢郢**(安徽寿县)**大夫不欲为秦，而在**(临淄)**城南下者百数，王收而与之百万之师，使收楚故地，即武关**(陕西商洛商州区西)**可以入矣。如此，则齐威可立，秦国可亡，岂特保其国家而已哉。"齐王不听。**

即墨大夫提出的大谋略，虽然没有成功的可能，但即令可以成功，田建先生也没有这种胆量。不过十余年之后的九十年代，已统一当时已知世界的秦王国，就是被这种蜂起式的人民武力所埋葬。但田建先生不是旋乾转坤的盖世英雄，不过一个自以为得计的庸才。他仅只"不听"，还算有学问的，没有咬该家伙一口"离间盟邦，动摇国本"，拉出午门砍头，以向秦王国献媚，已算十分运气啦。

最后齐王国的末日终于到来。公元前221年，当秦王国远征军司令官王贲先生攻陷赵王国最后一个据点代城(河北蔚县)，生擒赵王国最后一任国王赵嘉(代王嘉)先生之后，田建先生和他的舅舅宰相太史胜先生，照例派遣使节团，前往咸阳祝贺。却想不到使节团还没有出发，事情陡变。

《东周列国志》曰：

自此，六国遂亡其五，惟齐尚在。……王贲捷书至咸阳，秦王(嬴政)大喜，赐王贲手书，略曰："将军一出而平燕及代，奔驰二千余里，方之乃父（王贲的爹是更有名的大将王翦先生），劳苦功高，不相上下。虽然，自燕而齐，归途南北便道也。齐在，比如人身而尚缺一臂，愿以将军之余威，震电及之。将军父子，功于秦无两。"王贲得书，遂引兵取燕王，望河间（河北献县）一路南行。

却说齐王建，听相国后胜（太史胜）之言，不救韩、魏，每灭一国，反遣使入秦称贺。秦复以黄金厚贿使者，使者归，备述秦国王相待之厚，齐王以为和好可恃，不修战备。及闻五国尽灭，王建内不自安，与后胜商议，始发兵守其西界，以防秦兵掩袭。却不提防王贲兵过吴桥（河北吴桥），直犯济南（济水之南）。齐王建即位四十四年，不被兵革，上下安于无事，从不曾演习武艺。况且秦兵强暴，素闻传说，今日数十万众，如泰山般压将下来，如何不怕，何人敢与他抵对？王贲……所过，长驱直捣，如入无人之境。临淄城中，百姓乱奔乱窜，城门不守。后胜束手无计，只得劝王建迎降。王贲兵不血刃，两月之间，尽得山东之地。

齐王国立国一百三十九年，到此覆亡。

田建先生投降后的事是，嬴政先生把受贿最多的后胜先生，绑赴刑场斩首。后胜先生怎么也想不到有这种下场，他所接受的金银财宝，这时再缴还秦王国。嬴政先生对昔日如手如足的结拜老哥田建先生，已忘了共生共死、共荣共辱的誓言。他没有把田建先生接到咸阳，安顿住下，像后代王朝那样——后代的一些王朝政府，对敌对的君王，如果不杀头的话，往往还待以最低的礼数，五千年历史中，只有两个冷酷无情的家伙，一个是嬴政先生，另一个则是十四世纪明王朝头头朱元璋先生。嗟夫，政治性的友谊，称兄道弟，干爹义母，本来只算一屁，不过，嬴政先生品质上的刻薄寡恩，也使对方遭受的伤害更为惨毒。嬴政先生派遣使节陈驰先生，向田建先生保证，封他五百里（二百五十公里）采邑，田建先生看到其他五个国王的下场——杀的杀，逐的逐，当然感谢。可是，当王贲先生的军队押解其到他的采邑共城（河南辉县）时，他发现啥都没有。当了四十五年的太平盛世的君王，享尽人间荣耀的田建先生，在荒凉的太行山松柏林中，筑屋定居，随从他的宫人们，不久就纷纷逃走。田建先生只有一个儿子，年纪还小，这位王位继承人每夜啼哭，使田建先生心碎。而地方官员对这位陌生的落魄囚犯，也没看到眼里，饮食供应，最初还好，之后也就时时断绝。这个金枝玉叶的一大家人口，经常受到饥寒。田建老爹（他的年龄应在六十岁至七十岁之间），更为伤感，一病而死，幼儿流落人间，不知道下落。齐王国的遗民听到消息，曾为他作了一首悼歌：

满耳松树的涛声

满目柏树林

饥饿的时候不能吃

口渴的时候不能饮

谁使田建落得如此结局

是不是那些——

围绕着他的客卿大臣

呜呼，共城，正是柏杨先生的故乡（事实上柏杨先生的祖先来自山西省洪洞县，那里先有匈奴，后有沙陀，看柏老的长相，如果不是匈奴血统，便是沙陀血统，反正可能不是汉民族）。

我在辉县从小学堂四年级读起，读到初级中学堂二年级，有一次我大怒，就把学堂开除^{（依普通说法，是学堂把我开除）}，从此再未回去过。小时候从来没有听说过田建先生的故事。如果有一天能再回去，说不定"县志"之类地方性古书上，可找出记载。但记忆中，辉县的田姓人家甚多，可能就是田建先生的后裔，这倒是一件很有意义的寻根。然而，无论如何，田建先生已为他烽火中的歌舞升平，付出代价。直到今天我们还可想象，秦王国王贲先生大军从燕山向齐王国进军时，齐王国国内反战的声浪，仍高冲云霄。为了和平，他们不惜任何牺牲，结果，他们达到牺牲的目的。

吴王诸樊

时代：公元前六世纪四十

至五十年代

王朝：吴王国第二任国王

在位：十四年（前561—前548）

遭遇：战死

●传位的疑问

吴王国是一个传奇国度，跟中国（周王朝政府所辖的中原）迥然不同。楚王国跟中国也迥然不同，但吴王国跟中国的差异，可是更大。楚王国初兴时（公元前八世纪），势力仅达鄂邑（湖北武昌）。还到不了鄱阳湖。鄱阳湖以东广达二十万平方公里，包括肥沃的长江三角地带，还是一片蛮荒——比楚王国更为落后，那些言语特殊、风俗特殊的土著，不可能是汉民族。但是，在正统的史学家笔下，任何蛮族，只要他们搞出一点名堂，或者让中国吃了一点苦头，就拿出阿Q先生精神胜利的法宝，找一个汉民族知名之士，扣到他们头上，当他们的祖先。在这种公式下，吴王国（吴部落）的开山老祖，跟周王朝的开山老祖，就硬生生地合而为一。

周王朝祖先群中，有一位重要首领姬亶父（古公亶父）先生，被后世尊称"太王"，他有一堆儿子，其中三位，在青史上留下大名：

长子　姬太伯

次子　姬仲雍

三子　姬季历

——我们不敢肯定姬太伯先生是不是"长子"，姬仲雍先生是不是"次子"，姬季历先生是不是"三子"，史书上只指出姬太伯先生是姬仲雍先生的老哥，姬仲雍先生是姬季历先生的老哥。

三兄弟中，姬季历先生出类拔萃，盖他生了个出类拔萃的儿子姬昌，姬昌先生被后世尊称"文王"，就是吃了儿子的肉，呕吐出来变成小白兔的那位政治犯。姬昌先生的一位儿子姬发，起兵把商王朝政府推翻，建立了长达八百七十九年的周王朝。

这里面有一个重要课题，身为老哥的姬太伯和姬仲雍，竟没有继承老爹姬亶父先生酋长的宝座，老弟姬季历反而一屁股坐上去，应是严重的反常。儒家学派的传统史学家，对这项反常，有美丽的解释。

《史记》曰：

吴太伯(姬太伯)**，太伯弟仲雍，皆周太王**(姬亶父)**之子，而王季历之兄也。季历贤，而有圣子昌。太王欲立季历以及昌。于是太伯、仲雍二人，乃奔荆蛮，文身断发，示不可用，以避季历。季历果立，是为"王季"。而昌为"文王"。太伯之奔荆蛮，自号"勾吴"，荆蛮义之，从而归之千余家。立为吴太伯。**

这项叙述太美丽啦，美丽得像一首流行歌曲，使我们觉得十分耳熟。呜呼，老狗变不出新把戏，这可又是伊放勋(尧)、姚重华(舜)"禅让"的那种老掉了牙的闹剧。老爹之所以要传位给非法继承人，只因为那小子"贤"。该"贤"又有一个"圣子"——这圣子不是耶稣先生，而是姬昌先生。咦，一定是老哥姬太伯、姬仲雍不贤矣，然而，如果不贤，他们二人岂肯为了"避位"，逃到边陲蛮荒，剃掉头发，满身刺出狼虫虎豹的花纹乎哉？仅这一点，就足够证明二位先生不但贤，而且贤得冒烟，贤得要命。对这样胸襟，这样见解，以及这样能力(他们把蛮荒地区人民组织起来)，竟然排除，而只为了姬季历有一个"圣子"，而那是姬昌的儿子姬发建立了周王朝，有了政治权柄,才"圣"起来的。当姬昌还是娃儿时,固跟任何一个小孩一样,他妈的"圣"个啥。

更重要的是,周王朝传统宗法制度是,立嫡不立庶,传长不传贤。身为一个严正的酋长和一个仁慈的家长,绝不可能胆大如斗,自动自发地破坏这种严格的规定。真的胆敢破坏,便是瞽叟之类的王八蛋矣。可是,看史书记载,姬亶父先生又不像是瞽叟之类的王八蛋。

◉水流千年归大海

即令老爹姬亶父先生决定把宗法打烂,姬太伯和姬仲雍也用不着落荒而逃。必须逃走之后,姬季历先生才能成为合法继承人,则老爹的命令岂不等于放屁乎哉?即令要逃,也用不着逃那么远,从镐京(陕西西安)到梅里(江苏无锡),航空距离一千二百公里。公元前十三世纪时,那里可是世界上最可怕的烟瘴地带之一,兄弟二人,在没有道路的烟瘴地带乱闯,恐怕要摸一年才能摸到。他们满可停顿在同样烟瘴的淮河流域,为啥直走到东海之滨?

这显然是一场夺嫡斗争,两位老哥在夺嫡斗争失败后,被放逐到那里——甚至,他们可能就死在中途。反正史书掌握在有权大爷手中,血腥政变,遂成了可歌可泣的风流韵事。写史书的朋友顺便把他们装在吴王国的头上,拿来耀耀门面和烘托姬季历——姬昌——姬发,祖孙三代,可是"贤"得很妙,兼"圣"得很凶。

自从公元前十三世纪起，直到公元前六世纪，七百年间，吴部落历史一片空白。公元前586年，这一年西方世界，一个古老而重要的王国覆亡，后巴比伦国王尼布甲尼撒先生，攻陷耶路撒冷，生擒犹太王国的国王西底家先生，在他的面前把他的儿子们斩首，然后挖出西底家先生的双眼，纵火焚城。正当犹太王国覆亡，大批犹太人被逐出故土之时，东方的吴部落酋长吴寿梦先生——吴太伯先生（他在自称所住的地方为"勾吴"之后，改姓为吴）的后裔，建立吴王国，定都梅里（江苏无锡），自称国王。

——公元前六世纪三十年代，中国疆土上，三个王国并立：古老的周王国、强大的楚王国和新兴的吴王国。

部落改称王国，不过是酋长老爷自己过瘾而已，蛮荒照样蛮荒，落后照样落后。但形势却是，原来毫无后顾之忧的楚王国，最初对它虽然十分轻视，但当吴王国逐渐强大时，楚王国却发现背后兴起一个巨人，手中还拿利斧。于是，地缘关系使两国不久就成为世仇。

然而天下本无事，庸人自扰之。就是这位吴寿梦先生，效法传统中的始祖姬亶父先生的干法，种下祸根。吴寿梦先生已有四个儿子，请读者老爷注意他们的关系位置：

长子　吴诸樊（子：吴光）

次子　吴余祭

三子　吴夷眛（子：吴僚）

四子　吴季札

跟姬亶父先生发现三子姬季历"贤"一样，吴寿梦先生忽然也发现四子吴季札也"贤"不可言，决心把王位传给他。问题是，三位老哥既不肯效法太伯、仲雍逃奔一千公里之外，而老爹又没有姬亶父那种决心把他们一股脑放逐。而吴季札先生又不是野心家，他对政治没有兴趣，不愿把老哥逼到蛮荒。可是老爹确实是爱他爱得发紧，于是再度向宗法制度挑战，吴寿梦先生规定兄弟相传，要长子传位给次子，次子传位给三子，三子传位给四子。水流千年归大海，一定要教吴季札先生当国王。

——吴季札先生到底能干到什么程度，因他始终没有掌握权柄，无法证明。但看他处理吴僚先生事件(下一篇我们将报道他)的态度，恐怕他并没有政治能力，他唯一的优点是淡泊。而淡泊对自己有益，对国家无益。

◉天下第一美女

吴王国初创时不过一个烂摊子，但吴寿梦先生吉星高照，使他的国家像吃了仙丹妙药，没有多久就强大无比。

《中国人史纲》曰：

(公元前六世纪)楚王国的霸权达到极峰，然而，也就在这时候，一把刀子已暗中在它背后举起。这渊源于一个比三流作家笔下的言情小说，还要荒唐离谱的男女恋爱故事，但它是事实。开始于公元前六世纪初，而发作于九十年代。

女主角陈国大臣夏御叔的妻子夏姬，是郑国国君姬兰(郑穆公)的女儿，生子夏征舒之后，丈夫逝世。夏姬是一位绝世美女，从她的沧桑经历和因她引起的国际战争，我们可以肯定，她一定是世界上最最具有魅力的女子之一。她首先跟陈国大臣孔宁、仪行父私通，经过二人的介绍，陈国国君妫平国（陈灵公）也加入情夫行列。最糟的是，他们还戏谑夏徵舒像他们的共同儿子。公元前599年，夏徵舒杀掉妫平国。孔宁、仪行父逃到楚王国向霸主告状，楚王芈侣（楚庄王）听了一面之辞，又正碰上他要展示他的霸权。而声讨"乱臣贼子"，恰是一个理想的发动战争的堂皇理由。于是，他灭掉陈国，把夏徵舒处决。

夏姬的美貌使芈侣动心，就要自己带回皇宫。但大臣巫臣向他提出警告："大王仗义兴兵，全世界谁不尊敬。如今却把祸首收作妃子，人们就会抨击你贪色好淫，恐怕对霸权有不利的影响。"芈侣认为他的话有很深的道理，大为佩服。王子芈侧请求把夏姬送给他，巫臣说："这女子是不祥之物，为了她，已死了一个国君，灭亡了一个国家。如果娶她，一定后悔不迭。"芈侣则说："果然是不祥之物，少惹她为妙。"芈侧大怒说："我不要她可以，但巫臣也不能要。"巫臣用一种委屈万状的声调说："这是什么话，我怎么会有这种邪恶的念头，我只是一心为我们的国家。"恰巧另一位大臣连尹襄老的妻子逝世，芈侣就把夏姬送给连尹襄老，而夏姬不久就跟连尹襄老前妻的儿子私通。

两年后（前597），邲城战役中，连尹襄老阵亡。夏姬跟嫡子私通的丑闻渐渐传开，在首都郢都（湖北江陵）住不下去，要求返回她的娘家郑国（河南新郑）。巫臣早已派人通知郑国国君姬坚（郑襄公），迎接他的姐姐。姬坚自然听从霸主国的命令。公元前589年，晋国与齐国在鞍邑（山东济南历城区）会战，齐国大败，向楚王国寻求同盟。芈侣派人去齐国缔约，巫臣自告奋勇前往。公元前584年，巫臣出发，却在经过郑国的时候，宣称奉了楚王的命令，前来跟夏姬结婚。然后他连齐国也不去了，缔约的事更抛到脑后。他知道不能再回到楚王国，就带着夏姬，双双投奔晋国。巫臣是楚王国有名的智囊人物，以富于谋略闻名国际。晋国大喜过望，把他当作上宾招待。巫臣为了夏姬，千方百计，辗转曲折，总算达到目的。

——我们假设夏姬第一次结婚时十六岁，儿子夏征舒十六岁时杀死妫平国。那么，公元前599年，她已三十二岁。到公元前584年跟巫臣结婚时，至少已四十八岁。真是不平凡的女性，不仅仅驻颜有术而已。可惜处在那个时代，她只能被她所不能控制的命运摆布。

但巫臣跟妫平国一样，也付出可怕的代价。王子芈侧和巫臣的另一位政敌芈婴齐，在巫臣娶了夏姬投奔晋国后，妒火中烧，把巫臣留在楚王国的家族，不分男女老幼，全体处斩。巫臣痛心地写了一封信给二人说："我固然有罪，但我的家族是无辜的，他们并没有背叛国家，你们如此屠杀，我要使你们马不停蹄地死在道路之上。"

芈侧先生和芈婴齐先生对巫臣先生这种虚言恐吓，嗤之以鼻。他们低估了巫臣的智慧、能力和复仇的决心。

巫臣先生手中的筹码，就是新兴的吴王国。

《中国人史纲》曰：

吴王国十分落后，作战时军队仍停留在赤身露体的阶段。巫臣发现吴王国在地缘政治上的无比价值，于是向晋国政府献出"联吴制楚"的战略，晋政府接受，派遣巫臣的儿子巫狐庸，率领一个军事顾问团，去教吴王国加强政府组织和训练他们的军队现代化——如何使用马匹、战甲、弓箭和各种战术。从此吴王国不但阻止了楚王国的东进，更成为楚王国背后的致命敌人，楚王国第一次面临本土被攻击的威胁。

十年之后（前574），吴王国开始向楚王国用兵，而且保持连续不断的攻势，使楚王国每年都要出兵七八次之多。芈侧……死于鄢陵之役，芈婴齐则死于跟吴王国一次战役的道路上。楚王国的力量被消耗殆尽。

吴王国跟楚王国的对抗，有历史上的必然性，但巫臣先生抓住这个机会，却使对抗迅速升高为军事冲突。呜呼，巫臣先生为了一己的私欲，搞得乌烟瘴气，有免职之罪，最多有杀头之罪，但没有全家俱斩之罪。楚王国兴起这场冤狱，凶手固然付出代价，国家也受到牵累。假使没有吴王国，或虽有吴王国而没有能力出拳，楚王国国势不会一落千丈。

在毫无休止的军事冲突中，公元前六世纪三十年代，公元前561年，吴寿梦先生逝世。三位老哥一致决议由老弟吴季札先生继位。吴季札先生坚决拒绝，并且逃到乡间种田，宁死也不改变心意。于是本文男主角长子吴诸樊先生登场。

吴诸樊先生登场后，吴楚两国战争更趋激烈，而跟吴诸樊先生之死有关的一场战争，发生在公元前六世纪五十年代，公元前549年，楚王国海军舰队攻击吴王国，舰队司令官对吴王国既瞧不到眼里，而军中的腐败又融蚀了战斗力量，银样的镴枪头，怎么进攻都没有用，只好撤退。这一役，史书上说得像一盆糨糊，是由长江进攻的欤？或由淮河进攻的欤？我们不知道。攻击啥地方，我们也不知道。

《左传》曰：

夏，楚子（楚王）**为舟师以伐吴，不为军政，无功而还。**

——请读者老爷注意"楚子"，这正是意淫式的正名主义，我们的正名主义则是"楚王"。

次年（前548）十二月，吴诸樊先生为了报复楚王国这场入侵，亲率大军，越过边界，进攻楚王国所属的巢国（安徽巢湖），前锋直逼巢国城门。巢国守将牛臣先生（这个名字古怪，如果不作为人名解释，而解释为一位看守牛群的小官，似乎也行），在全国震怒中，向巢国国君报告曰："吴诸樊那家伙，是一个粗线条，认为勇敢就是不怕死，而且又多少有点瞧不起我们这个小国。所以，我们不妨大开城门，他一定一马当先，亲自冲锋。我们就看准了他，赏他一排暗箭。那家伙一死，必定退兵，我们可得到短期的休息。"

《左传》原文：

吴子 (吴王) 诸樊伐楚，以报舟师之役。门于巢，巢牛臣曰："吴王勇而轻，若启之，将亲门，我获射之，必殪。是君也死，疆其少安。"

——全世界的人 (包括敌人巢国在内) 都称吴诸樊先生为"王"，只有所谓正统史学家，竟敢毫无忌惮地硬照着自己主观的愿望，抹杀事实，称吴诸樊先生为"子"。

牛臣先生的建议是一个疯狂的赌博，赢啦赢到敌国国王一条命，输啦可是非亡国不可。但巢国国君下了这个赌注。吴诸樊先生一瞧巢国大开城门，认为对方如果不是闻风丧胆，开城迎降，定是还在迷糊之中，不提防大军偷袭。于是，他一马当先，刚冲到城门口，埋伏在城垛后的狙击手万箭俱发。他阁下不可避免地被射中咽喉，栽下战马。这是中国历史上第一个战死沙场的元首，跟我们前面所报道的任何一个死于非命的君王，都不相同。他为他的国家捐躯，留下后人的尊敬。

吴王余祭

时代：公元前六世纪五十年代

王朝：吴王国第三任国王

在位：五年（前548—前544）

遭遇：被刺杀

●螳螂与黄雀

《说苑》有一则寓言，就发生在吴王国。寓言说，吴王国要向楚王国发动攻击，吴国王（书上没有指出是谁）知道会有人劝阻，为了坚持他的主意，特别下令曰："不管他是谁，胆敢提出相反意见的，一律处决。"于是大家虽都反对，却不敢张口。一位参谋官的一个儿子，还是一个小娃（或许就是参谋官本人，名叫少孺子），满怀忠诚，想进谏言，却又害怕杀头。最后，想出一条妙计，他拿着弓，揣着打猎用的铅弹，在御花园树林花丛里，跑来跑去，跑得满身都是汗水。如此这般，一直跑了三天。吴国王大惊曰："小子，你这么辛苦狼狈，到底为啥？"小子对曰："老头陛下有所不知，御花园有棵大树，大树上有蝉，蝉老爷爬到直冲霄汉的高枝上，引风高歌，快乐非凡，认为天下第一安全，却不知道螳螂已站它屁股之后，要吃它哩。而螳螂先生，全神贯注，眼看口腹大果，美食下肚，好不高兴，认为天下第一幸运。却不知道黄雀已埋伏在一旁，伸长脖子，流着口水，要一啄吞之也。黄雀阁下心花怒放，认为这可是探囊取物，十拿十稳，早起的鸟儿有虫吃，早起的虫儿只有被吃，而俺恰恰是早起的鸟，却不料我拿着弓弹，正站在树底下，只要一松手，它阁下就得来个倒栽葱，一命归天。"吴国王一听，恍然大悟，连喊"善哉""善哉"，下令复员。

——《说苑》只说"吴王"，没有说哪个吴王。

这则寓言是警告野心家和贪得无厌之辈，别只看眼前三寸地方的蝇头小利，而忘了后患。宇宙间万物运转，永远是这种形态。

楚王国背后兴起了吴王国，如果不是吴王国沉重的打击，楚王国是当时第一超级强权，统一天下，根本没有秦王国的份儿。然而，吴王国正在如日东升之时，它背后也兴起了克星，就是后来演化成为越王国的越部落。

越部落根据地在钱塘江南岸的会稽山，会稽山上有座被称为"越王城"的古堡，传说就是越部落酋长当年的营寨。会稽山北麓五公里，后人在那里筑城，定名会稽（浙江绍兴），就是这个越部落——稍后蜕变为越王国——的首府，在近代史上，先后产生了两位伟大人物：一位鲁迅先生，他以笔代剑，向黑暗和不合理的可怕传统挑战；一位孙观汉先生，他第一个把原子科学和原子炉引进来，被尊为中国"原子科学之父"。

●俘虏的反扑

每一个寓言都是一项智慧的结晶，探讨到事物最隐秘的关键。公元前七世纪二十年代到公元前六世纪二十年代，一百年间，吴王国始终扮演螳螂，越部落（越王国）则始终扮演黄雀。吴王国君王们最初瞧不起越部落（跟当初楚王国瞧不起他们一样），最后却认为越部落虽然日趋强大，但绝不会是黄雀，不过一只驯服的蚱蜢罢啦。这项错误的判断，使他们付出错误判断的代价。

历史模式有时是一样的，楚王国一旦有了力量，就立刻向周王国侵略。吴王国一旦有了力量，也立刻向楚王国侵略。越部落一旦有了力量，同样立刻向吴王国侵略。蛮族永远向往高度文明的花花世界，身不由主。史书上没有记载越部落是啥时候攻击吴王国的，但国际上最激烈的交锋，恐怕发生在两国之间的次数最多。吴越之间，跟吴楚一样，边界上几乎一直发生冲突。

比起断发文身的吴王国，越部落的文化水准，更等而下之。但传统的"正史"，仍是老毛病，给他装上一个汉民族的名人。

《史记》曰：

越王……其先禹之苗裔，而夏后帝少康之庶子也。

姒少康先生以"少康中兴"的功业，名垂千古，为啥把一个儿子搞到那么辽远的蛮荒地带乎耶？（比吴太伯先生跑得更远，跑得更早。）只为姒文命（禹）先生的坟墓在焉。

《吴越春秋》曰：

禹周行天下，还归大越，登茅山（江苏句容境）以朝四方群臣，封有功，爵有德，崩而葬焉。至少康，恐禹迹宗庙祭祀之绝，乃封其庶子于越。

这位庶子，据《会稽记》说，名姒于越，"于越"两字，遂成为部落的名字，久久之后，方块字加单音节，"于"字取消，只剩下"越"字矣。

——这种见了神仙就喊娘舅的干法，是古史学家伟大的传统之一。事实上公元前二十二世纪时，姒文命先生出巡的会稽，不是现代的浙江绍兴，而是河南伊川。姒文命先生就死在伊川，葬在伊川。跟公元前六世纪（相距一千六百年）越部落的会稽，三百竿子都搭不上线。然而，这是有考据癖朋友的事，不在我们讨论范围。

我们讨论的是，吴越之间兵连祸结。

公元前548年，吴王国第二任国王吴诸樊先生战死，依照老爹吴寿梦先生的吩咐，二弟吴余祭先生继承王位。史书上对他几乎没有记载，只记载他跟越部落的最后一战。这一战不过是两国间鏖斗不休的一个小小战役，却导致事变。

吴余祭先生继位后五年（前544），曾对越部落发动攻击，史书上没有说明在啥时候和啥地方发动攻击，只是战果丰富，捉回了很多俘虏，其中有一个名字叫"焉"的家伙，用作看门的人，派到吴余祭先生乘坐的御船上。有一天，吴余祭先生在他御船上休息，这位焉先生突然扑上去，卫士们急起阻拦，焉先生的刀子已戳进吴余祭先生的肚子，一命告终。

《左传》：

吴人伐越，获俘焉，以为阍，使守舟。吴子（吴王）

余祭观舟，阍以刀弑之。

——有人说"焉"不是人名，而是"多"字之误。我们不去钻这个故纸堆，因为不影响主题。

这位焉先生的结局可以断言，不是刹那间死于乱刀之下，就是慢慢地接受酷刑。刺杀君王而仍能逃命的，历史上只不过一两人而已。焉先生当面行凶，必不可免。他所以行凶的原因不详，可能基于国家意识，也可能他不堪虐待，与暴君同归于尽。《左传会笺》竹添光鸿先生（日本人）论之曰：

夫置戎首于卧榻之旁，未有不速祸者。推赤心以待人，如刘秀之按行铜马营，郭子仪之单骑退虏，岂易易者。故来歙、费祎，祸皆不旋踵也。则刖（斩+趾）俘以守舟，骄忽尤足戒焉。

看情形，吴余祭先生是把焉先生十个脚趾砍断后，仍要他做苦工，怨毒深矣。

图书在版编目（CIP）数据

帝王之死 / 柏杨著 . —北京：东方出版社，2024.1
ISBN 978-7-5207-3470-7

Ⅰ.①帝… Ⅱ.①柏… Ⅲ.①帝王－生平事迹－中国－古代
Ⅳ.① K827=2

中国国家版本馆 CIP 数据核字 (2023) 第 100691 号
著作权登记号：01-2023-1923

帝王之死（DIWANGZHISI）

作　　者：	柏　杨
策 划 人：	王莉莉
责任编辑：	王莉莉　张　伟
产品经理：	张　伟
书籍设计：	潘振宇
出　　版：	东方出版社
发　　行：	人民东方出版传媒有限公司
地　　址：	北京市东城区朝阳门内大街 166 号
邮　　编：	100010
印　　刷：	北京汇瑞嘉合文化发展有限公司
版　　次：	2024 年 1 月第 1 版
印　　次：	2024 年 1 月第 1 次印刷
印　　数：	1—8000 册
开　　本：	889 毫米 ×1194 毫米　1/32
印　　张：	12
字　　数：	300 千字
书　　号：	ISBN 978-7-5207-3470-7
定　　价：	69.00 元
发行电话：	(010) 85924663　85924644　85924641